Kohlhammer
Urban-
Taschenbücher

Band 502

Sozioökonomie

Herausgegeben von Prof. Karl Martin Bolte
Prof. Hermann Brandstätter
Prof. Bernhard Gahlen
Prof. Werner Kirsch

Die Urban-Taschenbücher »Sozioökonomie« dienen dem integrierten Studium der Wirtschafts- und Sozialwissenschaften. Sie verbinden theoretische Entwürfe und methodische Ansätze aus Psychologie, Soziologie, Betriebs- und Volkswirtschaftslehre zur Erklärung, Prognose und Gestaltung wirtschaftlicher Strukturen und Prozesse.

Die Hauptziele sind dabei:
eine umfassendere und erfahrungsnähere Analyse wirtschaftlichen Verhaltens, als sie innerhalb der herkömmlichen Disziplingrenzen zu erreichen ist; die Entwicklung von Ansätzen einer anthropologischen und gesellschaftskritischen Prüfung wirtschaftlicher Zielsetzungen und Entscheidungen im Hinblick auf ihre Konsequenzen für die Gestaltung des Lebens von Individuen und Gruppen in der Gesellschaft; die Entwicklung einer entsprechenden Technologie zur Planung und Steuerung wirtschaftlicher Systeme.

Die einzelnen Arbeiten behandeln in loser Folge theoretische und anwendungsorientierte Themen der allgemeinen und speziellen Sozioökonomie (vgl. 3. Umschlagseite). Sie wenden sich damit vor allem an Studenten der Wirtschafts- und Sozialwissenschaften, an die Absolventen entsprechender Kontaktstudien und an alle, die an den wirtschaftsbedingten Problemen des Individuums und der Gesellschaft interessiert sind.

Hermann Brandstätter
Heinz Schuler
Gisela Stocker-Kreichgauer

Psychologie der Person

Sozioökonomie 2

Verlag W. Kohlhammer
Stuttgart Berlin Köln Mainz

Stuttgart Berlin Köln Mainz
Verlagsort: Stuttgart
Umschlag: hace
Gesamtherstellung: W. Kohlhammer GmbH
Grafischer Großbetrieb Stuttgart
Printed in Germany
ISBN 3-17-001172-3

Inhalt

Kapitel 4 – Lerntheoretische Ansätze der Persönlichkeitsforschung –

Kapitel 5 – Ein faktorenanalytisches Modell der Persönlichkeit –

Vorwort

Wer in einer Buchreihe zur Sozioökonomie einen Text »Psychologie der Person« vorfindet, wird sich zunächst fragen, welchen Beitrag eine Psychologie der Person zum Verständnis der wirtschaftlichen und allgemein gesellschaftlichen Vorgänge leisten könne.

Man mag in diesem Zusammenhang zwar eine Darstellung allgemeinpsychologischer Probleme, wie das der Motivation des Handelns oder das der Bedingungen des Lernens für sinnvoll halten; die Beschäftigung mit der allgemeinen Struktur der Person und der Eigenart des einzelnen Menschen, so könnte man meinen, sei wohl für den Erzieher, Psychotherapeuten oder Seelsorger, nicht aber für den in der Wirtschaft Tätigen von Bedeutung.

Es bedarf daher einiger Bemerkungen dazu, inwiefern eine Psychologie der Person auch für die Erklärung und Gestaltung sozioökonomischer Strukturen und Prozesse wichtig sein könnte.

Sowohl im einzelwirtschaftlichen als auch im gesamtwirtschaftlichen Bereich stellt sich die Frage nach der allgemeinen Struktur und der individuellen Eigenart der Person insbesondere dann, wenn der Erfolg nicht allein am finanziellen Gewinn bzw. am Bruttosozialprodukt gemessen wird – die in mancher Hinsicht problematische Verwendbarkeit der Psychologie zur Steigerung der wirtschaftlichen Effizienz ist hinlänglich bekannt –, sondern wenn darüber hinaus gefragt wird, was das Unternehmen, was die Gesamtwirtschaft zur Selbstverwirklichung der Person in einer humanen Gesellschaft beiträgt.

Es geht dann in der Betriebswirtschaft nicht mehr allein darum, etwa bei der Gestaltung der Arbeitsplätze die Leistungsfähigkeit der Sinnesorgane, die Reichweite und Kraft der Körperbewegungen, die Differenzierung von Interessen, von intellektuellen Fähigkeiten und manuellen Geschicklichkeiten zu berücksichtigen. Darüber hinaus ist zu bedenken, wie sich die Arbeitsbedingungen und ihre Veränderungen auf die gesamte persönliche Lebenswelt der betroffenen Menschen auswirken. Dazu bedarf es der persönlichkeitspsychologischen Betrachtungsweise, in der das Erleben und Verhalten des Menschen allgemein und des Individuums im besonderen als Ausdruck einer differenzierten und strukturierten Ganzheit gesehen wird, die in ihrer Entwicklung und Ausgestaltung eigenen Gesetzen und eigenen Zielen folgt.

Vernachlässigt man diesen Aspekt, so besteht die Gefahr, daß Teilstrukturen, z.B. die intellektuelle Ausstattung, oder spezielle Verhaltensformen, z.B. hochspezialisierte Tätigkeiten, oder ein bestimmtes Motiv, z.B. das nach Wettstreit, auf Kosten einer ausgewogenen Persönlichkeitsentfaltung und befriedigender sozialer Beziehungen überbetont und die Belange der Person zugunsten einer ökonomisch-technischen Rationalisierung vernachlässigt werden.

Nicht selten führt es bei solcher Beschränktheit der Vorstellungen vom Menschen dazu, daß wichtige Arbeitsmotive, z.B. das Bedürfnis nach Abwechslung, nach sozialem Kontakt, nach Selbstachtung und Selbstentfaltung, bei der Gestaltung der Arbeitsbedingungen ganz übersehen werden. Hygienische und bequeme Arbeitsplätze, bis ins einzelne geplante und geregelte Arbeitsabläufe, perfektionierte Auswahl- und Ausbildungsmethoden garantieren allein weder hohe Produktivität der Mitarbeiter (= Arbeitskräfte!), noch ein Mindestmaß an Zufriedenheit mit den Arbeitsbedingungen.

Eine Theorie der Persönlichkeit ist auch für die Analyse und Gestaltung gesamtwirtschaftlicher Strukturen und Prozesse wichtig. Von der Gesellschaft wird allenthalben sehr viel gesprochen. Darüber vergißt man leicht die Eigenständigkeit und den Eigenwert der Person, obwohl jede Bemühung um die Gestaltung gesellschaftlicher Verhältnisse kaum einen anderen Sinn haben kann, als den einzelnen Menschen, die die Gesellschaft konstituieren, ein Leben zu gewährleisten, das den Möglichkeiten und Bedürfnissen ihrer personalen Eigenart gerecht wird.

Wenn die Wirtschaft dem Menschen dienen soll, ist darauf zu achten, daß sich im Getriebe wirtschaftlicher Aktivitäten nicht Ziele verselbständigen, die zu einer Schädigung des Menschen verleiten. Die Steigerung des materiellen Wohlstandes ist allein noch keine Gewähr für Lebensbedingungen, die der Eigenart des Menschen und den Möglichkeiten seiner Selbstverwirklichung angemessen sind. Künftig wird der Erfolg unternehmerischer und wirtschaftspolitischer Entscheidungen nicht nur am finanziellen Gewinn bzw. am Wachstum des materiellen Wohlstands, sondern mehr als bisher auch an den Auswirkungen auf das Erleben und Verhalten der von den Entscheidungen betroffenen Menschen gemessen werden. Dann kommt der Frage nach den Erscheinungsweisen und Gestaltungsbedingungen der Person auch innerhalb der Wirtschafts- und Sozialwissenschaften eine erhöhte Bedeutung zu.

Die in diesem Buch gebotene Einführung in wichtige Ansätze der Persönlichkeitsforschung soll in allgemein verständlicher Sprache zeigen, was die Psychologie zur Beantwortung dieser Frage beitragen kann. Eine Forschungsaufgabe der Zukunft könnte darin bestehen, in einer eingehenden Analyse vieler Lebensläufe jene wirtschaftlichen und gesellschaftlichen Bedingungen aufzuspüren, von denen die persönliche Lebensverwirklichung entscheidend gefördert oder behindert wurde. Die so gewonnenen Erkenntnisse könnten wertvolle Anregungen für die Umgestaltung dieser gesellschaftlichen Lebensbedingungen geben.

Wertvolle Anregungen verdanken die Autoren ihren Kollegen E. Frieling, W. Molt, H. Mufti, L. v. Rosenstiel und B. Rüttinger sowie den Studenten des WiSo-Fachbereichs, die sich in den Psychologiekursen mit früheren Fassungen dieses Textes auseinandergesetzt haben. Unser Dank gilt auch unseren Sekretärinnen, Frau Eva Selmaier und Frau Ingeborg Schnörch, für die verständnisvolle Kooperation beim Schreiben des Manuskripts. Herrn Bernd Wißner danken wir für die Erstellung des Autoren- und Stichwortregisters und der Abbildungen.

Hermann Brandstätter
Heinz Schuler
Gisela Stocker-Kreichgauer

Empfehlungen für den Leser

Das vorliegende Buch ist aus einem wiederholt erprobten Lehrtext für das integrierte wirtschafts- und sozialwissenschaftliche Grundstudium der Universität Augsburg entstanden. Es wendet sich nicht nur an Studenten der Wirtschafts- und Sozialwissenschaften, der Psychologie und der Erziehungswissenschaften, sondern auch an alle, deren Ausbildung bereits abgeschlossen ist und die in entsprechenden Berufsfeldern tätig sind. Die didaktische Aufbereitung – ursprünglich auf die Bedürfnisse der Arbeit in studentischen Lerngruppen abgestimmt – dürfte auch als Orientierungs- und Anregungshilfe beim privaten Studium des Buches von Nutzen sein.

Bei der Lektüre des Buches empfiehlt es sich, nicht nur den fortlaufenden Text, sondern auch die Fragen zu bearbeiten, und zwar in folgenden Schritten:

1. Verschaffen Sie sich einen ersten Überblick über das Buch, indem Sie das Inhaltsverzeichnis, die Lernziele, Orientierungs-

fragen und Zusammenfassungen lesen! Machen Sie sich Gedanken zum Thema und überlegen Sie sich selbständig Fragen dazu!

2. Suchen Sie – nachdem Sie sich noch einmal die Zielsetzungen von Kapitel 1 vergegenwärtigt haben – nun die Orientierungsfragen des ersten Kapitels zu beantworten! Überprüfen Sie danach Ihre Antworten, indem Sie den Text des ersten Kapitels lesen!
3. Lösen Sie nun die Aufgaben im Arbeitsteil von Kapitel 1, um dadurch Ihr erarbeitetes Wissen zu überprüfen und es selbständig weiter zu entwickeln und kritisch anzuwenden.
4. Überprüfen Sie Ihre Lösungen anhand der Hinweise auf Seite 192.
5. Gehen Sie bei den folgenden Kapiteln so vor, wie es die Punkte 2 bis 4 aufzeigen!
6. Sollte Ihnen beim Lesen die Bedeutung eines wichtigen Begriffes unklar sein, so schlagen Sie im Glossar auf Seite 193 nach.

Kapitel 1

Die Vielfalt der Auffassungen von Persönlichkeitspsychologie

Lernziele:

Die Bearbeitung dieses Kapitels soll dazu anregen und (oder) befähigen
- *persönlichkeitstheoretische Aussagen nach ihren philosophisch-anthropologischen Voraussetzungen einzuordnen*
- *die Abhängigkeit theoretischer Entwürfe von wissenschaftstheoretischen Grundsätzen und methodologischen Vorentscheidungen zu sehen.*

Orientierungsfragen:

1. Verraten die modernen Persönlichkeitstheorien noch ihre philosophische Herkunft?
2. Ist die Persönlichkeitsforschung frei von Werturteilen?
3. Bedeutet die Wahl einer bestimmten Beobachtungsmethode die bevorzugte Beachtung der einen, die Vernachlässigung der anderen Phänomene?
4. Was heißt es, die Persönlichkeit als Struktur bzw. als Prozeß zu begreifen?
5. Inwiefern ist es sinnvoll, allgemeine und differentielle Persönlichkeitspsychologie zu unterscheiden?

1. Die Vielfalt der Auffassungen von Persönlichkeitspsychologie

Die Auffassungen darüber, was unter Persönlichkeit zu verstehen sei, welche Probleme eine Psychologie der Persönlichkeit zu klären habe, und welche Methoden dazu nützlich seien, waren in der Vergangenheit und sind auch jetzt noch recht verschiedenartig und in mancher Hinsicht widersprüchlich.

Eine erste kurze Einführung in den Problembereich der Persönlichkeitspsychologie kann weder auf die verschiedenen Ansätze und vielfältigen Verzweigungen der heutigen Persönlichkeitstheorie und empirischen Persönlichkeitsforschung, noch auf deren Geschichte eingehen. Der interessierte Leser findet dazu die wichtigsten Informationen im »Lehrbuch der empirischen Persönlichkeitsforschung« von Herrmann (1969) und im Handbuchband »Persönlichkeitsforschung und Persönlichkeitstheorie«, der von Lersch und Thomae (1960) herausgegeben wurde.

Hier sollen nur einige vermutliche Gründe dafür genannt werden, daß die theoretischen Entwürfe und die zu ihrer empirischen Prüfung verwendeten Methoden so heterogen sind.

1.1 Philosophisch-anthropologische Voraussetzungen

Die Frage nach der Stellung des Menschen, nach seiner Eigenart und Aufgabe, ist in jeder Art von philosophischer oder ideologischer Weltbetrachtung und Lebensorientierung von zentraler Bedeutung. Es ist daher verständlich, daß die Persönlichkeitspsychologie – vermutlich wie keine andere Disziplin der Psychologie – je nach den philosophisch-anthropologischen Vorentscheidungen ganz unterschiedlich konzipiert wird. Die Antworten auf die philosophische Frage nach dem Wesen des Menschen, die sich nicht nur im Verlauf der Geistesgeschichte, sondern auch in der Gegenwart als sehr vielfältig und widersprüchlich darstellen, beeinflussen nach wie vor die Abgrenzung des Forschungsgegenstandes, die Wahl der theoretischen Grundbegriffe und nicht zuletzt auch die Forschungsmethoden. Dies zeigt sehr deutlich Pongratz (1967) in seiner »Problemgeschichte der Psychologie«. Die Auseinandersetzung konzentrierte sich in den letzten 50 Jahren um die Begriffe Person und Persönlichkeit und um ihren Stellenwert innerhalb der Psychologie.

Probleme und Widersprüche ergaben sich nicht mehr so sehr in der Unterscheidung und Ordnung psychischer Akte; die Versuche der sogenannten Assoziationspsychologie, alle seelischen Prozesse als Verknüpfung (Assoziation) von elementaren Empfindungen aufzufassen, waren als inadäquat erkannt worden. Wie Erlebnisse mit physiologischen Vorgängen zusammenwirken, ob es von materiellen Vorgängen wesensverschiedene geistige Akte gibt, war dagegen ein unerledigter Streitpunkt. Besonders kontrovers wurde aber die Frage nach der Struktur, der substantiellen Grundlage der psychischen Prozesse behandelt. Während die einen metaphysische Aussagen oder solche, die dafür gehalten wurden, bewußt vermieden, um sich nicht dem Vorwurf unwissenschaftlichen Denkens auszusetzen, waren andere der Überzeugung, daß man solchen Aussagen nicht ausweichen dürfe, und sprachen sich wenn schon nicht für eine immaterielle Geistseele, so doch für eine die leiblich-seelisch-geistigen Prozesse fundierende und zentrierende Personinstanz aus, die in der Selbsterfahrung zwar aufweisbar, aber nicht auf Erfahrungsdaten reduzierbar sei.
Ein entschiedener Vertreter dieser Auffassung ist August Vetter. Für ihn kann eine Psychologie dem Wesen der personalen Existenz nur dann gerecht werden, wenn sie die Grenzen zu Geistesgeschichte, philosophischer Anthropologie und Theologie offen hält. Die drei Zitate aus Vetters Schriften im Beleg 1 sollen seinen Personbegriff verdeutlichen.

Beleg 1

Um den Sinngehalt der personalen Selbsterfahrung voll würdigen zu können, darf nicht übersehen werden, daß Individualität auch dem Tier zukommt, wogegen nur der Mensch als Person bestimmt ist ... Erst die den Naturbereich transzendierende Geistbefähigung macht die Person zum Inbegriff menschlicher Existenz. Trotz ihrer Geistabhängigkeit stellt die Person jedoch keineswegs eine bloße Bewußtseinsinstanz dar; sie ist auch nicht gleichbedeutend mit dem »Sollen« des Gewissens, weil sie als Seinsaussage die leibhafte Wirklichkeit mit umgreift und durchdringt. Im eigentlichen Sinn bindet sie einzigartig Geist und Leben, und dieser numinosen Vermittlung bedarf der Mensch allein.

Vetter, A.: Wirklichkeit des Menschlichen, Freiburg/München 1960, S. 130

Nach den bisherigen Ausführungen kann es nicht mehr fraglich sein, daß sich bei der Erhellung der menschlichen Gesamtstruktur das Augenmerk von vornherein auf dessen Wesenskern richten muß, weil nur von ihm her eine ganzheitliche Betrachtung ihrer Einzelzüge und ihres Zusammenhaltes möglich wird. Eben deshalb vermag solche anthropologische Orientierung die Person weder mit dem im Verhalten sich äußernden Charakter, noch mit dem der Innenschau sich erschließenden Selbst des Einzelwesens zu verwechseln. Sie sind Teilansichten der Strukturmitte, die ihre Wirkweise nach außen und innen gesondert herausarbeiten.
Neben ihrer Verknüpfung durch eine umgreifende Bestimmung ist es aber vor allem die Aufbauordnung zwischen der leibseelischen Grundschicht und dem geistseelischen Oberbereich, der in strukturpsychologischer Sicht einen Berührungspunkt beider fordert, weshalb sie sich genötigt sieht, die personale Existenz vornehmlich unter diesem Aspekt zu erfassen. Die deutsche Sprache besitzt für die gleichzeitige Auswirkung des menschlichen Integrationszentrums nach oben und unten zwei seinshafte Inbegriffe, die von der Seelenkunde zumeist unabhängig voneinander gewürdigt werden, sich aber ähnlich wie Licht und Wärme im Urphänomen der Strahlung zueinander verhalten. Es ist der innige Zusammenhang des Gewissens mit dem Gemüt, der in der personalen Selbsterfahrung die Aufmerksamkeit fesselt und ihren Sinngehalt überhaupt erst zureichend erkennbar werden läßt.

Vetter, A.: Wirklichkeit des Menschlichen, Freiburg/München 1960, S. 136/137

Eine Möglichkeit seelischer Kernstörung liegt in der Überentwicklung des Gewissens, durch die es die Unmittelbarkeit der Gefühlsregungen gewaltsam unterdrückt, statt sie personal zu formen und auszurichten. Den Anlaß dazu allein in allzu strenger Erziehung suchen zu wollen, hieße das Eingeborensein der Selbstverantwortung in der je eigenen Wesensanlage verkennen. Umgekehrt kann aber auch das Gewissen vom Gemüt überschwemmt werden, so daß sein innerer Anruf gar nicht mehr vernehmbar ist und sich besten Falles zur sozialen Forderung veräußerlicht. Diese Bedrohung nimmt zu, wo das Lebensgefühl übermächtig wird oder wo man im Gemüt die einzige Zentralinstanz erblickt.

Vetter, A.: Personale Anthropologie, Freiburg/München 1966, S. 122

Im Kontrast dazu betrachte man Skinners ironische Interpretation der Begriffe Person und Persönlichkeit: »Die enthusiastische Person ist, wie die Etymologie des Wortes deutlich macht (gemeint ist hier vermutlich die Herkunft des lateinischen Wortes persona vom etruskischen phersu, dem Namen eines Unterweltgottes; Anm. d. Verf.), durch einen Gott in ihr belebt. Es bedeutet nur eine geringfügige Verfeinerung, wenn man jeder Verhaltenseigenart des physikalischen Organismus eine entsprechende seelische Eigenschaft oder eine ›innere Persönlichkeit‹ zuordnet. Der innere Mensch wird als Agens des Körpers angesehen, etwa wie der Mann, der am Steuerrad seinen Wagen steuert. Der innere Mensch will eine Handlung, der äußere führt sie aus. Der innere verliert seinen Appetit, der äußere hört zu essen auf. Der innere Mensch wünscht etwas und der äußere erlangt es. Der innere Mensch hat Impulse, denen der äußere gehorcht« (Skinner, 1953, S. 29; zitiert in der Übersetzung von Bergius, 1960, S. 515/516). Daß sich aus derart radikalen Gegensätzen in den anthropologischen Grundauffassungen ganz und gar unterschiedliche Beschreibungen und Erklärungen menschlichen Verhaltens ergeben müssen, ist wohl selbstverständlich. Selbst wenn es möglich sein sollte, die empirische Prüfung von Hypothesen ganz unabhängig von philosophischen Überzeugungen durchzuführen – die Erfindung bzw. Auswahl von Hypothesen ist ohne Zweifel stark davon beeinflußt.

Die philosophisch-anthropologische Ausrichtung der Persönlichkeitspsychologie betont auch Lersch (vgl. Lersch, 1970, S. 70f.), wenn er sagt: »In der Gegenwart aber ist es vor allem das Problem der Anthropologie, das Philosophie und Psychologie in ihre ursprüngliche Gemeinschaft zurückholt, weil einerseits die philosophische Anthropologie den Menschen in der Ganzheit seines Seins betrachtet, zu der vor allem auch sein seelisches Leben gehört, und weil andererseits, wie schon gesagt, die Psychologie erst dann ihre Aufgabe erfüllt, wenn sie die seelischen Tatsachen auf ihren Sinn für das Ganze des menschlichen Seins befragt.« (S. 74)

An anderer Stelle heißt es: »Jede Psychologie bleibt vordergründig, sofern es ihr nicht gelingt, hinter den mannigfaltigen Tatsachen der Erfahrung ein Gesamtbild des Menschen, seine Stellung in der Welt und seine Verflochtenheit mit ihr sichtbar werden zu lassen.« (S. 75)

Dieser Schritt über die Grenzen einer empirischen Wissenschaft hinaus ist allerdings methodologisch schwer abzusichern. Es bleibt ungewiß, ob er zu einer Erkenntnis oder zu einem Idealbild führt. In einer geschichtlichen und soziologischen Analyse der verschiedenen Auffassungen vom Menschen könnte man jedenfalls die Relativität, die Wandelbarkeit solcher Menschenbilder aufzeigen.

Vetter (1949) versucht der Gefahr der geschichtlichen und kulturspezifischen Begrenztheit und Einseitigkeit eines anthropologischen Strukturentwurfes dadurch vorzubeugen, daß er die Ausgestaltung und Veränderung des Menschenbildes geistesgeschichtlich untersucht. In der Entwicklung und Abfolge dieser Ideen vom Menschen zeigt sich seiner Auffassung nach die geschichtliche Entfaltung des menschlichen Wesens. Zusammenschau der verschiedenen Versuche, den Sinn des menschlichen Lebens zu deuten, soll zu einem umfassenden Bild von der Struktur der Person führen, das allgemeine Gültigkeit beanspruchen kann.

Die Frage nach dem Sinn menschlichen Lebens, nach dem in der eigenen Lebensgestaltung und in der erzieherischen oder therapeutischen Einwirkung auf andere anzustrebenden und zu verwirklichenden Menschenbild, kurz das Wertproblem ist sicher nicht gleichbedeutend mit der ontologischen Frage nach dem Wesen des Menschen, andererseits aber auch nicht unabhängig davon; denn je nach wirklicher oder vermeintlicher Einsicht in die Grundstruktur menschlicher Existenz werden auch die Wertauffassungen unterschiedlich sein. Diese wiederum wirken sich nicht weniger auf die Auswahl und die Behandlung empirischer Forschungsprobleme aus als ontologische Voraussetzungen; denn selbst wenn man »Wertfreiheit als methodisches Prinzip« (Albert, 1965) für realisierbar hielte, so wird sie doch selten tatsächlich praktiziert, sei es, weil es so schwierig, vielleicht beängstigend ist oder weil diese Einstellung von vornherein nicht akzeptabel erscheint.

Es ist nach Hofstätter (1960, S. 543) auch für die psychoanalytische Persönlichkeitstheorie Sigmund Freuds – wie für andere tiefenpsychologische Persönlichkeitstheorien – charakteristisch, daß sie entsprechend der vorwiegend therapeutischen Intention ihrer Vertreter (neben Freud vor allem C. G. Jung und Alfred Adler) an »Zielvorstellungen des vollkommenen Lebens« orientiert sind. In den Theorien erscheinen jeweils jene Kräfte und Funktionen herausgehoben, die für die Realisierung des jeweiligen Menschenbildes von besonderer Bedeutung erscheinen, und jene äußeren und inneren Bedingungen der Persönlichkeitsentwicklung, die der Ausformung des Idealbildes entgegenstehen.

Hans Thomae, ein Schüler von Lersch, der im übrigen ähnlich wie Lersch die phänomenologische Methode anwendet, von der im 2. Kapitel die Rede sein wird, lehnt eine Orientierung der persönlichkeitspsychologischen Forschung an einem normativen Menschenbild ab, sei dieses philosophisch-geistesgeschichtlich reflektiert oder unbesehen aus den gängigen Wertvorstellungen übernommen. Die Persönlichkeitspsychologie müsse sich als empirische Wissenschaft vom Individuum und seiner Welt davor hüten, die Verhaltensweisen eines Menschen im Hinblick auf ein ontologisches Strukturbild oder auf eine ethische Norm zu bewerten (s. Beleg 2).

Beleg 2

> Um es ganz deutlich zu sagen: Da es bei der Feststellung, menschliches Verhalten sei sinngerichtet, um eine völlig subjektive Kategorie geht, können konkrete Formen der »Sinn«-Suche die Leistung, die Aufopferung für ein Ideal, die Hinwendung zum Absoluten, aber auch genauso die Hingabe an den Alkohol, an die Pflege der eigenen Erscheinung oder an den Genuß von neuen Daseinserfahrungen mittels einer Droge sein. Das Besteigen des Matterhorns, das wöchentliche Wetten beim Lotto, die Faszination vom Fußball können in dieser Sicht ebenso als »sinnvoll« empfunden werden und »strukturierend« für eine individuelle Welt werden wie das, was man eine sexuelle Perversion nennt, was man unter staatsbürgerlich vorbildlichem Verhalten, unter der Pflege der schönen Künste oder unter der Beschäftigung mit Astrologie versteht.
>
> Thomae, H.: Das Individuum und seine Welt, Eine Persönlichkeitstheorie, Göttingen 1968, S. 588

Die Grenzen einer empirischen Wissenschaft werden offensichtlich auch dort überschritten, wo man die Persönlichkeitstheorie auf ein marxistisches Menschenbild ausrichtet. Die wissenschaftliche Erkenntnis wird hier ausdrücklich danach bewertet, wieweit sie die Umgestaltung der gesellschaftlichen Strukturen und des Bewußtseins der Menschen hin auf vorweg bestimmte Zielvorstellungen fördert. Im Brennpunkt des Forschungsinteresses stehen hier die gesellschaftliche Determiniertheit der Persönlichkeit und die Bedingungen der Realisierung des dialektisch-materialistischen Menschenbildes (s. Beleg 3).

Beleg 3

Der Marxismus-Leninismus betrachtet das philosophische Bemühen um das Menschenbild und die Selbstdeutung des Menschen nicht als eine Sache des »reinen« Erkenntnisdranges (den es objektiv nie gegeben hat). Er ist bestrebt, den konkreten Menschen, wie er in einer bestimmten Gesellschaftsordnung – im Kapitalismus – vorgefunden wird, in seinem Sosein aus seinem Dasein, d. h. aus seinen gesellschaftlichen Bedingungen heraus zu erklären, um theoretisch die Voraussetzungen für die Veränderung des Menschen in der neuen Gesellschaft, im Sozialismus und Kommunismus, zu schaffen. Sein Vorgehen ist also zugleich historisch und revolutionär, aber nie metaphysisch.

Hiebsch, H.: Sozialpsychologische Grundlagen der Persönlichkeitsformung, Berlin 1969, S. 10

Während der Mensch im Kapitalismus, dem Wolfsgesetz dieser Gesellschaftsordnung unterworfen, seinen Mitmenschen und der gesamten Gesellschaft feindlich und fremd gegenübersteht, fallen für den kommunistischen Menschen, der sich natürlich schon im Schoße der alten Gesellschaft unter dem Einfluß der Ideen des Marxismus-Leninismus heranbildet, alle Bedingungen fort, die ihn daran hindern, eine brüderlich vereinte Menschengesellschaft zu bilden. Er wird in der Lage sein, die Bedürfnisse und Interessen der Gesellschaft zu seinen eigenen zu machen, weil diese objektiv die Bedürfnisse und Interessen des einzelnen sind. Er wird die gestörte dialektische Einheit von Individuum und Gesellschaft also wiederherstellen. Damit wird er auch zum Herrn über die Gesellschaft.

Hiebsch, H., und Vorweg, M.: Einführung in die marxistische Sozialpsychologie, Berlin 1969, S. 52

Eine psychologische Persönlichkeitslehre muß nach unserer Meinung von den philosophischen und methodologischen Positionen des historischen und dialektischen Materialismus ausgehen; der Aspekt des historischen Materialismus liefert die allgemeinen Grundlagen, das Wesen des Gegenstandes »Persönlichkeit« zu bestimmen, und die Dialektik die für die Untersuchung dieses Gegenstandes notwendigen methodologischen Konzepte.

Hiebsch, H., und Vorweg, M.: Einführung in die marxistische Sozialpsychologie, Berlin 1969, S. 53

Man sieht: die Auffassungen sind kontrovers. Während den einen die Steuerung wissenschaftlicher Erkenntnis von einem als unbe-

dingt wertvoll angestrebten Ziel als unverzeihlicher Verstoß gegen die wissenschaftstheoretischen (oder besser: wissenschaftsethischen) Grundsätze gilt, wird von anderen jede Forschungsarbeit, die nicht vom Wunsch beseelt und mit dem Bekenntnis ausgewiesen ist, den allgemein für verbindlich erachteten Werten zu dienen, mit Argwohn betrachtet oder verfemt.
So ist vielen unbehaglich zumute, wenn Psychologen mit Ratten oder mit Computern experimentieren und versuchen, die dabei gewonnenen Erkenntnisse zur Erklärung des menschlichen Verhaltens heranzuziehen. Man fürchtet, das eigentlich Menschliche, seine Geistigkeit und Personalität gingen dabei verloren, metaphysische Wesensunterschiede zwischen Mensch, Tier und Automat würden auf gefährliche Weise verwischt. Oder es ist das angeblich fehlende oder das falsche gesellschaftspolitische Bewußtsein (Bewußtsein als Einsicht und Absicht), das die Bemühungen des Forschers um vorurteilsfreie empirische Prüfung seiner Hypothesen als wertlos oder gar schädlich erscheinen läßt. So spiegeln sich in den verschiedenen Persönlichkeitstheorien nicht nur ein je verschiedenes Welt- und Menschenbild, sondern auch die verschiedenen Auffassungen von Wissenschaft.

1.2 Methodologische Grundsätze

In den meisten neueren persönlichkeitstheoretischen Arbeiten, die direkt oder indirekt von der Wissenschaftstheorie der analytischen Philosophie (vgl. Stegmüller, 1969) beeinflußt sind, vermeidet man Begriffe, deren Erfahrungsgrundlage nicht eindeutig aufweisbar ist, und Aussagen, die nicht exakt empirisch überprüfbar sind. In diesem Bemühen um jene Objektivität des Forschungsprozesses, die den hoch geschätzten und erfolgreichen Naturwissenschaften eigen ist, hat das Experiment in der Psychologie eine hervorragende Bedeutung erlangt.
Wenn die Forderung nach experimenteller Bedingungskontrolle und nach intersubjektiver Übereinstimmung der Phänomenbeschreibung besonders betont wird, liegt es nahe, sich ins psychologische Laboratorium zurückzuziehen, um möglichst exakte Detailuntersuchungen durchführen zu können; denn das Erleben und Verhalten in natürlichen Lebenssituationen, vor allem aber der äußerst komplexe Lebenslauf einer Person fügen sich keineswegs der Forderung nach strenger Kontrolle der verschiedenen Einflußvariablen.

Der Zwang zur Exaktheit engt aber ohne Zweifel das Blickfeld ein; man erfaßt funktionale Beziehungen nur in einem kleinen Ausschnitt oder gewinnt eine große Anzahl von unverbundenen Detailbeobachtungen, die erst durch eine statistische Methode der Datenreduktion (z. B. Faktorenanalyse) überschaubar gemacht werden können. Ein breiteres und komplexeres Beobachtungsfeld zu erfassen, wie es die natürlichen Lebenssituationen eines Menschen darstellen, ist vielfach nur weniger exakt und – wegen des großen Aufwands – nur bei einer kleinen Anzahl von Personen möglich.

Mit der Wahl der Beobachtungsmethode ist nun aber weitgehend festgelegt, welche Persönlichkeitszüge in die wissenschaftliche Beschreibung eingehen und in welcher Gliederung sie gesehen werden. So muß z. B. Lersch (1970) durch Introspektion, Ausdruckswahrnehmung und Analyse der in literarischen Werken geschilderten Erlebnis- und Verhaltensweisen zu einer ganz anderen Darstellung des Aufbaus der Person kommen als Cattell (1957), der von einer großen Zahl von Fragebogenantworten und sonstigen Testreaktionen ausgeht, bei denen der Person nur wenig Entfaltungsspielraum gewährt wird. Eine Ordnung ergibt sich nicht wie bei Lersch aus einer ganzheitlichen Betrachtung der Phänomene selbst, sondern dadurch, daß die vielen Testvariablen nach ihren statistischen Korrelationen gruppiert werden (vgl. Kapitel 5).

Selbst wenn man sich darüber einig ist, daß die persönlichkeitspsychologischen Aussagen durch kontrollierte und wiederholbare Erfahrung abgesichert sein müssen, kann man verschiedener Meinung darüber sein, was unter empirischer Nachprüfbarkeit zu verstehen sei. Ist der Bericht über einen Traum ein empirischer Beleg für die Wirkung verdrängter und daher unbewußter Wünsche? Wird das Wesen der Person in der menschlichen Gestalt und in den menschlichen Ausdrucksbewegungen zumindest für den, der zu sehen gelernt hat, sichtbar? Oder können in einer wissenschaftlichen Analyse nur solche Beobachtungsaussagen berücksichtigt werden, die jeder beliebige Beobachter nachprüfen und bestätigen kann?

Vieles an der gegenseitigen Kritik von Persönlichkeitstheoretikern, wie sie z. B. 1954 auf einem Symposium des 14. Internationalen Kongresses für Psychologie in Montreal, das einem Vergleich der Persönlichkeitsforschung in den verschiedenen Ländern gewidmet war, zum Teil recht heftig vorgetragen wurde (Bracken & David, 1959), wird nur verständlich, wenn man die unterschiedliche philosophische (ontologische und erkenntniskritische) Tradition berücksichtigt, die jeweils in den verschiedenen Ansätzen wirksam ist, aber von den Verfechtern der Theorien selbst nicht immer reflektiert wird.

Im folgenden Jahrzehnt verloren Persönlichkeitstheoretiker wie Lersch, Vetter, Wellek, die sich einer philosophischen Anthropologie verbunden fühlten und sich in ihren empirischen Aussagen nicht auf experimentell provozierbare, intersubjektiv eindeutig beschreibbare Daten beschränken wollten, zunehmend an Einfluß. Die Methode der Faktorenanalyse, die im fünften Kapitel skizziert ist, setzte sich auch in Deutschland immer mehr durch und mit ihr eine gewisse Theoriefeindlichkeit: man erhoffte sich von einer statistischen Korrelationsanalyse und einer mathematischen Reduktion der mit einer bunten Vielfalt von Tests an möglichst vielen Personen gemessenen Verhaltensmerkmale auf eine relativ kleine Anzahl von Grunddimensionen Aufschluß über die Struktur der Persönlichkeit.

In den letzten Jahren deutet sich, wie Herrmann (1969, S. 9) feststellt, eine Verlagerung der Persönlichkeitsforschung auf theoriegesteuerte, im engeren Sinn experimentelle Untersuchungen an, d. h. man versucht, die Verhaltensursachen durch planmäßige und isolierende Variation der verschiedenen Anregungsbedingungen zu erschließen.

Es bleibt abzuwarten, ob nicht im kommenden Jahrzehnt auch das große Vertrauen in das den Naturwissenschaften entlehnte Experiment verlorengeht. Wenn man sich unter den unüberschaubar vielen Detailbefunden der Persönlichkeitsforschung umsieht (vgl. Herrmann, 1969), so fragt man sich, ob es nicht an der Zeit wäre, daß sich die Persönlichkeitstheoretiker wieder mehr auf ihre Beobachtungsgabe und wissenschaftliche Kreativität verlassen sollten, um den nötigen Überblick zu gewinnen und zu einem umfassenderen Selbstverständnis des Menschen in seiner gegenwärtigen Situation beizutragen. Das Experiment behielte nach wie vor eine wichtige Funktion: die Theorie, die vornehmlich aus der möglichst unmittelbaren Anschauung (Fremd- und Selbsterfahrung) personalen Lebens, wie es sich in der natürlichen Umgebung vollzieht, und aus der Interpretation literarischer Zeugnisse entwickelt würde, für eine in jedem Fall sehr begrenzte Auswahl von speziellen Bedingungskonstellationen experimentell zu überprüfen. Wegen der ungeheuren Komplexität des Bedingungsgefüges menschlichen Erlebens und Handelns, das sich noch dazu mit den kulturellen Wandlungen in manchen Komponenten in unwiederholbarer Weise verändert, muß es von vornherein als aussichtslos erscheinen, den größeren Teil der Fragen experimentell beantworten zu wollen. Will man nicht den Bereich möglicher Erkenntnisse unnötig und unzweckmäßig beschränken, wird man auch zur Überprüfung und nicht nur zur Erzeugung von Hypothesen neben der nach strengen experimentellen Regeln provozierten Sinneserfahrung auch andere, weniger beschränkte Arten von Erfahrung gelten lassen müssen.

1.3 Beschreibung und Erklärung

Von einer Persönlichkeitstheorie kann nur dann gesprochen werden, wenn sich die Darstellung nicht auf eine beschreibende Klassifikation der Phänomene beschränkt, sondern den Versuch einer Erklärung dieser Phänomene, d. h. einer Rückführung auf Gesetzeshypothesen einschließt. Von manchen Forschern wird nun aber die möglichst getreue und umfassende Beschreibung, von anderen die möglichst weitgehende Reduktion einer stärker beschränkten Auswahl von Phänomenen auf allgemeine Gesetze für besonders wichtig gehalten.

Wo die Erklärung der Phänomene durch möglichst allgemeine Gesetze das vordringliche Anliegen ist (wie z. B. bei manchen lerntheoretischen Ansätzen), neigt man dazu, Phänomene auszuwählen, die sich diesen Gesetzen fügen, und andere zu vernachlässigen, die sich nicht so leicht in die Theorie einordnen lassen, mögen sie auch für die Person nicht weniger bedeutsam sein.

Wenn man z. B. die jeweils individuelle Lebensgeschichte von Menschen als den Gegenstand der Persönlichkeitstheorie betrachtet (Thomae, 1968, S. 103 f.), wird man sich um eine möglichst vollständige Erfassung der wichtig erscheinenden Ereignisse bemühen. Die über längere Zeit und für viele Individuen in ihrer natürlichen Umgebung aufgenommenen Erlebnisberichte und Verhaltensprotokolle ergeben eine schwer überschaubare Vielfalt von Informationen, die sich bei dem derzeitigen Forschungsstand wohl kaum auf ein konsistentes und empirisch prüfbares System von Erklärungshypothesen zurückführen läßt.

1.4 Stabilität und Veränderung

Alle Persönlichkeitstheorien enthalten Aussagen über eine Struktur, die den Wechsel der Zustände überdauert. Sie können sich aber erheblich darin unterscheiden, was und wieviel als beständig oder als veränderlich betrachtet wird. Ob die Konstanz oder die Wandelbarkeit der personalen Eigenart betont wird, ist zum Teil

wieder eine Frage der philosophischen Tradition; das kann man sich sehr gut anhand der Problemgeschichte der Psychologie von Pongratz (1967) deutlich machen. Unter dem Begriffspaar »Seele und Seelenleben« behandelt er die von den Ursprüngen philosophischen Denkens an immer wieder mit wechselnden Akzenten geführte Diskussion über Sein und Werden, Substanz und Akt, Struktur und Prozeß.
Ob der statische Aufbau oder die fortlaufende Umgestaltung der Persönlichkeit besonders eingehend behandelt wird, ist auch von der gewählten Forschungsmethode abhängig: wer wie Lersch und Cattell – jeder auf seine ganz verschiedene Weise – vorwiegend eine Bestandsaufnahme individueller Unterschiede macht, wobei die diagnostische Absicht unverkennbar ist, wird weniger von den Veränderungen der Persönlichkeit zu Gesicht bekommen als Freud, der in therapeutischer Absicht die Lebensgeschichte der Menschen zurückverfolgt und ihre Wandlung im Laufe der Therapie miterlebt. Die Intention, Einstellungen und Verhalten zu ändern, bestimmt auch die lerntheoretische Untersuchung der Persönlichkeit und lenkt die Aufmerksamkeit auf die Entstehung und Veränderung der Verhaltensweisen.
Zur Zeit werden im allgemeinen solche Theorien bevorzugt zur Kenntnis genommen, in denen die Wandelbarkeit des Menschen besonders herausgestellt wird. Ohne Zweifel haben hier Persönlichkeitstheorien auch die Funktion, den Wunsch nach gesellschaftlichem Wandel leichter realisierbar erscheinen zu lassen.

1.5 Allgemeine und differentielle Persönlichkeitspsychologie

Die Persönlichkeit kann charakterologisch, typologisch oder allgemein-psychologisch betrachtet werden – diese drei Bezeichnungen markieren Schritte der Generalisierung von individuellen zu speziellen zu allgemeinen Aussagen, d. h. Aussagen darüber, was die Besonderheit eines bestimmten Menschen ausmacht, worin er einer irgendwie abgegrenzten Klasse von Menschen gleicht, schließlich was ihm in der Struktur seines Erlebens und Verhaltens mit allen Menschen gemeinsam ist.
Wesentliche Unterschiede in den Persönlichkeitstheorien liegen nun darin, daß die einen hauptsächlich Aussagen enthalten, die für alle (normalen, erwachsenen) Personen gelten sollen, während sich andere auf Aussagen beschränken, die sich auf bestimmte Klassen von Personen oder – im Extremfall – nur auf ein Individuum beziehen.

Eine allgemeine Persönlichkeitspsychologie ist grundsätzlich nichts anderes als eine allgemeine Verhaltenstheorie, eine Bezeichnung, die von den Soziologen bevorzugt wird. Welcher Benennung man den Vorzug gibt, mag davon abhängen, ob man die überdauernde Struktur oder den Prozeß, die nur der Selbstbeobachtung zugängliche Erlebnisseite oder aber die der Fremdbeobachtung zugängliche Verhaltensseite betonen will.
Hier ist noch anzumerken, daß von Persönlichkeitspsychologie nur insofern die Rede sein soll, als das Gesamtgefüge der Person untersucht wird. Wenn nur ein Teil der an einer Person wahrnehmbaren Prozesse, z. B. die Wahrnehmung, ohne Bezug auf das Gesamtgefüge analysiert wird, ist in diesem Fall von allgemeiner bzw. differentieller Wahrnehmungspsychologie zu sprechen. Die allgemeine Wahrnehmungspsychologie formuliert Aussagen über den Wahrnehmungsprozeß, die für jedes Individuum gelten sollen. Die differentielle Wahrnehmungspsychologie dagegen untersucht interindividuelle Unterschiede im Wahrnehmungsprozeß. Man kann analog von einer allgemeinen und einer differentiellen Persönlichkeitspsychologie sprechen. Es ist einer klaren Ordnung der psychologischen Disziplinen abträglich, wenn – wie es häufig geschieht – die Bezeichnungen Persönlichkeitspsychologie und differentielle Psychologie als bedeutungsgleich verwendet werden.
Weitere Überlegungen zu einer systematischen Einordnung der verschiedenen Persönlichkeitstheorien findet der interessierte Leser bei Allport (1959), Thomae (1968, S. 3–36), Herrmann (1969, S. 19–75) und Roth (1969).

1.6 Die Auswahl von vier Theorien

In dieser Einführung stellen wir exemplarisch die phänomenologische Theorie von Philipp Lersch, die psychoanalytische Theorie Sigmund Freuds, die Grundzüge lernpsychologischer Erklärung der Persönlichkeit und die faktorenanalytische Theorie von R. B. Cattell dar.
Wir beginnen mit dem System von Lersch (1898–1972), weil sich der Leser dabei unmittelbarer als bei den folgenden Theorien auf seine Selbsterfahrung beziehen kann. Während es Lersch vor allem um eine differenzierte und möglichst phänomennahe Beschreibung und Gliederung der Erlebnisweisen, um die Klärung der Motivationszusammenhänge und Sinnbezüge geht, gilt die Aufmerksamkeit von Freud den Instanzen und Grundgesetzen

der seelischen Dynamik, nach der psychische Störungen (Neurosen) entstehen und überwunden werden. Sowohl Freud als auch Lersch bedienen sich ausgiebig der Selbstbeobachtung und der Erlebnisaussagen anderer Menschen. Das Verstehen des Motivations- und Sinnzusammenhangs ist für beide ein wissenschaftliches Anliegen. Die lernpsychologische Forschung dagegen beschränkt sich entsprechend der behavioristischen Tradition vorwiegend darauf, gesetzmäßige Beziehungen zwischen den objektiv feststellbaren Einwirkungen aus der Umgebung und dem ebenso objektiv faßbaren Verhalten aufzudecken. Wie ein Mensch in einer bestimmten Situation reagiert, gilt als weitgehend davon abhängig, welches Verhalten früher in derartigen Situationen positive oder negative Konsequenzen hatte.

Mit dem psychoanalytischen Ansatz stimmt der lernpsychologische insofern überein, als beide untersuchen, wie es im Laufe des Lebens dazu kommt, daß sich Menschen in objektiv gleichen Situationen ganz unterschiedlich verhalten. Freud greift dabei hauptsächlich auf Fallstudien von therapeutischen Prozessen zurück. Die Lernpsychologie bedient sich soweit wie möglich des Experiments. Da aber mit Lebensläufen nicht experimentiert werden kann, ist man in der Erklärung der Lernprozesse in natürlicher Umgebung auf Übertragung und Verallgemeinerung experimenteller Befunde angewiesen.

Von ganz anderer Art ist die faktorenanalytische Theorie Cattells. Es geht hier um eine statistische Bestandsaufnahme und Klassifikation von Verhaltensweisen. Solche Verhaltensweisen, die häufig gemeinsam auftreten, bilden jeweils eine Klasse für sich, und es wird angenommen, daß sie durch die gleiche Persönlichkeitseigenschaft bedingt sind. Eine gewisse Ähnlichkeit zwischen Lersch und Cattell besteht insofern, als auch Lersch vor allem beschreibt und klassifiziert, allerdings nicht wie Cattell mit Hilfe von messenden Verfahren und statistischen Analysen, sondern aufgrund von Abstraktionen aus unmittelbarer eigener und sprachlich vermittelter fremder Erlebnisbeobachtung.

Der Gegenüberstellung dieser ganz verschiedenartigen Versuche, die Erscheinungsformen menschlichen Erlebens und Verhaltens systematisch zu ordnen und auf ihre Bedingungen zurückzuführen, schließen sich eine kritische Würdigung ihrer Möglichkeiten und Begrenzungen, Hinweise auf ihre Beziehungen untereinander und Beispiele für ihre praktische, insbesondere sozioökonomische Bedeutung an.

Zusammenfassung:

Was man unter Persönlichkeitspsychologie versteht und welche Fragen man zu beantworten sucht, ist wesentlich von den Auffassungen über das Wesen des Menschen beeinflußt, wie sie sich aus philosophisch-anthropologischer und kulturgeschichtlicher Reflexion oder aus fragloser Übernahme geläufiger Normen und Überzeugungen ergeben.
Persönlichkeitsforschung wird zudem mit recht unterschiedlichen Anforderungen an die Objektivität (intersubjektive Übereinstimmung) der Beobachtungsaussagen betrieben. Hält man die Objektivität der Aussagen für besonders wichtig, beschränkt man sich in der Regel auf eindeutig bestimmbare Merkmale und geht dabei das Risiko ein, viele zuverlässig gemessene Details von geringer theoretischer Relevanz zu erhalten. Andererseits verleitet die ganzheitliche Einstellung auf das komplexe Phänomen, auf die Bedeutung von Erlebnisaussagen und Handlungen zu subjektiven Interpretationen und schwer nachprüfbaren Behauptungen.
Wenn auch jede Persönlichkeitstheorie eine Beschreibung und Erklärung der untersuchten Phänomene umfaßt, findet man doch erhebliche Unterschiede in der Vollständigkeit und Differenziertheit der Beschreibung einerseits und in der Schlüssigkeit und Reichweite der Erklärung andererseits.
In manchen theoretischen Entwürfen wird vor allem die Struktur der Person in ihrem statischen Aufbau erörtert; andere Untersuchungen gelten vorwiegend der fortlaufenden Veränderung dieser Struktur.
Persönlichkeitstheorie kann schließlich allgemeinpsychologisch oder differentialpsychologisch akzentuiert sein. Eine allgemeine Persönlichkeitspsychologie sucht aufzuzeigen, daß es bei allen interindividuellen Unterschieden Strukturen des Erlebens und Verhaltens gibt, die allen Menschen gemeinsam sind. In einer differentiellen Persönlichkeitspsychologie werden die strukturellen Besonderheiten des Erlebens und Verhaltens von Individuen analysiert.

Arbeitsteil

A Mehrfachwahlfragen zur Selbstkontrolle

Kontrollieren Sie stichprobenartig Ihr Wissen, indem Sie bei den nachfolgenden Mehrfachwahlfragen M 1 – M 3 diejenige (nur eine!) der vorgegebenen Lösungsalternativen anstreichen, die Ihnen die beste zu sein scheint. Blättern Sie bei der Beantwortung bitte nicht in den Text zurück! Die richtige Lösung finden Sie im Anhang auf Seite 192.

M 1

Wie läßt sich am besten vermeiden, daß die nötige Objektivität des Beobachtungsverfahrens zu sehr auf Kosten der Relevanz (hier im Sinne theoretischer und praktischer Bedeutsamkeit) der berücksichtigten Phänomene erreicht wird?

a) Man sammelt nur objektiv (d. h. mit hoher intersubjektiver Übereinstimmung) feststellbare Daten und prüft dann, welche Daten für den Aufbau der Theorie nützlich sind.
b) Man wählt nur solche Phänomene aus, die objektiv beschreibbar und zugleich nach der Meinung von Sachverständigen theoretisch und praktisch relevant sind.
c) Man beginnt mit einer theoretisch und methodisch nicht festgelegten Beschreibung des interessierenden Phänomenbereichs und versucht dann, die als theoretisch bedeutsam angesehenen Variablen möglichst objektiv zu erfassen.
d) Man setzt bei schwer meßbaren Variablen viele Beobachter ein, um subjektive Fehlerquellen durch Bildung von Mittelwerten auszuschalten.

M 2

Allgemeine und differentielle Persönlichkeitspsychologie lassen sich folgendermaßen unterscheiden:

a) Ziel der allgemeinen Persönlichkeitspsychologie ist es, Aussagen über Merkmale und Merkmalszusammenhänge zu machen, die allen Menschen gemeinsam sind, während die differentielle Persönlichkeitspsychologie Aussagen über einzelne Individuen bzw. über Unterschiede zwischen Individuen macht.
b) Die allgemeine Persönlichkeitspsychologie beschäftigt sich mit dem Verhalten normaler (gesunder) Personen, die differentielle Persönlichkeitspsychologie untersucht krankhafte Abweichungen.
c) Von allgemeiner Persönlichkeitspsychologie spricht man, wenn die Struktur der Gesamtpersönlichkeit betrachtet wird; von differentieller Persönlichkeitspsychologie, wenn es um einzelne psychische Funktionen geht.
d) Zur allgemeinen Persönlichkeitspsychologie werden die Theorien gezählt, die philosophisch-anthropologisch begründete Aussagen über das Wesen des Menschen machen; jene Theorien, die auf normative Aussagen über die Person verzichten, rechnen zur differentiellen Persönlichkeitspsychologie.

M 3

Wie verhalten sich die kategorialen Dimensionen »philosophisch-anthropologische Voraussetzungen« und »methodologische Grundsätze« von Persönlichkeitstheorien zueinander?

a) Sie sind voneinander völlig unabhängig, denn die jeweilige Wahl der Datenerhebungs- und Auswertungsmethode wird nicht durch das Menschen- und Weltbild des betreffenden Forschers beeinflußt.

b) Es besteht ein faktischer, aber kein prinzipieller Zusammenhang; zwar ist bei gegebener philosophischer Orientierung die Wahl der einen Forschungsmethode näherliegend als die der anderen, prinzipiell wird aber die verfügbare methodische Vielfalt dadurch nicht beschränkt.

c) Sie sind voneinander weitgehend abhängig; z. B. wird eine phänomenologische Analyse der Persönlichkeit nur von den Forschern unternommen, die das beobachtete Verhalten im Hinblick auf eine bestimmte ethische Norm bewerten.

d) Sie sind voneinander vollständig abhängig; da wertfreie Forschung eine Fiktion ist, wird die Wahl der Forschungsmethode durch das jeweilige Menschenbild perfekt determiniert.

B Problemfragen

Die nachfolgenden Fragen P 1 bis P 5 haben keine angebbaren Richtiglösungen. Sie sollen dazu dienen, Sie unter Verwendung des Gelesenen zu selbständigem Denken anzuregen.

P 1
Welchen Einfluß haben vermutlich Vorstellungen davon, wie sich ein Mensch verhalten soll, auf Aussagen darüber, wie er sich wirklich verhält?

P 2
In welchem Sinne ist eine wertfreie Persönlichkeitstheorie möglich?

P 3
In einem Textbeispiel wurden Vetters Ansichten über mögliche Ursachen der »Überentwicklung des Gewissens« zitiert: »Den Anlaß dazu allein in allzu strenger Erziehung suchen zu wollen, hieße das Eingeborensein der Selbstverantwortung in der je eigenen Wesensanlage verkennen«. Welches Weltbild vermuten Sie hinter dieser Aussage?

P 4
Was kann die Unterscheidung in allgemeine und differentielle Persönlichkeitspsychologie bedeuten, wenn die zwischen Individuen festgestellten Verhaltensunterschiede mit allgemeinpsychologischen Gesetzen des Lernens erklärt werden?

P 5
Wie ist es um den historischen Anspruch wissenschaftlicher Forschung, »die Wahrheit zu finden«, bestellt, wenn die Ergebnisse von der Forschungsmethode abhängen und die Wahl der Forschungsmethode (nahezu) beliebig ist?

Kapitel 2

Die phänomenologische Persönlichkeitstheorie von Philipp Lersch

Lernziele:

Die Bearbeitung dieses Kapitels soll dazu anregen und (oder) befähigen
- *die Grundzüge der Persönlichkeitstheorie von Lersch zu erfassen*
- *die Vorzüge und Schwächen der phänomenologischen Methode zu sehen*
- *das System von Lersch nach den Gesichtspunkten des 1. Kapitels einzuordnen*
- *exemplarisch Möglichkeiten einer empirischen, evtl. experimentellen Überprüfung von Hypothesen anzugeben, die sich aus dieser Theorie ableiten lassen*
- *die sozioökonomische Bedeutung der Methode und Theorie von Lersch zu erkennen.*

Orientierungsfragen:

1. Welche Gliederungsprinzipien verwendet Lersch in seiner Darstellung?
2. In welcher Beziehung stehen Strebungen, Wahrnehmungen, Gefühle und wirkendes Verhalten zueinander?
3. Aus welchen Ideen entwickelt Lersch die Konzeption der seelischen Schichten?
4. Werden physiologische Prozesse erlebt?
5. In der allgemeinen Psychologie unterscheidet man heute gewöhnlich zwei große Klassen von psychischen Prozessen: Kognition und Motivation. Was veranlaßt Lersch, die Gefühle als Erlebnisse eigener Art darzustellen?
6. Lassen sich alle Strebungen auf einen einzigen Grundtrieb zurückführen?
7. Was unterscheidet Verzweiflung von Resignation?
8. Ist die Leistung im Denken von Gefühlen abhängig?
9. Ist der Mensch ein unausweichlich zwiespältiges Wesen?

2. Die phänomenologische Persönlichkeitstheorie von Philipp Lersch

2.1 Die Gliederungsprinzipien

Philipp Lersch vereinigt in seiner Darstellung des Aufbaus der Person vier verschiedene Aspekte: den anthropologischen, allgemeinpsychologischen, entwicklungspsychologischen und charakterologischen Aspekt. Die folgende Darstellung muß sich im wesentlichen auf die allgemeinpsychologischen Aussagen beschränken. Charakterologische Differenzierungen, die bei Lersch einen breiten Raum einnehmen, können nur in kurzen Bemerkungen angedeutet werden. Entwicklungspsychologische Fragen müssen ganz außer Betracht bleiben.
In seiner Beschreibung und systematischen Klassifikation der Erlebnisphänomene, wie sie der Selbstbeobachtung gegeben sind, folgt Lersch zwei Gliederungsprinzipien; das eine betrifft die Beziehung der Person zur Welt und wird mit »Funktionskreis des Erlebens« bezeichnet, das andere ist auf den inneren Aufbau der Person bezogen und wird unter dem Namen »vertikale Schichtung« eingeführt.

2.1.1 Der Funktionskreis des Erlebens

Die Fühlungnahme mit der Welt beginnt mit einem dranghaften Suchen nach Objekten und Erfahrungen. Was von der Umgebung bemerkt wird, ist stets bereits eine Auswahl aus der unüberschaubaren Vielfalt der Objekte und Vorgänge. Die Person wird vor allem dessen gewahr, was ihren jeweiligen Bedürfnissen entspricht. Wer hungrig ist, dem fällt auf, was seinen Hunger stillen könnte. Wen es nach Geltung und Anerkennung verlangt, der unterscheidet mit wacher Aufmerksamkeit, was im Verhalten der anderen darauf schließen läßt, daß sie ihn bewundern. Vielfältig wie die Bedürfnisse des Menschen und wechselnd mit diesen ist der Eindruck von der Welt. Wie die Bedürfnisse sich nicht nur auf verschiedene Inhalte richten, sondern auch in verschiedener Weise erlebt werden – als dunkler, kaum bewußter und nicht auf ein bestimmtes Objekt gerichteter Drang, als mehr oder weniger klarer Wunsch, als bewußtes Streben oder als zielgerichtetes Wollen – so vollzieht sich auch das Bemerken der Welt in qualitativ verschiedenen Formen; als nur schwach bewußte Sinnesempfin-

dung, als diffuse oder gestaltete Wahrnehmung, als Wiedererkennen, als Verstandeseinsicht. In dieser Aufzählung von Begriffen für verschiedene Bewußtseinsstufen des dranghaften Suchens und des Bemerkens ist schon der zweite Gliederungsgesichtspunkt, nämlich das Prinzip der vertikalen Schichtung, angedeutet, der weiter unten ausführlicher dargestellt werden soll.
Die Wahrnehmung der Welt, hier im weiten Sinne von »Zur-Kenntnis-Nehmen der Welt« verstanden, löst Anmutungserlebnisse aus, die – ganz allgemein und undifferenziert gesprochen – mit der Qualität des Angenehmen oder Unangenehmen behaftet sind. Wie diese Anmutung getönt ist, z. B. als freudige Überraschung oder als Erschrecken, als Bewunderung oder Verachtung, als Behaglichkeit oder Unbehagen, ist von den Bedürfnissen und von den Wahrnehmungen bestimmt. Anmutung ist der Gefühlseindruck von der Welt. Die Person erlebt die Gefühlsbedeutung dessen, was sie »im Horizont der Umwelt« bemerkt.
Diese Anmutung wird nun in einer weiteren Phase des gesamten Erlebensprozesses in wirkendes Verhalten umgesetzt. Die Handlung ist der Eingriff in die Umwelt, um das angestrebte Ziel zu erreichen und die Bedürfnisspannung zu lösen. Der Griff des Kindes nach dem Spielzeug, die Veränderung eines Raumes zu behaglicherem Wohnen, die Beeinflussung eines Menschen, um mehr Zuneigung zu bekommen, sind einfache Beispiele für das wirkende Verhalten zur Lebenserfüllung. Auch hier lassen sich unter dem Gesichtspunkt der Schichtung verschiedene Formen der Handlung unterscheiden, und zwar die Impulshandlung und die Willenshandlung. In der Impulshandlung setzen sich Antriebe unmittelbar, ohne Überlegung und besonderes Bedenken der möglichen Folgen, in eine Handlung um. Die Willenshandlung folgt einem Vorsatz, einem Entschluß und ist in den aufeinanderfolgenden Schritten bewußt organisiert.
Was in dieser Analyse der Erlebensphänomene isolierend dargestellt wird, ist in Wirklichkeit ein ganzheitlicher, verschlungener Prozeß, in dem sich zeitweilig ein Gefühl, ein Gedanke, eine Wahrnehmung oder ein Bedürfnis etc. vordrängt.
Im Wechsel von Streben, Bemerken, Anmutung und Verhalten beharrt die Gestimmtheit, die »Gesamtbefindlichkeit des Zumuteseins« als Erlebnisgrund, aus dem sich alle Prozesse entwickeln und auf den alle rückbezogen sind.
Der Funktionskreis des Erlebens macht deutlich, daß die Person nicht in sich verschlossen, sondern wesentlich auf die Welt hin angelegt ist und sowohl zu ihrer Entfaltung als auch zu ihrem Bestehen der Kommunikation mit der Welt bedarf.

Wesentlich für das Konzept des Funktionskreises ist auch die Unterscheidung von Innen- und Außenbereich des Erlebens. Strebungen und Anmutungserlebnisse gehören zusammen mit den stationären Gestimmtheiten dem Innenbereich – unter dem Gesichtspunkt der Schichtung zugleich dem endothymen Grund an; Weltinnewerden (Bemerken) und wirkendes Verhalten dagegen dem Außenbereich.
Die Beziehung zwischen Funktionskreis und Schichtung muß man sich nach Lersch so vorstellen – obwohl es in seiner Darstellung nicht ganz deutlich wird – daß das Prinzip der Schichtung sowohl für den Innenbereich als auch für den Außenbereich des Erlebens gilt. Demnach fände man im Innenbereich des Erlebens in den stationären Gestimmtheiten und den daraus hervorgehenden und darauf rückbezogenen Strebungen und Anmutungserlebnissen eine untere Schicht (den endothymen Grund), im Ichbewußtsein und im damit unmittelbar verbundenen Denken und Wollen eine obere Schicht (den personellen Oberbau).
Im Außenbereich gehören auf der Seite des Weltinnewerdens das sinnliche Bemerken, auf der Seite des wirkenden Verhaltens die antriebsunmittelbaren Handlungen einer unteren Schicht, denkendes Erfassen einerseits und Willenshandlungen andererseits einer oberen Schicht an.

2.1.2 Seelische Schichtung

Der Gedanke der Schichtung des Seelischen, der Überlagerung des unbewußten Lebensgrundes durch den unwillkürlich und spontan sich regenden endothymen Grund und weiter durch den personellen Oberbau, in dem sich hell bewußtes und reflektiertes Denken und Wollen vollziehen, entspricht nicht allein einer alten philosophischen Tradition, die auf Plato und Aristoteles zurückgeht, sondern deutet sich, wie Vetter (1949) zeigt, bereits in noch älteren mythologischen Bildern an.
Lersch bezieht sich hauptsächlich auf drei voneinander unabhängige Forschungsansätze, in deren Ergebnissen er eine Bestätigung des Schichtenmodells sieht, und zwar auf die Psychoanalyse Sigmund Freuds, auf die Hirnphysiologie und – vor allem hinsichtlich der anthropologischen Bedeutung der seelischen Schichtung – auf die Ontologie Nicolai Hartmanns.
Freud unterscheidet, wie im dritten Kapitel ausführlicher dargestellt wird, zwischen dem Bewußten und dem Unbewußten. Diese beiden Bereiche der Persönlichkeit befinden sich nach psychoanalytischer Auffassung häufig im Widerstreit. Der Kon-

flikt wird vorwiegend im sogenannnten Ich ausgetragen, als Auseinandersetzung mit der den Menschen umgebenden Realität, mit den in der Kindheit verinnerlichten Forderungen der Eltern, dem sogenannten Über-Ich, und den Triebbedürfnissen des Es.
Die gehirnphysiologische Forschung zeigt die Abhängigkeit seelischer Vorgänge vom Funktionieren bestimmter Teile des Gehirns und des zentralen Nervensystems, und zwar so, daß stammes- und entwicklungsgeschichtlich ältere Partien, z. B. der Hirnstamm, vor allem das triebhafte Verhalten beeinflussen, während Vorgänge im phylogenetisch jüngeren Kortex, der Großhirnrinde, vor allem mit dem Denken, Vorstellen, Wollen und bewußten Erinnern verbunden sind.
In philosophischer Betrachtung erscheinen die anorganische Welt, der Bereich des Pflanzlichen, des Animalischen und des Geistigen als Rangordnung der Wirklichkeit, für die eigentümlich ist, daß der später entwickelte Bereich den früheren zwar notwendig voraussetzt, daß aber bei aller Integration und wechselseitigen Abhängigkeit die höhere Schicht etwas wesentlich Neues ist und eigenen Gesetzen folgt. Der Mensch ist, da er das Vegetative und Animalische in sich vereinigt und im Geistigen darüber hinausgewachsen ist, das Wesen mit der höchsten Komplexität.
Das seelische Leben ist »das zur Wachheit des Erlebens gelangte Leben« (S. 105). Leben ist Voraussetzung und tragender Grund des Erlebens.
Die Beziehung zwischen Funktionskreis und Schichtung beschreibt Lersch wie folgt:

Beleg 4

Funktionskreis des Erlebens und Aufbau der Person. – Nach der grundsätzlichen Gegenüberstellung von endothymem Grund und personellem Oberbau sind wir jetzt in der Lage, das Ganze dessen, was wir als *Person* bezeichnen, in einem Schema zu veranschaulichen, das die beiden Gesichtspunkte unserer Betrachtung, die horizontale des *intramundanen* seelischen Funktionskreises und die vertikale des *intrapersonalen* Aufbaus zur Geltung bringt.
Der *Lebensgrund* figuriert als unterste, tragende und noch vorseelische Schicht des Gesamterlebens. Über ihm liegt der *endothyme Grund*, nicht hermetisch abgesperrt, sondern so, daß die Lebensvorgänge in ihn diffundieren können. Aus der Tiefe des endothymen Grundes, eingebettet in die stationären Gestimmtheiten, entfalten sich die Antriebserlebnisse mit ihrer dreifachen

Thematik des lebendigen Daseins, des individuellen Selbstseins und des Über-sich-hinaus-seins. Sie entfalten sich als ein fragendes Suchen, das im horizontalen Verlauf des seelischen Funktionskreises auf die Welt gerichtet ist und im Weltinnewerden seine positive oder negative Antwort findet. Das innerweltlich Bemerkte wird, in der Daseinsthematik gespiegelt, durch die Gefühlsregungen zurückgemeldet an die Tiefe des endothymen Grundes. Im letzten Glied des seelischen Funktionskreises, im wirkenden Verhalten, realisieren sich die in den Gefühlsregungen enthaltenen Antriebsgestalten sowie die Tendenzen der Strebungen, die ja auch schon das Weltinnewerden durchtönen und seine Inhalte als Bedeutsamkeitsgrenze profilieren. Und zwar verwirklichen sich die Antriebsgestalten der Gefühle und die Tendenzen der Strebungen in dem gleichen Ausschnitt der Welt, der im Weltinnewerden zur Gegebenheit kommt. Weltinnewerden und wirkendes Verhalten, die im vorliegenden Schema in einem Winkel von 180° in eine Ebene auseinandergelegt erscheinen, verlaufen also tatsächlich ineinander, in derselben horizontalen Richtung.

Zugleich zeigt das, was sich im Dialog mit der Welt, also im horizontalen *intramundanen* Bezug ereignet, *intrapersonal* einen stufenartigen Aufbau. Das denkende Erfassen als entwicklungsgeschichtliche Höchstform des Weltinnewerdens und die Willenshandlung als solche des wirkenden Verhaltens lassen – phänomenologisch, d. h. auf die Eigenart ihres Erlebtwerdens betrachtet – erkennen, daß sie von einer Instanz bestimmt werden, die dem endothymen Grund übergeordnet ist, nämlich dem im Ich zentrierten personellen Oberbau, dessen Funktionen eben Denken und Wollen sind. Was sich im Außenbereich des Erlebens vollzieht, ist also nicht ausschließlich vom endothymen Grund bestimmt, es ist nicht bloß ein Innewerden der Welt im Spiegel der Antriebsthematik und eine unmittelbare Verwirklichung der Antriebe am innerweltlich Bemerkten, sondern jedenfalls im denkenden Erfassen und in den Willenshandlungen von der höheren Schicht des personellen Oberbaues geformt und gesteuert. Die Anteile der beiden Schichten an den Vorgängen und Inhalten im Außenbereich des Erlebens sind es nun, die verschiedene Stufen des Weltinnewerdens und des wirkenden Verhaltens konstituieren.

Dies gilt schon für das sinnliche Bemerken, die Wahrnehmung, innerhalb derer wir die Unterscheidung von *Bildeindruck* und *Sacherfassung* getroffen haben (S. 455 f.). Sofern in der letzteren die denkende Verarbeitung mit am Werke ist, ist auch in sie eine Tätigkeit des personellen Oberbaus mit eingeflochten, während der Bildeindruck ganz in der Ebene des endothymen Grundes bleibt, d. h. von den endothymen Erlebnissen der Triebe und Strebungen sowie der Gefühlsregungen bestimmt und dementsprechend auch rein pathisch erlebt wird. Vom Bildeindruck werden wir ergriffen. Der Bildeindruck ist unmittelbar zur Innerlichkeit des endothymen Grundes, während das sachlich Erfaßte durch eine im Denken gelegene Initiative des Ich in eine akzentuierte Distanz gerückt ist. Ein analoger Unterschied wiederholt sich im Bereich des vorstellenden Vergegenwärtigens, der Erinnerung und der Phantasie.

Sofern Erinnerungsvorstellungen als Einzelvorstellungen auftreten, können sie in hohem Grade bildnah sein und damit ganz im Widerschein der endothymen Regungen stehen. Die Allgemeinvorstellungen dagegen haben schon etwas vom *Sachcharakter*, sie sind schon mitbestimmt durch die Eigentätigkeit des Denkens, sie haben also einen eindeutigen Bezug zum personellen Oberbau.

Ähnliches gilt für die Phantasievorstellungen. Diejenigen der Wunsch- und der Furchtphantasie sind die *bildhafte* Vergegenständlichung der Thematik endothymer Regungen und teilen mit diesen den Charakter des pathisch-eshaften Erlebtwerdens. »Im Phantasieren erfährt sich das Ich ... vergleichsweise als passiver Zuschauer dessen, was ›in‹ ihm, genauer gesagt ›im‹ ihm angehörenden ›Selbst‹ geschieht.« In diesem Sinne spricht H. Kunz von der »Ichferne der Phantasietätigkeit«. Etwas anders liegen die Dinge jedoch bei der planenden Phantasie und der Realphantasie. Auch hier geschieht etwas in der Weise des pathisch-eshaften Erlebens. Zugleich aber wirkt auch noch die im Denken gelegene Initiative des Ichs mit.

Wie bei den Stufen des Weltinnewerdens und der Weltorientierung, so läßt sich auch bei denen des *wirkenden* Verhaltens ein je verschiedener Anteil der beiden Personschichten aufzeigen. Die antriebsunmittelbaren Handlungen sind ausschließlich endothym bestimmt, sie sind die unmittelbaren Reaktionen der Antriebserlebnisse auf das in deren Widerschein stehende, mit einer Gefühlsvalenz behaftete innerweltlich Bemerkte und haben insofern pathischen Charakter, als sie ein Geschehen darstellen, das noch diesseits der wachen Tätigkeit des Ichs liegt. Sie laufen ab ohne die Mitbeteiligung des personellen Oberbaus, von dem sowohl die einfachen Willenshandlungen als auch die Wahlhandlungen gesteuert werden. Was schließlich die automatisierten Handlungen betrifft, so wurde gesagt, daß sie Derivate ursprünglicher Willenshandlungen sind. Dies bedeutet, daß sie vom personellen Oberbau aus seiner Regie, unter der sie ursprünglich als Willenshandlungen standen, entlassen wurden und ihnen damit die Möglichkeit gegeben ist, sich dem pathisch-eshaften Geschehen der antriebsunmittelbaren Handlungen einzugliedern.

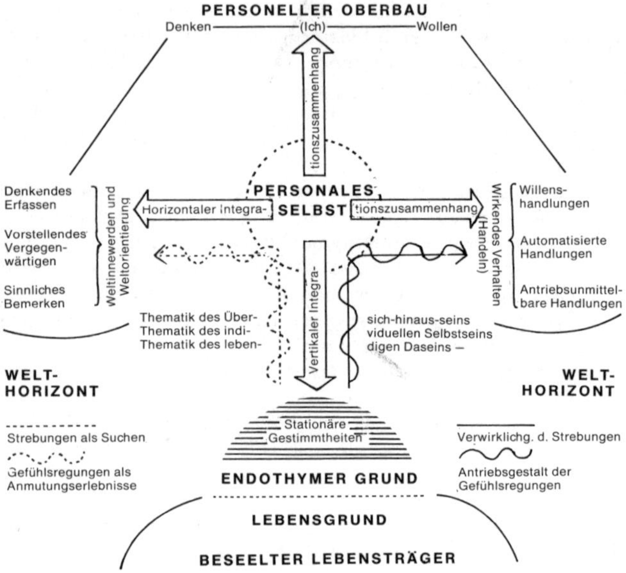

Aus Ph. Lersch, Aufbau der Person, 11. Aufl., München 1970, S. 499–501.
Mit Genehmigung des Verlages Johann Ambrosius Barth.

2.2 *Der Lebensgrund*

Der Lebensgrund umfaßt den Organismus des Leibes und alle Vorgänge in ihm. Die enge Beziehung zwischen Veränderungen im Zentralnervensystem sowie in der Funktion der Drüsen und im Erleben ist vielfältig nachgewiesen. Man denke an die Auswirkungen seelischer Dauerbelastungen in organischen Störungen (z. B. in Magengeschwüren, Asthma, Kreislaufbeschwerden), an die Veränderungen des Gesamtbefindens, insbesondere der Stimmungen und der Affektivität in Zeiten intensiver Umstellung des Organismus während der Pubertät und des Klimakteriums oder schließlich an die Folgen der Einnahme von Psychopharmaka und Rauschgiften.
Über den Lebensgrund besteht eine weitreichende, unbewußte Verbindung mit der Umwelt. Diese Verbindung ist nicht nur durch die Notwendigkeit von Ernährung und Atmung gegeben, auch klimatische Einflüsse verschiedenster Art sind nachweisbar.

Darüber hinaus besteht eine Gemeinsamkeit mit den Pflanzen und Tieren insofern, als in diesen Lebewesen gleichartige oder ähnliche Lebensformen verwirklicht sind.
Die Frage des Zusammenwirkens von leiblichen und seelischen Vorgängen ist ein Problem, das in der Philosophiegeschichte immer wieder eine große Bedeutung gewonnen hat und auf ganz verschiedene Weise zu lösen versucht wurde. Lersch wendet sich gegen die auf Descartes zurückzuführende Auffassung, nach der das Leibliche und das Seelische zwei getrennte, selbständige Wirklichkeitsbereiche seien. Für ihn hat auch die Frage keinen Sinn, wie angeblich wesensverschiedene Substanzen, nämlich die leiblich-materielle und die seelisch-immaterielle, aufeinander wirken könnten. Leib und Seele sind vielmehr eine integrierte Ganzheit; Physiologie und Psychologie müssen demnach als zwei Wissenschaften gelten, die denselben Gegenstand unter verschiedenem Aspekt untersuchen. Die Psychologie als Wissenschaft vom Erleben des Menschen gewährt aber einen mehr unmittelbaren Zugang zu dieser komplexen Leib-Seele-Einheit als die Physiologie, die in den Vorgängen im Organismus nur die Außenseite dessen sichtet, was den Lebensgrund im Sinne von Lersch ausmacht.
»Was der Lebensgrund in seinem ›Innensein‹ ist und was in ihm vorgeht, das liegt jenseits aller rationalen Erkenntnis. Die in der Forschung feststellbaren physiologischen Vorgänge sind selbst nur Erscheinung, Außenseite des Lebensgrundes, der leibliche Organismus ist nur dessen sinnliche Repräsentation.« (S. 115)
Der Leib – insgesamt zwar der Lebensgrundschicht zugehörig – symbolisiert gleichwohl in seiner Teilung in Unterleib, Brust und Kopf die Schichtung der Person, ein Gedanke, den August Vetter (1949) vor Lersch in seiner Erscheinungsdeutung der Person unter Bezugnahme auf Plato betont hat.
Der Zustand des Lebensgrundes strahlt in das Erleben ein. Man fühlt sich frisch oder matt, angespannt oder gelöst. Hunger, Durst, Sexualität werden sehr leibnah erlebt. Aber auch in den Gefühlen der Freude und der Trauer, der Bewunderung und Verachtung klingt die damit verbundene Befindlichkeit des Körpers mit an. Das Erleben erwächst aus dem Lebensgrund und ist untrennbar mit ihm verbunden.
Wenn vom Erleben des Lebensgrundes gesprochen wird, so heißt das jedoch nicht, daß die Vorgänge des Lebensgrundes selbst bewußtseinsfähig wären. Alles Erleben gehört nach Lersch entweder dem endothymen Grund oder dem personellen Oberbau an, also auch die Erlebnisse, in denen wir der Befindlichkeit des Körpers gewahr werden.

2.3 *Der endothyme Grund*

Der endothyme Grund (= Bereich der endothymen Erlebnisse) umfaßt Phänomene, die umgangssprachlich mit Stimmungen, Gefühlen, Trieben, Strebungen u. ä. bezeichnet werden. Allen ist gemeinsam, daß wir von diesen Erlebnissen ergriffen werden. Sie haben einen pathischen Charakter. Im Unterschied dazu sind die dem personellen Oberbau zuzuordnenden Erlebnisse des Denkens und Wollens dadurch gekennzeichnet, daß sie vom Ich initiiert und gesteuert werden.

Der endothyme Grund wird als Kernbereich, als Ursprung des wahrnehmenden und handelnden Ausgriffs in die Welt und als »Ort« der Rückmeldung der Gefühlswerte des Wahrgenommenen erlebt.

Phänomenologisch, d. h. nach den Qualitäten, in denen die Erlebnisse der Selbstbeobachtung erscheinen, lassen sich drei Arten von Erlebnissen unterscheiden: Antriebserlebnisse (Triebe und Strebungen), Gefühlsregungen und stationäre Gestimmtheiten.

»Was sich in den Erlebnissen des endothymen Grundes anzeigt, ist die Thematik menschlichen Seins in ihrer Dreigliederung des lebendigen Daseins, des individuellen Selbstseins und des Über-sich-hinaus-seins. In den Trieben und Strebungen entfaltet sich die Thematik des menschlichen Seins als Richtung in die Zukunft, als etwas, das es zu verwirklichen gilt. In den Gefühlsregungen erfahren wir ihre Verwirklichung oder Nichtverwirklichung bei der je gegenwärtigen Begegnung mit der Welt. Die stationären Gestimmtheiten schließlich sind Befindlichkeiten des endothymen Grundes, mit denen wir je und je schon aus der Vergangenheit in die Gegenwart treten und vor deren Hintergrund sich Antriebserlebnisse und Gefühlsregungen als Prozesse abheben. In ihnen spiegelt sich die Seinsthematik in ihrer schon erreichten Erfülltheit oder Unerfülltheit. Die Unterscheidung der endothymen Erlebnisse in stationäre Gestimmtheiten, Gefühlsregungen und Antriebserlebnisse entspricht also der Zeitlichkeit des Erlebens, der Dreieinheit von Vergangenheit, Gegenwart und Zukunft. In Antriebserlebnissen, Gefühlsregungen und stationären Gestimmtheiten ist die Thematik des menschlichen Seins in die Zeitlichkeit des Erlebens auseinandergefaltet.« (S. 345–346)

2.3.1 Antriebserlebnisse

In den Antriebserlebnissen wird ein Zustand des Mangels als Bedürfnis bewußt. Damit verbunden ist das unruhige Verlangen,

diesen unbefriedigenden Zustand durch Suche nach dem befriedigenden Ziel zu beenden. So verweist das Antriebserlebnis aus der Gegenwart auf die Zukunft und bringt zum Ausdruck, daß sich die Person in der Zeit entwickelt und gestaltet.
Wenn Lersch die Darstellung der Antriebserlebnisse an den Anfang stellt, so räumt er damit zugleich den Strebungen eine gewisse Priorität im Aufbau der Person ein. In den Strebungen wird die Eigentätigkeit der Person immer wieder initiiert; sie verleihen den Eindrücken von der Umgebung zu einem wesentlichen Teil ihre Gestalt und Bedeutung.
Lersch hält es für aussichtslos, die Antriebe nach ihren jeweiligen Zielen zu klassifizieren, denn die Ziele lassen sich nahezu beliebig ausdifferenzieren und oft dienen dieselben Ziele der Befriedigung ganz unterschiedlicher Bedürfnisse. So kann z. B. das Streben nach höherem Einkommen einem Bedürfnis nach Anerkennung der eigenen Leistung, nach Sicherung der eigenen Unabhängigkeit, nach Ausübung von Macht u. a. m. dienen. Andererseits erscheint es ihm auch wissenschaftlich wenig sinnvoll, ganz auf Differenzierung zu verzichten und in allen Antriebserlebnissen nur mehr ganz allgemein und nichtssagend das Streben nach Lust (= Bedürfnisbefriedigung) zu sehen.
Die von Lersch vorgeschlagene Klassifizierung der Antriebe ist nun weniger eine phänomenologische als philosophisch-anthropologische, d. h. sie ergibt sich aus der letztlich philosophischen Frage nach der Stellung des Menschen in der Welt und nach den Grundformen der Selbstverwirklichung.

1. Antriebserlebnisse des lebendigen Daseins

Auf möglichst intensive Teilhabe am Leben, wie es auch beschaffen sei, zielen die Antriebe des lebendigen Daseins. Dazu gehören der Tätigkeitsdrang, das Genußstreben, der Geschlechtstrieb und der Erlebnisdrang. Zum Begriff des Tätigkeitsdranges sei angemerkt, daß es dabei nicht um Leistung geht, sondern um die Erfahrung eigener Aktivität. Er äußert sich in zweckloser Bewegung, im Spiel, wobei es nicht auf das dabei eventuell entstehende Werk, sondern auf die reine Funktionslust ankommt.

2. Antriebserlebnisse des individuellen Selbstseins

In den Antriebserlebnissen des individuellen Selbstseins geht es um Selbsterhaltung, Sicherung der eigenen Bedürfnisbefriedigung in Konkurrenz zu den Mitmenschen (Egoismus), um Macht und

Geltung. Eine vermeintliche Beeinträchtigung der eigenen Ansprüche durch andere löst den Vergeltungsdrang aus. Auch das Eigenwertstreben betrifft das individuelle Selbstsein; es zielt jedoch nicht wie das Geltungsstreben auf Ansehen bei anderen, sondern auf Achtung vor sich selbst.

3. Antriebserlebnisse des Über-sich-hinaus-seins

Der dritte Bereich der Strebungen (Antriebserlebnisse des Über-sich-hinaus-seins) führt über die Grenzen der eigenen Individualität hinaus, hin zu den Mitmenschen im Gesellungsdrang und in den verschiedenen Erscheinungsweisen der Liebe, zur Gestaltung eines Werkes, zur Erweiterung des Erkenntnishorizontes (geistige Interessen), zum Einsatz für eine Idee, zur spontanen Erfüllung einer verinnerlichten Verhaltensnorm (z. B. der Forderung nach Wahrhaftigkeit, Gerechtigkeit, Pflichterfüllung), zur Überwindung der Vergänglichkeit und Zufälligkeit in der Gestaltung einer künstlerischen Idee, in der philosophisch-metaphysischen Einsicht, in der gläubigen Suche nach Gott.
»Es ist mit Nachdruck zu sagen, daß auch sie – (nämlich die Antriebserlebnisse des Über-sich-hinaus-seins, Anm. des Verf.) – genauso wie die Strebungen des lebendigen Daseins und des individuellen Selbstseins – zu den ursprünglichen und originären Regungen des Menschen gehören. Dies wird auch nicht durch die Tatsache widerlegt, daß so viele Menschen es sich daran genügen lassen, lediglich für die Belange des lebendigen Daseins und die des individuellen Selbstseins zu leben und in der Behaglichkeit des sattgegessenen Leibes, im Genuß und im Bewußtsein ihres Besitzes, ihrer Macht und ihrer Geltung zufrieden sind. Solche Menschen hat es zu allen Zeiten gegeben und wird es zu allen Zeiten geben. Aber daß die Menschheit, als Ganzes gesehen, nicht nur aus den Belangen des lebendigen Daseins und des individuellen Selbstseins lebt, das zeigt die Geschichte. Sie erweist, daß der Mensch über sich hinaus zu fragen, zu suchen und zu schaffen bestrebt ist. Seit je ist dies in der Menschheit wirksam gewesen. Es hat seine Verwirklichung gefunden in den Schöpfungen der Kultur, die uns überliefert sind als die Gebilde des Rechtes und der Gemeinschaft, als die Werke der Dichtung, der Musik und der bildenden Kunst und als die weltanschaulichen Formen von Philosophie und Religion. Sie alle zeigen, daß im Menschen ein Ungenügen lebendig ist, das über die Belange des lebendigen Daseins und des individuellen Selbstseins hinausgreift.« (S. 205)

4. Die Vielfalt der Strebungen

Eine Reduktion der Strebungsvielfalt auf einige wenige Primärbedürfnisse, wie es in manchen Richtungen der Lerntheorie versucht wird, lehnt Lersch ebenso entschieden ab wie die Freudsche bzw. Adlersche Annahme eines einzigen Grundtriebes (der Libido bei Freud, des Geltungs- und Machttriebes bei Adler), aus dem sich durch sogenannte Sublimierung, d. h. durch Suche nach einem verfeinerten und »erhabeneren« Ersatz für eine blockierte Befriedigung des Grundtriebes, alle übrigen Arten von Antriebserlebnissen entwickelt haben sollen.

»Eine nicht derart methodisch vorbelastete Einstellung zu dem, was die Erfahrung zeigt, führt notwendig zur Einsicht, daß sich im Laufe der Entwicklung die Mannigfaltigkeit thematisch selbständiger und ursprünglicher Strebungen entfaltet. In dieser Mannigfaltigkeit aber entfaltet sich zugleich das Ganze dessen, was der Mensch ist bzw. was zu den Möglichkeiten seines Seins und damit zur Thematik seiner Selbstverwirklichung gehört. Er ist Teilhaber des vorindividuellen Lebens, das auch in ihm und durch ihn leben will. Er ist Einzelwesen, das sich im Kampf ums Dasein durchzusetzen und seine Position in Umwelt und Mitwelt zu bestimmen hat. Und er ist ebenso ursprünglich und wesentlich geistiges Wesen, das über sich hinaus zu fragen vermag und zur Teilhabe an Sinnwerten drängt.« (S. 207)

Stets ist in einer Person eine Vielfalt von Strebungen wirksam, von denen die eine oder andere vorübergehend oder dauernd dominiert; sie sind zum Teil aufeinander abgestimmt und ergänzen einander, zum Teil stehen sie aber auch im Konflikt. Das Ausmaß der Harmonie bzw. Divergenz der Strebungen ist selbst ein wichtiges charakterologisches Kennzeichen.

5. Behinderung der Strebungen

Wird ein Mensch durch irgendwelche Umstände, speziell durch andere Menschen, daran gehindert, Bedürfnisse zu befriedigen – man spricht in diesem Falle von Frustration –, so entlädt sich sein Ärger häufig in aggressivem Verhalten. Andere Auswege eines frustrierten Menschen sind: Ertragen der Enttäuschung (Frustrationstoleranz), Abwendung von der Realität und Wunscherfüllung in der Phantasie, Kompensation der Behinderung durch verstärktes Streben in einer anderen Richtung.

Ob sich Strebungen verwirklichen können, hängt wesentlich auch davon ab, ob die dazu nötigen oder förderlichen Fähigkeiten zur

Verfügung stehen. Eine Diskrepanz zwischen Anspruch und Fähigkeit (z. B. zwischen Erlebnisdrang und Erlebnisfähigkeit, Kontaktbedürfnis und Kontaktfähigkeit) ist häufig die Ursache starker innerer Spannungen und auffälliger Verhaltensstörungen.

6. Individuelle Unterschiede

Unter charakterologischem Aspekt ist nicht nur von Belang, welche Strebungen dominieren – und unter Umständen die Wahrnehmung gängeln –, sondern auch, wie stark die Antriebe insgesamt und wie nachhaltig sie wirksam sind.

2.3.2 Gefühlsregungen

Bei der phänomenologischen Beschreibung der Gefühlsregungen, die zusammen mit den Strebungen und den stationären Gestimmtheiten den endothymen Bereich ausmachen, werden die bei jeder Erlebnisbeschreibung auftauchenden Schwierigkeiten der Abgrenzung und begrifflichen Fixierung in besonderem Maße bemerkbar; denn die Gefühle durchdringen das gesamte Erleben, verändern sich fortlaufend mit den Strebungen und den durch die Strebungen akzentuierten Wahrnehmungen in vielfältigen Nuancen. Die Sprache muß den atmosphärischen Charakter der Gefühle widerspiegeln und kann daher nicht die Präzision und Eindeutigkeit physikalischer Aussagen erreichen.

1. Facetten des Gefühls

Unterscheidbar ist in der Gefühlsregung der Erlebnishorizont von der Erlebnismitte. Der Erlebnishorizont umfaßt, was uns anmutet, und zwar in jeweils besonderer Qualität, z. B. des Erfreulichen, Ärgerlichen, Erhabenen. In der Umgangssprache bezeichnen wir diese Gefühlsqualität der Gegenstände mit Eigenschaftsworten, die den Gegenstand nicht einfach sachlich beschreiben, sondern zugleich danach bewerten, ob er der Erfüllung unserer verschiedenen Bedürfnisse förderlich oder hinderlich ist. So finden wir einen anderen Menschen nicht einfach als groß oder klein, als gesprächig oder schweigsam, sondern vor allem als freundlich oder unfreundlich, sympathisch oder unsympathisch, vertrauenswürdig oder unzuverlässig, kultiviert oder unkultiviert etc.

Mit dem Gehalt der Erlebnismitte ist die Art der Gefühlsresonanz gemeint, differenziert nach endothymer Qualität des Ge-

fühls, Tiefe (Durchdringungskraft), Antriebsstärke und Antriebsgestalt des Gefühls.
Die endothyme Qualität des Gefühls ist nur dadurch deutlich zu machen, daß man auf das Zumutesein verweist, das ganz verschieden ist, wenn wir uns freuen, ärgern, erschrecken usw. Mit Tiefe des Gefühls ist der Grad gemeint, in dem er das gesamte Erleben durchdringt und färbt. Man kann von einem Gefühl nur leicht und oberflächlich angerührt oder tief ergriffen sein, man denke etwa an den Unterschied von Zuneigung und Liebe, Ärger und Verbitterung.
Nach der Stärke der im Gefühl enthaltenen Antriebskomponente unterscheidet Lersch Gefühlsbewegungen, wie Heiterkeit oder Mißmut, von Gefühlserregungen (Affekten) wie Schreck oder Wut.
Die Antriebsgestalt des Gefühls ist ein Vorentwurf des durch die Anmutung ausgelösten Verhaltens. Im Gefühl der Zuneigung und Ablehnung ist die betreffende Antriebsgestalt schon der ursprünglichen Wortbedeutung zu entnehmen. Wer sich ängstigt, erlebt in Ansätzen die Antriebsgestalt des Sich-Verbergens, in der Wut zeichnet sich die Bewegung des Angriffs ab. Es ist hier zu beachten, daß mit »Antriebsgestalt des Gefühls« nicht etwa das vom Gefühl ausgelöste tatsächliche Verhalten, sondern der verborgene Impuls zu einer dem endothymen Gehalt des Gefühls entsprechenden Bewegungsgestalt zu verstehen ist.
In den Gehalten des Erlebnishorizonts ist das Gefühl dem Eindruckserleben, in seiner Antriebsstärke und Antriebsgestalt dagegen dem Ausdrucksverhalten zugewendet. So ist die Mittenhaftigkeit des Gefühls – ein zentrales Thema in der personalen Anthropologie von Vetter – auch in der Konzeption von Lersch angedeutet.

2. *Klassifikation der Gefühle*

Die Klassifikation der Gefühle ist bei Lersch auf die Gliederung der Antrieberlebnisse abgestimmt. Diese Zuordnung ist in der funktionellen und zugleich phänomenalen Beziehung zwischen Strebungen und Gefühlsregungen begründet. In den Gefühlsregungen erlebt die Person – ganz allgemein gesprochen – den Wert oder Unwert dessen, was ihr widerfährt (in der Wahrnehmung der Umwelt und in der Selbsterfahrung). Die konkrete Wertqualität eines Gegenstandes bestimmt sich nach den jeweiligen Strebungen. Die gleiche Speise kann dem Hungrigen köstlich, dem Satten fade, dem Übersättigten eklig erscheinen.

Unter den Gefühlsregungen des lebendigen Daseins nennt Lersch Schmerz, Lust (im engeren Sinne der Befriedigung des Lebensdranges), Langeweile, Überdruß und Widerwille, Ekel und Abscheu, Vergnügen und Ärger, Freude und Trauer, Entzücken und Entsetzen.
Die Gefühlsregungen des individuellen Selbstseins umfassen Erschrecken, Aufregung, Wut, Furcht, Vertrauen und Mißtrauen; Zufriedenheit und Unzufriedenheit (mit der Erfüllung der aus dem Egoismus, Macht- und Geltungsstreben folgenden Ansprüche an die Umwelt), Neid, Eifersucht, Gefühle des Triumphes und der Niederlage, Sich-geschmeichelt-Fühlen und Sich-verletzt-Fühlen; Genugtuung (für den Vergeltungsdrang), Schadenfreude, Gefühl der Dankbarkeit; Minderwertigkeitserlebnis und Scham, Selbstachtung, Selbstverachtung und Reue.
An Gefühlsregungen des Über-sich-hinaus-seins (transitive Gefühlsregungen) sind aufzuzählen: Sympathie und Antipathie, Verehrung und Spott; Mitgefühl, Liebe und Haß; Schaffensfreude, Staunen, Zweifel, Gefühl der Gewißheit; Liebe zu etwas, Pflichtgefühl, Gerechtigkeitsgefühl, Entrüstung, Zorn; künstlerische Ergriffenheit, metaphysische Gefühle, religiöse Ergriffenheit.
Die Gesamtheit der Gefühlsregungen des Über-sich-hinaus-seins ist nach Lersch gleichbedeutend mit Gemüt. »Der Begriff des Gemütes erweitert sich damit also über die Gefühlsregungen der mitmenschlichen Teilhabe hinaus und meint den Bereich jener Ergriffenheit des Fühlens, bei denen wesentlich eine wertfühlende Teilnahme an Menschen, Wesen und Dingen und ein Verbundensein mit ihnen, ein gegenseitiges Zusammengehören erlebt wird.« (S. 281)
Mit den im Gemüt erfahrenen überindividuellen Bindungen an Sinnwerte erleben wir die innere Verpflichtung, in Übereinstimmung mit diesen Werten zu handeln, und die innere Billigung bzw. Mißbilligung unseres Verhaltens, wenn wir dieser Verpflichtung entsprochen bzw. zuwidergehandelt haben. Diese Bewertung unseres Handelns unter dem Gesichtspunkt, wieweit wir dem gerecht werden, wozu wir uns verpflichtet fühlen, charakterisiert nach Lersch das Gewissen.
»In den Regungen des Gewissens wird die Erfüllung oder Nichterfüllung der in den Gesamtregungen erfahrenen Verbindlichkeiten und Bindungen endothym erlebt.« (S. 283)
Keinem der drei Bereiche – lebendiges Dasein, individuelles Selbstsein, Über-sich-hinaus-sein – lassen sich die von Lersch so benannten Schicksalsgefühle zuordnen. In ihnen ist eine Person

insofern auf die Zukunft bezogen, als sie eine Befriedigung ihrer Bedürfnisse, worin diese Bedürfnisse auch bestehen mögen, erhofft bzw. eine Versagung der Befriedigung befürchtet.

In der Resignation wird die Befürchtung, das Ziel der Strebung nicht erreichen zu können, zur erlebten Gewißheit, die als unvermeidlich hingenommen wird. In der Verzweiflung sieht sich ein Mensch so radikal und ausweglos in den ihm für seine Existenz als unverzichtbar erscheinenden Lebensmöglichkeiten beeinträchtigt, daß es ihn nach Selbstvernichtung drängt.

»Wenn die Resignation durch den Begriff der Enttäuschung erläutert wurde, so reicht dieser Begriff nicht aus, um das in der Verzweiflung erlebte Schicksal erstrebter Werte zu kennzeichnen. In der Resignation werden aus Enttäuschung Werte aufgegeben, das Dasein aber geht weiter. In der Verzweiflung dagegen wird die Zukunft als Feld der Unmöglichkeit erstrebter Werte so erlebt, daß sie den Seinsgrund des Menschen trifft. Dieses Erlebnis drängt dazu, eben nicht nur die in der Form der Hoffnung erstrebten Werte, sondern das Dasein selbst aufzugeben. Die Verzweiflung ist eine radikale, d. h. bis in die Wurzeln des Lebensgrundes hinabreichende Erschütterung und Krise des Daseins selbst. Liegt in der Resignation ein Stillstand jener in die Zukunft gerichteten Bewegung, die der Hoffnung eigen ist, so ist die Verzweiflung nicht eigentlich ein Stillstand, sondern eine Umkehr dieser Bewegung, eine radikale Verneinung der Zukunft, deren letzte Folgerung die Vernichtung des Daseins selber ist. Und zwar deshalb, weil das Dasein so sehr verbunden ist mit den erstrebten Werten, daß es sich von ihnen nicht wie bei der Resignation im Akte des Verzichtes zu lösen vermag. In der virtuellen Gebärde der Selbstvernichtung liegt die Antriebsgestalt der Verzweiflung.« (S. 292)

3. Vielfältigkeit und Widersprüchlichkeit

Wie gleichzeitig mehrere Strebungen wirksam sein können, teils aufeinander abgestimmt, teils einander widerstreitend, so sind auch stets verschiedene Gefühle gegenwärtig, im Extremfall so gegensätzliche Gefühle wie Liebe und Haß gegenüber einem und demselben Menschen. Diese Zwiespältigkeit (Ambivalenz) der Gefühle ist Ausdruck eines Konflikts der Strebungen und Eindrücke, der als sehr beunruhigend erlebt werden kann und zu einem Verhalten führt, das für die anderen, oft auch für die Person selbst, schwer verständlich, weil widersprüchlich ist.

4. Individuelle Unterschiede

Individuelle Unterschiede finden sich bezüglich folgender nicht völlig voneinander unabhängiger Aspekte:
- Art der erlebten Gefühle
- allgemeine Erlebnisfähigkeit
- Gefühlserregbarkeit (Leichtigkeit, mit der Gefühle ausgelöst werden können)
- Tiefe des Gefühlserlebens.

2.3.3 Stationäre Gestimmtheiten

Gleichsam als Hintergrund der Gefühlsregungen, in denen die Person von den Vorgängen in der Welt angemutet wird, läßt sich bei phänomenologischer Betrachtung ein die aktuellen Regungen überdauerndes Zumutesein bestimmen. Darin erscheinen die Grundstimmungen einer Person, wie sie sich – unterbaut durch konstitutionelle Bedingungen – aus den bisherigen Erfahrungen mit der Welt gebildet haben. Sie sind analog zur Gliederung der Strebungen und Gefühlsregungen zu differenzieren nach den »stationären Gestimmtheiten« des Lebensgefühls (Lebendiges Dasein), des Selbstgefühls (Individuelles Selbstsein) und des Weltgefühls (Über-sich-hinaus-sein).

»Die stationären Gestimmtheiten sind der endothyme Hintergrund, von dem sich die Vollzüge des Strebens, des Bemerkens, des Angemutetwerdens und des wirkenden Verhaltens abheben und in den sie zugleich eingebettet sind. Sie sind Weisen, in denen die Ganzheit des in Teilinhalten und Teilvollzügen ausgefächerten Erlebens erfahren wird.« (S. 303)

Der Begriff des Lebensgefühls umfaßt leibnahe Gefühlszustände wie Hunger und Sättigung, Müdigkeit und Frische, körperliche Spannung und Gelöstheit, Lebensgrundstimmungen wie Heiterkeit, Traurigkeit, Mißmut, Angst.

Im Selbstgefühl erlebt die Person die eigene Macht, in der Auseinandersetzung mit der Umwelt (Eigenmachtgefühl) und die allgemeine Zufriedenheit mit der Erfüllung der Ansprüche an die Umwelt, die sich aus den Strebungen des individuellen Selbstseins ergeben.

Mit Weltgefühl ist jener Aspekt des Zumuteseins gemeint, der die Beziehung der Person zu den Sinnwerten des Lebens betrifft, zu jenen Werten also, auf die sich die Strebungen des Über-sich-hinaus-seins richten. Lersch nennt in diesem Zusammenhang Ernst und Leichtsinn, Optimismus und Pessimismus, das Zumutesein erlebter Sinnlosigkeit des Lebens, das Weltgefühl des Humors.

2.4 *Der personelle Oberbau*

Während die Person von den Erlebnissen des endothymen Grundes pathisch ergriffen wird, ist sie in den Ichfunktionen des Denkens und Wollens, den beiden Grundformen von Erlebnissen des personellen Oberbaus, aktiv und bewußt steuernd.
Wie dem endothymen Grund auf der Seite des Weltinnewerdens gefühlsnaher Sinneseindruck und auf der Seite des wirkenden Verhaltens Impuls- oder Triebhandlungen zugeordnet sind, so finden wir im personellen Oberbau einerseits das denkende Erfassen, andererseits die Willenshandlung.

2.4.1 Das Denken

Im Denken gewinnen wir aus den vielfältigen und wechselnden Eindrücken ein geordnetes Bild von unserer Umwelt und unserer Beziehung zu ihr, das uns eine bewußte Orientierung unseres Handelns ermöglicht. Das Denken bedarf als Medium der Sprache, mit der wir feste Begriffe für die flüchtigen Erscheinungen formen, so daß die Umwelt für uns bestimmte und beständige Konturen annimmt, distanziert aufgefaßt werden kann und für gezielten Eingriff verfügbar wird.
Das Denken hat nicht nur eine intellektuell-instrumentale, sondern auch eine geistig-ideelle Funktion, d. h. es dient nicht nur der praktischen Lebensbewältigung (zur Befriedigung der Bedürfnisse des individuellen Selbstseins), sondern es ermöglicht auch, den Sinn der eigenen Existenz zu erhellen. Es geht also nicht allein um die Einsicht des Menschen, was in der jeweiligen Lage an Handlungen möglich ist, welche zweckmäßig oder unzweckmäßig wären, sondern auch darum, welche Handlungen er vor seinem Gewissen verantworten und mit seinem Selbstbild vereinbaren kann.

2.4.2 Das Wollen

Während wir denkend unsere Sinneseindrücke zu einem für uns mehr oder weniger geordneten und überschaubaren Bild von der Welt formen, richten wir uns wollend auf die planmäßige Verwirklichung eines bewußt gewählten Zieles. »Wir erleben uns im

Wollen nicht mehr als pathisch getrieben, sondern als aktiv steuernd, nicht als bewegt, sondern als bewegend« (S. 496).

2.4.3 Das personale Selbst

Im personalen Selbst sieht Lersch jene Instanz, in der sich die Ichfunktionen des Denkens und Wollens mit den eshaften Erlebnissen des endothymen Grundes integrativ verbinden.
Das Ich hat eine ordnende und lenkende Funktion, ist inhaltlich aber auf die Thematik der Strebungen und Gefühlsregungen bezogen.
»Und indem sich diese Thematik mit den Funktionen des Ichs integriert, d. h. indem sich das Denken offenhält gegen das, was endothym lebendig ist, und indem zugleich der Wille sich mit ihm auseinandersetzt, konstituiert sich das personale Selbst als die eigentliche *Mitte* der menschlichen Person. Solange der Mensch nur aus den endothymen Regungen lebt, repräsentiert er noch kein personales Selbst. Ebensowenig tut er es, sofern er nur nach abstrakten Regeln des Denkens und dem abstrakten Kommando des Willens lebt. Erst wo beide Schichten gegeneinander offen sind und integrativ zusammenwirken, realisiert sich das personale Selbst.
In dieser Integration zum personalen Selbst vollzieht sich die Auseinandersetzung der Strebungen und Gefühlsregungen, vor allem im Hinblick auf die Gegensätzlichkeit, die besteht zwischen der Thematik des individuellen Selbstseins und der des Über-sich-hinaus-seins, die immer eine Bindung und Verantwortlichkeit einschließt. So werden *Gemüt* und *Gewissen* zu Kernstücken des personalen Selbstes.
In solcher Weise also sind, wie schon gesagt, endothymer Grund und personeller Oberbau im Entwurf der menschlichen Person ganzheitlich aufeinander zugeordnet. Damit ist zugleich gesagt, daß ihre Integration zur Mitte des personalen Selbstes und zur Einheit der Person nicht von vorneherein gegeben, sondern dem einzelnen Menschen recht eigentlich *aufgegeben* ist.« (S. 498/499)

2.4.4 Individuelle Unterschiede

Individuelle Unterschiede in den Denkfähigkeiten werden von Lersch unter den Gesichtspunkten Abstraktionsgrad, Anschaulichkeit, gegenstandsspezifische Urteilsfähigkeit, Folgerichtigkeit des Schließens, Selbständigkeit, Beweglichkeit und Gründlichkeit behandelt. Unzulänglichkeiten können auf einen Mangel an ur-

sprünglicher (vererbter) Begabung, an Schulung, aber auch auf störende Einflüsse aus dem endothymen Bereich (ängstliche oder freudige Erregung, zu starke Strebungen) und eine nicht gelungene Steuerung des Denkens durch den Willen zurückgehen. Mitbedingt durch die individuelle Art der Strebungen sind auch die Weite des geistigen Horizonts sowie die Differenziertheit und Durchgestaltung des Weltbildes von Person zu Person sehr verschieden.
Die individuelle Eigenart des Willens zeigt sich in Entschlußfähigkeit, Selbständigkeit der Zielsetzung, Wirksamkeit des Willenseinsatzes in der Organisation der eigenen Kräfte und Fähigkeiten (nach innen gerichtet: Selbstdisziplin u. a.; nach außen gerichtet: Widerstandsbereitschaft und Durchsetzungsfähigkeit). Wie für das Denken, so gilt auch hier, daß Störungen oder Unzulänglichkeiten des Willenseinsatzes ihre Ursachen zum Teil in anderen Bereichen der Persönlichkeit haben können.

2.5 *Integration der Schichten*

Personeller Oberbau und endothymer Grund dürfen nicht als voneinander isolierte Bereiche gesehen werden. Sie sind vielmehr in allen Erlebnissen aufeinander bezogen und stellen eine integrierte Ganzheit dar. Wie gut diese Integration gelingt, welcher Bereich dominiert, ist von Person zu Person, aber auch für dieselbe Person im Wechsel der Zeiten und Situationen verschieden.
Ein sonst verantwortungsbewußt lebender Mensch kann sich durch die gleichförmigen impulsiven Äußerungen der anderen zu unbesonnenen Handlungen hinreißen lassen, wenn er sich in einer Masse von Menschen befindet. Rauschgifte führen zu übersteigerter Intensität von Eindrücken und Gefühlen; sie verändern vorübergehend und bei anhaltendem Genuß dauerhaft das Erlebnisgefüge der Person.
Auch im Traum sind die Regungen des endothymen Grundes weniger vom Denken und Wollen kontrolliert als im normalen Wachbewußtsein.
Das integrative Gleichgewicht der Schichten kann durch einseitige Akzentuierung, durch Isolierung, Abspaltung, durch Unechtheit des Erlebens gestört sein.
Was überdauernde Eigenschaften betrifft, so unterscheiden sich die Menschen in ihrem Erlebnisakzent. Die einen lassen sich in der Weltorientierung mehr von ihren Gefühlen leiten, die anderen verlassen sich vor allem auf rationale Überlegungen. Auffal-

lende Unterschiede findet man im Grad der Impulsivität und Spontaneität des Verhaltens. Ein Wechsel in der Akzentuierung des Erlebens ist auch im Laufe der Entwicklung vom Kind zum Erwachsenen zu beobachten: während sich Kinder von ihrer Umwelt mehr anmuten lassen, statt sie rational zu erfassen, und spontaner ihre Gefühle äußern und ihre Bedürfnisse zu befriedigen suchen, lassen sich Erwachsene im allgemeinen mehr vom Verstand leiten.

Andere Probleme ergeben sich aus einer gegenseitigen Isolierung der Personschichten. Wenn sich ein Mensch gegen die Regungen des endothymen Grundes ständig zur Wehr setzt, weil sie dem Bild widersprechen, das er sich von sich selbst macht, besteht die Gefahr, daß sein Erleben verkümmert oder daß die aus dem Bewußtsein verdrängten Wünsche zu seelischen Spannungen und Verhaltensstörungen führen. Sowohl die vertikale Integration zwischen dem personellen Oberbau und dem endothymen Grund als auch die horizontale Integration zwischen Person und Umwelt kann gestört sein.

Im Traum werden unausgelebte Strebungen und Gefühle nachgeholt. Die eigene nicht mehr bewußte Erlebnisgeschichte kommt in rätselhaft erscheinenden Bildern zum Ausdruck. In der Traumerinnerung und im Versuch, den eigenen Traum zu deuten, werden verborgene Seiten des eigenen Wesens bewußt, ergeben sich Hinweise auf eine Überwindung von Fehlentwicklungen.

Von Unechtheit ist dann zu sprechen, wenn ein Mensch sich selbst vormacht, von bestimmten Erlebnissen ergriffen zu sein, weil er es für ungehörig oder unzulänglich findet, nichts oder etwas anderes zu erleben. So werden Gefühle oder Wünsche, die man der Situation für angemessen hält, aus dem Wissen um die Erscheinungsformen dieser Erlebnisse nachgeahmt. Die Ausdrucksweise wirkt absichtlich, künstlich, übersteigert. Im unechten Erleben besteht die Disharmonie zwischen dem personellen Oberbau und dem endothymen Grund nicht darin, daß ursprüngliche Gefühle oder Strebungen willentlich unterdrückt, sondern daß der Mangel an spontanen Regungen durch absichtlich erzeugte und nachgeahmte Erlebnisse kompensiert wird. Mit Unechtheit ist nicht absichtliche Verstellung gemeint. In diesem Fall fehlt die Bemühung um das gewünschte Erleben, da es nur darum geht, den anderen durch Vorspiegelung von Gefühlen zu täuschen. Unecht können nicht nur Gefühle, sondern auch Überzeugungen und Entschlüsse sein. Die Diskrepanz (nach Art und Ausmaß) zwischen ursprünglichem und dargestelltem Erleben ist ein wichtiges Persönlichkeitsmerkmal.

In der Wahrnehmung und Wiedergewinnung von Ursprünglichkeit und Echtheit sieht Lersch eine wesentliche Aufgabe der eigenen Lebensgestaltung.

2.6 *Kritische Würdigung*

2.6.1 Erlebens- und Verhaltensbeobachtung als methodisches Problem

Wenn Lersch als den Gegenstand der Psychologie »das Insgesamt aller Erlebnisse« bestimmt, so befindet er sich ganz innerhalb der vom Behaviorismus amerikanischer Herkunft damals noch unberührten deutschen Psychologie. Eine ähnliche Auffassung wird in dieser Zeit auch von bedeutenden Vertretern der Allgemeinen Psychologie wie W. Metzger (1954) und H. Rohracher (1963) geteilt. Sie widerspricht ganz deutlich der behavioristischen Konzeption. Danach wird wissenschaftlich nur das manifeste Verhalten zur Kenntnis genommen, soweit es objektiv, d. h. intersubjektiv übereinstimmend beschrieben werden kann (vgl. dazu die kritische Stellungnahme zu behavioristischen Konzeptionen der Persönlichkeitstheorie von Bergius, 1960). Die folgenden Überlegungen sollen deutlich machen, inwiefern die von Lersch bevorzugte Erlebensbeschreibung als empirische Grundlage einer Persönlichkeitstheorie benötigt wird und geeignet ist.
Es ist prinzipiell nichts gegen den Versuch einzuwenden, eine psychologische Theorie ausschließlich auf Verhaltensbeobachtungen zu bauen. Die Frage ist nur, ob es auf diese Weise gelingt, jene Ereignisse wahrzunehmen und aufzuklären, die das menschliche Leben insgesamt ausmachen. Ohne Zweifel hat die Methode des Behaviorismus dazu beigetragen, viele Erkenntnisse, die aus Verhaltensexperimenten mit Tieren gewonnen wurden, für die Analyse menschlichen Verhaltens nutzbar zu machen. Eine kritische Übertragung tierpsychologischer Befunde auf die Humanpsychologie ist durchaus mit der Auffassung Lerschs vereinbar, wonach durch die Entwicklung der höheren Schichten und ihre Integration im Aufbau der Person die Gesetzmäßigkeiten der tieferen Schichten zwar überformt, aber nicht aufgehoben werden. Die exakte Analyse des Zusammenhangs zwischen Reizbedingungen und Reaktionen hat auch viel dazu beigetragen, das Verhalten eines Menschen dadurch wirksamer zu beeinflussen, daß man die äußeren Anregungsbedingungen und Konsequenzen des Verhaltens umgestaltete. Höchst problematisch ist aber die

von vielen Behavioristen auch heute noch vertretene Auffassung, die Erlebensbeschreibung nicht als eine zwar andersartige, aber gleichermaßen wissenschaftliche Methode gelten zu lassen.
Es ist leicht einzusehen, daß Aussagen über einfache Körperbewegungen zwar im allgemeinen objektiv, dafür aber auch häufig psychologisch belanglos sind. Was eine Folge von Bewegungen zu einer sinnvollen Einheit verbindet, ist vor allem die Kenntnis (oder Vermutung) der Absicht, mit der sie ausgeführt wird. Dieselbe Bewegungsfolge, z. B. das Weglaufen eines Kindes von einem anderen Kind, kann recht verschiedenes bedeuten: es flieht; läuft um die Wette; läuft auf jemanden zu; läuft fort, um etwas zu holen u. a. m. Andererseits können verschiedenartige Bewegungen, z. B. Herabziehen der Mundwinkel, Naserümpfen, Abwinken (nahezu) dasselbe, nämlich Geringschätzung bedeuten. Bewegungsfolgen können daher nicht nach ihrer äußeren Ähnlichkeit, sondern müssen nach ihrer psychologischen Bedeutung zusammengefaßt werden. Sie werden erst dadurch zu nützlichen Bausteinen einer Persönlichkeitstheorie. Auch die von Behavioristen wegen ihrer angeblichen Objektivität geschätzten physiologischen Messungen sind psychologisch mehrdeutig. So kann z. B. eine Erhöhung der Pulsfrequenz auf eine Nachricht hin freudige oder ängstliche Erregung bedeuten. Aktuelles Verhalten, Verhaltensergebnisse (Leistungsdaten, Werke) und physiologische Meßwerte bedürfen grundsätzlich der Klärung ihrer Bedeutung durch Hinweis auf die Erlebnisse, die sich in ihnen ausdrücken.
Vieles spricht dafür, daß die Menschen nicht nur ähnlich aussehen und sich ähnlich verhalten, sondern auch ähnlich erleben. Wie hätte sich sonst überhaupt eine Sprache entwickeln können, mit der man sich über die jeweiligen Erlebnisse gegenseitig verständigen kann? Die Entstehung der Erlebnissprache setzt die prinzipielle Kongruenz zwischen Verhalten und Erleben voraus; denn nur die allen zugänglichen äußeren Anregungsbedingungen des Verhaltens und das dadurch angeregte Verhalten können in der stammesgeschichtlichen und individuellen Sprachentwicklung die Vereinbarungsbasis für die Erlebnissprache abgeben.
Mit dem Grundsatz einer möglichst unvoreingenommenen Betrachtung der Phänomene wäre es jedenfalls nicht vereinbar, wollte man die Introspektion, die Reflexion auf das eigene Bewußtsein, ausschließen und als wissenschaftlich relevant nur das fremden Beobachtern zugängliche Verhalten gelten lassen.
Wie wenig überzeugend das Argument ist, daß durch Introspektion allenfalls die Hypothesen angeregt, aber nicht geprüft wer-

den könnten, weil Aussagen über innere Erfahrung prinzipiell nicht nachprüfbar seien, soll folgende Überlegung zeigen: 100 Versuchsleiter sollen 100 Versuchspersonen bei der Lösung der Aufgabe »die Türme von Hanoi« beobachtet haben, und zwar so, daß jeder Vl nur eine Vp beobachten konnte. Diese Aufgabe besteht darin, einen Kegel aus mehreren Steinen von einem Feld auf ein anderes Feld zu stellen. Dabei hat man nur ein »Zwischenfeld« zum Abstellen zur Verfügung. Es darf jeweils nur ein Stein weggenommen werden, und niemals darf ein Stein auf einem kleineren liegen.

Abgesehen von gewissen Bedenken wegen eventueller Unterschiede zwischen den Versuchsleitern in Auffassungsweise und Sprachgebrauch wird man prinzipiell nichts dagegen einwenden, wenn jemand anhand dieser 100 Beobachtungsprotokolle bestimmte Hypothesen prüfen wollte, obwohl jeweils nur ein Beobachter eingesetzt war. Es ist nicht einzusehen, warum die Protokolle dann wissenschaftlich unbrauchbar sein sollten, wenn sie nicht von den Versuchsleitern, sondern von den Vpn selbst (als Tonbandaufnahmen bei lautem Denken) stammen und Aussagen über den Lösungsprozeß unter dem Erlebnisaspekt enthalten. In beiden Situationen vertraut man darauf, daß sich die Sprache zur Verständigung über die Phänomene eignet, weil sie sich in der früheren Kommunikationserfahrung bewährt hat.

Man kann sich im übrigen fragen, ob es überhaupt gerechtfertigt ist, zwischen Aussagen über eigene Erlebnisse und Aussagen über fremdes Verhalten einen so radikalen Unterschied zu sehen. Letztlich ist jede Aussage eine Aussage über Erlebnisse. Der Beobachter kann auf keinen Fall über Gegenstände und Vorgänge, sondern nur über Eindrücke von Gegenständen und Vorgängen berichten.

Die Übereinstimmung von Aussagen mehrerer Beobachter besagt nicht etwa, daß der Vorgang als subjektunabhängige Realität erfaßt wurde, sondern nur, daß er in den verschiedenen Personen ein Erlebnis auslöst, das sie mit den gleichen Worten zu bezeichnen gelernt haben. Einen Nachweis der Kommunikationstauglichkeit der hier und jetzt verwendeten sprachlichen Ausdrücke haben diese jeweils schon erbracht; denn sie wurden nur angeeignet, soweit sie sich in der sozialen Interaktion bewährt haben, d. h. soweit sie es ermöglicht haben, die eigenen Wahrnehmungen, Gefühle, Absichten den anderen mitzuteilen und die gewünschten Erlebnisse und die daraus folgenden Handlungen bei den anderen hervorzurufen. Die Übereinstimmung der Beobachtungsaussagen kann für sich allein die wissenschaftlich geforderte

intersubjektive Verbindlichkeit nicht hinreichend begründen; es bedarf dazu des Rückgriffs auf die frühere Bewährung der Sprache in der Kommunikation von Erlebnissen.
Andererseits werden Aussagen über Erlebnisse (Wahrnehmungen, Gefühle, Wünsche), die durch denselben Vorgang in der Umgebung der betroffenen Personen, z. B. durch eine bestimmte Nachricht, ausgelöst wurden, nicht allein dadurch wissenschaftlich wertlos, daß sie von den verschiedenen Personen unterschiedlich beschrieben werden. Die voneinander abweichenden Beschreibungen des von Person zu Person unterschiedlichen Erlebens der Situation sind als genauso gültig zu betrachten, wie die übereinstimmenden Aussagen als Beschreibungen übereinstimmenden Erlebens interpretiert werden können. Die völlige Übereinstimmung in der Beschreibung eines Sachverhalts ist als Grenzfall aufzufassen, der dann gegeben ist, wenn sich der Sachverhalt gegen die prinzipiell stets wirksame Subjektivität so weit durchsetzt, daß die verbleibenden Erlebensunterschiede nicht mehr zum Ausdruck kommen.
Mit solchen Überlegungen haben wir uns aber unversehens, man könnte auch sagen: unvorsichtigerweise auf Fragen eingelassen, die im Laufe der Philosophiegeschichte zu den widersprüchlichsten Antwortversuchen geführt haben (vgl. dazu Stegmüller 1965). Wie gegensätzlich die Auffassungen zumal in der Gegenwart sind, zeigt auch aus ganz anderer Sicht ein Literaturbericht von Jürgen Habermas (1970). Wer als Erfahrungswissenschaftler Rat bei den Wissenschaftstheoretikern sucht, kann, so scheint es, Sicherheit nur durch Übernahme von letztlich rational nicht begründbaren Lehrmeinungen und durch beharrliche Weigerung gewinnen, gegensätzliche Äußerungen vorurteilsfrei zu prüfen.

2.6.2 Erleben und Verhalten als verschiedene Aspekte desselben Prozesses

Bei der Diskussion der inter-individuellen Unterschiede muß Lersch mehr als bei seinen allgemeinpsychologischen Erörterungen, die sich hauptsächlich auf *Erlebens*prozesse beziehen, auf *Verhaltens*weisen eingehen; denn diese Unterschiede werden ja unmittelbar nur unter dem Verhaltens-, nicht unter dem Erlebensaspekt sichtbar.
Hier ist allerdings darauf hinzuweisen, daß Lersch die Beschreibung des Verhaltens nicht in behavioristischem Sinne verstanden wissen will. Für ihn ist das Verhalten eines Menschen vor allem insofern von Interesse, als darin sein Erleben zum Ausdruck

kommt, während bei behavioristischer Verhaltensbeschreibung streng darauf geachtet wird, Erlebnisbegriffe zu vermeiden.
Man würde der Intention von Lersch auch nicht gerecht werden, wenn man das Erleben als die Ursache des Verhaltens auffassen würde. Vielmehr müssen Erleben und Verhalten als verschiedene Facetten ein und desselben Prozesses gelten. Wenn Lersch das »Wirkende Verhalten« im Funktionskreis des Erlebens beschreibt, so kann er damit nicht das Verhalten meinen, wie es von fremden Beobachtern wahrgenommen wird, sondern das von der Person selbst erlebte Verhalten. Vom fremden Beobachter sind die verschiedenen Teilprozesse des Funktionskreises nicht gleich deutlich feststellbar. Wahrnehmungen und Denkvorgänge äußern sich weniger deutlich als Gefühle und Strebungen. Am besten zugänglich ist für den anderen selbstverständlich das wirkende Verhalten.
Manche Aussagen lassen freilich – bei oberflächlicher Betrachtung – Zweifel an dieser Interpretation aufkommen. So weist er z. B. darauf hin, daß jemand aus Güte, aber auch aus Berechnung eines eigenen Vorteils umgänglich sein kann. Er spricht in diesem Zusammenhang von Verhaltens- bzw. Wesensbegriffen, wobei die Umgänglichkeit ein Verhaltensbegriff, die Güte ein Wesensbegriff wäre. Wesensbegriffe beziehen sich auf Dispositionen zu bestimmten Erlebensweisen; Verhaltensbegriffe auf Dispositionen zu bestimmten Verhaltensweisen. Erlebensdispositionsbegriffen kommt nach Lersch ein höherer wissenschaftlicher Rang zu als Verhaltensdispositionsbegriffen; denn Verhaltensbeschreibungen sind psychologisch nicht so eindeutig wie Erlebensbeschreibungen.
Daß Aussagen unter dem Verhaltensaspekt im allgemeinen psychologisch nicht so eindeutig sind wie Aussagen unter dem Erlebensaspekt, kommt daher, daß der Beobachter die Verhaltensnuancen nicht so genau unterscheiden kann bzw. daß er die wahrgenommenen Unterschiede nicht in der nötigen sprachlichen Differenzierung darstellen kann. Wenn man Verhaltensdispositionsbegriffe durch Erlebensdispositionsbegriffe ersetzt, wird nicht das Verhalten auf Erleben zurückgeführt, sondern die Beschreibung des Prozesses durch mehrdeutige Verhaltensaussagen wird durch eine Beschreibung in eindeutigen Erlebensaussagen ersetzt, aus denen dann auf die entsprechenden Erlebnisdispositionen (Wesenseigenschaften) geschlossen wird.

2.6.3 Personwahrnehmung und Ausdrucksdiagnostik

Wenn für Lersch Erleben und Verhalten zwei verschiedene Facetten desselben Vorgangs sind, so gilt dies insbesondere für die Ausdrucksphänomene (Mimik, Gestik, Sprechstimme, Handschrift). Diese eröffnen einen unmittelbaren Zugang zum Verstehen des anderen Menschen. So ist für ihn auch die Ausdrucksanalyse die wichtigste Form der Diagnostik. Seine Mimikuntersuchungen (Lersch 1932) stellen eine der bedeutendsten Arbeiten auf diesem Gebiet dar. Es sei hier nur nebenbei bemerkt, daß die Ausdrucksdiagnostik – vermutlich nur vorübergehend – durch die objektivere, aber nicht immer aufschlußreichere Testdiagnostik zurückgedrängt wurde, aber gleichwohl in solchen Situationen unentbehrlich ist, in denen eine psychologische Testuntersuchung nicht möglich oder nicht erwünscht ist. Während vielen Tests der für sinnvolle diagnostische Aussagen notwendige Bezug zu einer Persönlichkeitstheorie fehlt, besteht zwischen der Ausdrucksdiagnostik und der Persönlichkeitstheorie wie schon bei Ludwig Klages (1950), auf den sich Lersch in wesentlichen Punkten bezieht, auch bei Lersch eine enge Verbindung. Da andererseits die Ausdrucksdiagnostik der alltäglichen Personwahrnehmung nahesteht, auf die jeder zurückgreift, wenn er über andere Menschen spricht, liegt es nahe, das sehr umfassende System von Lersch zugrunde zu legen, wenn man sich in begrifflich präzisierter Form über Erlebensphänomene verständigen will.

2.6.4 Die Sprache der psychologischen Phänomenbeschreibung

Wer wie Lersch die Phänomene des Erlebens und Verhaltens in der Vielfalt natürlicher Situationen beschreiben will, muß sich der Umgangssprache bedienen und hat sich mit der Unschärfe (was ist z. B. gemeint mit Trauer) und deren Überschneidungen (z. B. Trauer, Kummer, Enttäuschung) auseinanderzusetzen. Es gibt kein streng geregeltes und daher von jedem nachvollziehbares Verfahren, mit dem man die Phänomene feststellen und eindeutig benennen könnte, d. h. die Beschreibungsbegriffe sind nicht operational definiert. (Operational definiert ist ein Merkmalsbegriff, wenn es eine Verfahrensregel gibt, nach der jeder, der diese Regel anwendet, zu den gleichen Aussagen darüber kommt, ob das Merkmal vorhanden ist oder nicht bzw. in welchem Ausmaß es vorhanden ist.) Trotzdem ist diese Form der Beschreibung nicht wissenschaftlich wertlos. Sie ist notwendige

Voraussetzung für eine Präzisierung der Begriffe und Aussagen, in denen die experimentell zu prüfenden Hypothesen formuliert werden.

Hier soll nicht näher der schwierigen Frage nachgegangen werden, ob theoretisch unvoreingenommene Beschreibung überhaupt möglich ist. Sicher gehen in jede Auffassung, Abgrenzung und Benennung von Phänomenen bereits Annahmen mit ein, die der eigenen Erfahrung und Wertung, der sprachlich vermittelten Erfahrung und Wertung anderer entstammen. Eine völlig voraussetzungslose Beschreibung der Persönlichkeit ist schon deswegen nicht möglich, weil vieles von dem, was vorgeht und wahrgenommen wird, nur in einem Bezugssystem Bedeutung gewinnt, das seinerseits vielfältig bedingt, aber nicht auf seine Bedingungen zurückgeführt wird: dieses Bezugssystem ist nichts anderes als die persönliche Erfahrungswelt des Forschers, insbesondere die Gesamtheit der Erfahrungen, die er mit sich selbst und mit anderen Menschen, sei es in direkter Beobachtung, sei es indirekt, das soll hier heißen: vermittelt durch Sprache, gemacht hat.

Es ist vor allem die zur Verfügung stehende Sprache, die zu einer bestimmten Blickrichtung (ver)führt und die Auswahl der Merkmale steuert. Erleben und Verhalten sind eng verwoben mit der Sprache, die zur Beschreibung dieses Erlebens und Verhaltens zur Verfügung steht: einerseits haben sich für besonders wichtige Aspekte des Erlebens und Verhaltens bestimmte Begriffe und Aussageformen entwickelt; andererseits wird die Art, zu erleben und sich zu verhalten, rückwirkend von der Sprache mit geprägt.

Wegen dieser komplexen und im einzelnen noch ungeklärten Wechselwirkung von Phänomen und Sprache (die zur Bezeichnung des Phänomens verwendet wird) ist eine Gliederung der Phänomene, wie sie durch die natürliche Sprache nahegelegt wird, zwar heuristisch nützlich, d. h. sie fördert die Entwicklung von fruchtbaren Erklärungshypothesen, Formulierung und empirische Prüfung dieser Hypothesen bedürfen aber einer möglichst streng geregelten Sprache, die gleichwohl den wesentlichen Zügen des Phänomens gerecht wird.

Die Verwendung der Umgangssprache in der Persönlichkeitspsychologie birgt noch ein weiteres Problem: die für eine wissenschaftliche Analyse durchaus unzweckmäßige Verquickung von Beschreibung eines Tatbestands mit seiner Bewertung hinsichtlich einer Norm. Man denke nur an beliebige Ausdrücke, mit denen wir andere Menschen beschreiben, sehr oft damit zugleich auch

bewerten. Es bedarf besonderer Anstrengungen, in der wissenschaftlichen Analyse den Beschreibungs- und Wertungsaspekt auseinanderzuhalten. Daß dies prinzipiell möglich und warum es nötig ist, versucht z. B. Albert (1965) in seinem Aufsatz »Wertfreiheit als methodisches Prinzip« zu zeigen.
Wenn man die enge und wechselseitige Beziehung von Erleben und Sprache bedenkt, wird man geneigt sein, einerseits die für Lersch charakteristische Verbindung von Erlebensbetrachtung und Sprachanalyse im Prinzip als erkenntnisfördernd zu akzeptieren, andererseits aber gewisse Zweifel an der Allgemeingültigkeit der Befunde von Lersch anzumelden. Menschen, die eine ganz andere Art von Sprache sprechen, müßten auch die Welt und sich selbst auf andere Weise erleben, auf eine Weise, die für anders sprechende und erlebende Menschen nur schwer zugänglich ist. Dies dürfte nicht nur für Sprachunterschiede zwischen Völkern, sondern auch für Sprachunterschiede zwischen den sozialen Schichten einer Gesellschaft gelten.

2.6.5 Beschreibung und Erklärung

Der Zugang zum Verständnis von Lersch wird dadurch erschwert, daß mitunter nicht klar ersichtlich wird, was als Beobachtungsaussage, was als theoretische Aussage gemeint ist. Wenn von der Ichhaftigkeit des Denkens und Wollens oder von der Eshaftigkeit des Fühlens und Strebens die Rede ist, so ist dies ohne Zweifel eine Beschreibung von Phänomenen der Selbstbeobachtung. Was bedeuten aber die Bezeichnungen »personeller Oberbau« und »endothymer Grund«? Stellen sie theoretische Begriffe dar, mit denen die besondere Erlebnisqualität des Denkens und Wollens bzw. des Fühlens und Strebens erklärt werden soll, oder ist damit nichts anderes als die Gesamtheit der Erlebnisse einer bestimmten Art gemeint? In diesem Fall wären sie sehr abstrakte Beschreibungsbegriffe. Es scheint so, als verstünde Lersch unter diesen Begriffen beides: sowohl das Erleben einer bestimmten Art als auch die zur Erklärung dieses Erlebens theoretisch geforderten Strukturkomponenten.
So heißt es z. B. über den endothymen Grund:
»Wir haben also den Entstehungsbereich all dieser Erlebnisse (gemeint sind Gefühle, Triebregungen, Stimmungen etc.; Anm. d. Verf.) als eine besondere Schicht im Aufbau des seelischen Lebens anzuerkennen und bezeichnen diese Schicht als endothymen Grund. Mit der Rede vom endothymen Grund wird also eine untere, tragende Schicht des seelischen Lebens kenntlich ge-

macht, ein Bereich von Erlebnissen, die aus einer unter unserem bewußten Ich und seiner Initiative gelegenen Tiefe des seelischen Seins kommen.« (S. 104)

Bezeichnungen wie endothymer Grund, personeller Oberbau, Gemüt, Gewissen, personales Selbst etc. gelten jedenfalls, soweit sie nicht einfach Sammelnamen für Phänomene der Erlebnisbeobachtung darstellen, nicht gedanklichen Konstruktionen, sondern realen Gegebenheiten, die durch theoretische Durchdringung und philosophische Vertiefung der Erfahrung erkannt werden.

Es handelt sich also um Begriffe im ursprünglichen Wortsinn und nicht um Konstrukte. Dieser Glaube an die prinzipielle Erkennbarkeit der Realität wurde im Verlaufe der Philosophiegeschichte wiederholt in Frage gestellt, so auch in modernen Richtungen der Wissenschaftstheorie, die von der neueren Persönlichkeitsforschung mehr oder weniger konsequent übernommen wurden. Dies ist mit ein Grund, warum der persönlichkeitstheoretische Ansatz von Lersch z. Z. ziemlich wenig Resonanz findet. Da aber der Wissenschaftsbetrieb keineswegs frei von thematischen und methodischen Konjunkturzyklen ist, wird man wohl eines Tages den persönlichkeitstheoretischen Beitrag von Lersch wieder mehr zu würdigen wissen.

Es ist nun zu fragen, wieweit Lersch von einer Beschreibung des Erlebens zu einer Erklärung der beschriebenen Phänomene kommt. Man kann nicht übersehen, daß es ihm vor allem um die Beschreibung der Erlebnisse in ihrer gegenseitigen Verflechtung und Gliederung zu tun ist. Auch der Funktionskreis des Erlebens dient mehr dazu, das der Introspektion zugängliche Phänomen des Ineinandergreifens und Auseinander-Hervorgehens qualitativ unterscheidbarer seelischer Prozesse ordnend zu beschreiben als das Auftreten von Wahrnehmungen, Gefühlen etc. auf allgemeine Gesetzesaussagen zurückzuführen.

Wenn die Wut als Antwort auf das Erlebnis einer schweren Störung und Beeinträchtigung des Selbsterhaltungstriebes beschrieben wird, so deutet sich darin allerdings auch eine bestimmte Art von Erklärung für das Auftreten von Wut an: immer wenn sich ein Mensch in seiner Selbsterhaltung schwer behindert fühlt, regt sich in ihm Wut. Es wird aber nicht weiter gefragt, warum das so ist. Die Erklärung beschränkt sich auf die Angabe des auslösenden Erlebnisses und stellt einen Zusammenhang her, der jedem verständlich ist, weil jeder aus eigener Erfahrung weiß, daß er in einer solchen Situation auch auf diese Weise reagiert hätte. Wie steht es aber mit dieser Aussage: »In der Wut wird also die Schicht der bewußten Überlegung und des zielgesteuerten Willens abgebaut, der Mensch sinkt – wie auch im Schreck und in der Aufregung – zurück auf die Schicht eines entwicklungsgeschichtlich früheren Stadiums, die er mit dem Tier gemeinsam hat«? (S. 243) Hier haben wir ohne Zweifel kaum die Beschreibung eines Phänomens, als vielmehr eine sehr weit reichende theoretische Aussage vor uns, deren Gültigkeit freilich, wenn überhaupt, mit psychologischen Mitteln nur sehr schwer nachzuweisen sein dürfte. Dazu müßte man u. a. über hinreichend objektive empirische Kriterien für die Abgrenzung der verschiedenen Schichten verfügen und aufweisen können, *wie* der Einfluß der höheren Schichten »ausgeschaltet« wird.

Wir finden bei Lersch noch eine andere Art von Aussagen, die man nicht mehr als Beschreibung deklarieren kann. Dies sei am Beispiel der »Bedeutung der Phantasie im Lebenszusammenhang« veranschaulicht (S. 427). Die Phantasie »ist das verbindende Medium in der zeitlichen Dimension des seelischen Lebens zwischen Vergangenheit, Gegenwart und Zukunft und in der räumlichen Dimension der Kommunikation zwischen Seele und Welt«. (S. 429) Hier wird also darauf hingewiesen, was die Phantasie leistet, indem sie die räumlich-zeitliche Begrenzung der Wahrnehmung überwindet und aus der Erinnerung an vergangene Eindrücke in Verbindung mit gegenwärtiger Wahrnehmung ein Bild der Zukunft entwirft. Es geht hier nicht um die Ursachen der Phantasievorstellungen, sondern um ihren Beitrag zum Selbst- und Weltbewußtsein.

In solchen Aussagen schlägt sich eine eigentümliche Verbindung von psychologischer Phänomenanalyse und philosophisch-anthropologischer Interpretation nieder, die für einen Leser, der naturwissenschaftlich in Kategorien von Ursache und Wirkung zu denken gewohnt ist, nur schwer nachzuvollziehen ist. Sie ist aber für die Konzeption von Lersch ganz wesentlich, da sie ihm nicht nur die Einordnung der einzelnen Erlebensweisen in das Gesamtgefüge der Person, sondern auch eine Deutung der Stellung des Menschen in der Welt ermöglicht.

Lersch distanziert sich ausdrücklich von dem Versuch, die Methoden der exakten Naturwissenschaften auf die Psychologie zu übertragen. »Drei Kernpunkte naturwissenschaftlicher Forschung sind es, durch die eine Übertragung ihres Verfahrens auf das seelische Leben zum Problem wird: die Rückführung der Wirklichkeit auf einfachste Bestandteile und auf Grundgesetze ihrer Kombination und Konfiguration, sodann die Bestimmung der Geschehnisse und Zustände durch Maß und Zahl, also die Rückführung alles Qualitativen auf quantitative Verhältnisse und endlich die durchgehende und ausschließliche Anwendung des kausal-mechanischen Erklärungsprinzips.« (S. 89) Er vertritt die in der geisteswissenschaftlich orientierten Psychologie tradierte Unterscheidung zwischen Erklären durch Rückführung auf Ursachen und Verstehen durch Einsicht in den Motivationszusammenhang und beansprucht für diese die Anerkennung als wissenschaftliche Erkenntnis (vgl. dagegen Stegmüllers Kritik an der »sogenannten Methode des Verstehens« in: Probleme und Resultate der Wissenschaftstheorie und Analytischen Philosophie, Bd. I, Studienausgabe Teil 3, S. 360–375).

Gleichwohl sieht Lersch auch die Berechtigung naturwissenschaftlich ausgerichteter Fragestellungen und Untersuchungen, so vor allem im Grenzbereich zwischen Physiologie und Psychologie.

»Eine rein geisteswissenschaftliche Psychologie wird immer nur einen Teil des seelischen Erfahrungsbereichs zu klären vermögen; dasselbe gilt für eine naturwissenschaftliche Psychologie, die alles Seelische nur aus physischen Prozessen verständlich zu machen sucht und sich damit den Blick für die Motivations- und Sinnzusammenhänge verstellt.« (S. 94)

Im charakterologischen Teil des Aufbaus der Person macht Lersch von einem Erklärungsbegriff ausgiebigen Gebrauch, nämlich vom Begriff der Disposition. »Die Dispositionen werden gedacht als habituelle Eigenschaften der Erlebensweise, die im Wandel des Geschehens wiederkehren und das seelische Leben im Hier und Jetzt bestimmen. Unter Disposition im charakterologischen Sinne ist also zu verstehen die Bereitschaft und Neigung zum Vollzug bestimmter seelischer Erlebnisse (Formen des Fühlens, des Handelns usw.), sofern die Bereitschaft nicht von Augenblick zu Augenblick wechselt, sondern eine jedenfalls relative Dauer hat.« (S. 60)

Die beobachtbaren Unterschiede in der Erlebens- und Verhaltensweise werden also dadurch erklärt, daß sie auf Erlebens- und Verhaltensbereitschaften zurückgeführt werden. Nun ist aber für die Erklärung eines Tatbestands damit noch nicht viel gewonnen. Wenn einem Menschen, der sich in verschiedenen Situationen als freundlich erwiesen hat, die Eigenschaft der Freundlichkeit zugeschrieben wird, so besagt das nicht mehr, als daß man aufgrund der Erfahrungen, die man in der Vergangenheit mit ihm gemacht hat, erwartet, daß er sich auch in Zukunft in ähnlichen Situationen freundlich verhalten wird. Wie diese Eigenschaft entstanden ist, ob sie etwa als angeboren oder als erworben (gelernt) zu betrachten ist, wird nicht diskutiert. Demnach erfährt man auch wenig darüber, wie Verhalten geändert werden kann.

2.6.6 Stabilität und Wandel

Hier zeigt sich, daß Lersch die Person und den Charakter im wesentlichen als strukturell beständig auffaßt. Die Prozesse ereignen sich innerhalb einer im wesentlichen statischen Struktur der Person. Dem scheint allerdings zu widersprechen, daß Lersch auch den entwicklungspsychologischen Aspekt in seine Erörterungen einbezieht. Er versteht aber unter Entwicklung eher einen Reifungs- als einen Lernprozeß. Seine entwicklungspsychologischen Aussagen sind im wesentlichen allgemeinpsychologischer Art. Es gibt zwar auch Hinweise auf die Bedeutung der Erfahrung für die Formung des Charakters, wie z. B. wenn er über das »individuelle Schicksal der Strebungen« spricht; systematisch herausgearbeitet wird dieser Ansatz jedoch nicht. Lersch nimmt von der neueren lernpsychologischen Forschung nur wenig Notiz. So ist auch zu verstehen, daß seine Eigenschaften recht generelle Erlebens- und Verhaltensdispositionen werden. Dabei besteht die Gefahr, daß der Einfluß der jeweiligen äußeren Umstände auf das Verhalten unterschätzt wird. Wie ein Mensch in einer bestimmten Situation reagiert, ist nach lernpsychologischer Auffassung davon abhängig, welche Erfahrungen er früher in ähnlichen Situationen gemacht hat. Ebenfalls erfahrungsabhängig ist es, wie gut ein Mensch zwischen objektiv verschiedenen Umgebungsbedingungen unterscheiden kann. Je besser die jeweiligen Umgebungsbedingungen von einer Person differenziert werden, desto verschiedener ist auch ihr Verhalten unter den verschiedenen Bedingungen. Lersch gehört jedenfalls zu jenen Persönlichkeitstheoretikern, die der Eigentätigkeit der Person ein größeres Gewicht für die Entwicklung der Persönlichkeit beimessen als den Einwirkungen aus der Umgebung.

Von den wissenschaftlichen Ergebnissen und praktischen Anwendungen der lernpsychologischen Forschung, den Auswirkungen revolutionärer Bewegungen und evolutionären kulturellen Wandels auf das Bewußtsein der davon ergriffenen oder betroffenen Menschen und von gesellschaftspolitischen Utopien beeindruckt, könnte man der Annahme zuneigen, Menschen seien nahezu unbegrenzt wandlungsfähig und veränderbar, von einem Wesen des Menschen zu sprechen, sei demnach nicht sehr sinnvoll.

Gerade weil alle Welt an die Programmierbarkeit und Manipulierbarkeit des Menschen zu glauben beginnt, kommt einer Persönlichkeitslehre, die der Leibnizschen Idee von der eigentätigen Monade näher steht als der Lockeschen Vorstellung von einem leeren Blatt (einer »tabula rasa«), auf dem sich die Erfahrung einzeichnet und einprägt, als Korrektiv eine besondere Bedeutung zu.

2.6.7 Sozioökonomische Bedeutung

Fragt man nach der Bedeutung der Persönlichkeitslehre Lerschs für die Sozioökonomie, so muß man sich von der immer noch weit verbreiteten Meinung distanzieren, nach der die Psychologie, auf den wirtschaftlichen Bereich angewendet, nur oder vor allem dazu diene, die Menschen an die Erfordernisse der Wirtschaftsorganisationen anzupassen, sie so auszubilden und zu beeinflussen, daß sie ihre Aufgaben im Betrieb und ihre Funktion als Verbraucher möglichst effektiv und wirtschaftsgerecht erfüllen. Lersch eignet sich schon deswegen nicht für diesen Zweck, weil in seiner Persönlichkeitslehre die Möglichkeiten, den Menschen in seiner allgemeinen Struktur und in seiner individuellen Eigenart nachhaltig zu verändern, eher als gering veranschlagt werden. Allgemeine und individuelle menschliche Wesenszüge entfalten sich vorwiegend nach innerer Gesetzlichkeit, zwar durch Umgebungseinflüsse gefördert oder behindert, aber nicht, wie nach behavioristischer Auffassung, weitgehend durch die jeweilige Lernerfahrung determiniert.
Die Gedanken von Lersch können vor allem dann wirksam werden, wenn man sich des Problems bewußt wird, daß die gesellschaftlichen Verhältnisse im allgemeinen, die wirtschaftlichen im besonderen immer wieder daraufhin überprüft werden müssen, ob sie dem Wesen des Menschen gemäß sind, ob sie zu einer sinnvollen Gestaltung des Lebens anregen und beitragen oder im Gegenteil zu einer Deformierung des Menschen führen.
Welche Annahmen bezüglich der menschlichen Wesensart, insbesondere bezüglich der Wirksamkeit von Grundbedürfnissen, in den verschiedenen Organisationstheorien enthalten sind und wie diese Annahmen in den Empfehlungen der Betriebswirtschaftslehre zur Personalpolitik wiederkehren, zeigt Schein (1965). Daraus wird u. a. ersichtlich, wie sehr sich das jeweilige Menschenbild auf die Zielsetzung und Mittelwahl des Personalmanagements auswirkt, und wie fragwürdig viele als selbstverständlich betrachtete personalpolitische Grundsätze sind.
Aus den Empfehlungen, die in einer Organisationslehre zur Aufgabenverteilung, Delegation, Kontrolle, Lohngestaltung und Ausbildung ausgesprochen werden, läßt sich das zugrunde gelegte Menschenbild erschließen, z. B. ob man den Mitarbeitern in allen

Bereichen und Ebenen, nicht nur den leitenden Mitarbeitern, neben materiellen auch geistige Interessen, soziales Verantwortungsbewußtsein und Gewissenhaftigkeit (nicht allein durch Fremdkontrolle erzwungene Genauigkeit) zutraut.

Allein sich dieses oft recht verkümmerte Menschenbild – vielleicht in kritischer Auseinandersetzung mit einer anthropologisch vertieften Persönlichkeitstheorie, wie sie Lersch in seinem »Aufbau der Person« oder Vetter als »Personale Anthropologie« bietet – bewußt zu machen, kann eine Verbesserung und Umgestaltung der betrieblichen Organisation zur Folge haben.

Es ist zu bedenken bzw. zu untersuchen, ob viele Menschen nicht unnötig dazu verleitet oder gezwungen werden, sich extrem zu spezialisieren und dadurch andere Erlebens- und Leistungsformen so verkümmern zu lassen, daß das seelische Gleichgewicht gestört wird.

Wenn sich Leichtathleten das linke Bein kürzen lassen, damit sie schneller um die Kurven kommen, und dann – nach einer internationalen Regeländerung, die den Lauf im Uhrzeigersinn für Wettkämpfe zuläßt – das rechte Bein, so mag das als Kuriosität des Hochleistungssports erscheinen. Vielleicht ist aber der unter dem Druck ganz spezieller Leistungsanforderungen verkürzte Mensch in vielen Berufen sehr häufig anzutreffen.

Man wird weniger auf den Nutzwert und mehr auf den Eigenwert des Menschen achten müssen, so daß allgemeine personalpolitische und einzelne personelle Entscheidungen nicht nur nach wirtschaftlichen Erfordernissen gefällt werden. Unerläßlich ist es, auch die Bedürfnisse der betroffenen Menschen zu berücksichtigen – und dies nicht nur dann, wenn es zugleich wirtschaftlich zweckmäßig erscheint. Es ist zu fragen, ob die Arbeitsbedingungen die für die seelische Gesundheit nötige Integration der Persönlichkeitsbereiche und die Integration der Person mit der Umwelt fördern oder behindern.

Arthur Mayer (1951) gibt bereits vor über 20 Jahren ein bemerkenswertes Beispiel dafür, wie aus einer Psychologie der Person Empfehlungen für die Organisation eines Betriebes, insbesondere für die Gestaltung der menschlichen Beziehungen im Betrieb abgeleitet werden können, Empfehlungen, die nicht nur wirtschaftliche Effizienz, sondern Selbstverwirklichung der Mitarbeiter gleichermaßen fördern sollen. Damals galt die ganze Aufmerksamkeit noch der technischen und kaufmännischen Rationalisierung, und psychologische Einsichten wurden in der Auswahl und Ausbildung der Mitarbeiter sowie in der Gestaltung des Arbeitsplatzes fast ausschließlich zur Leistungssteigerung einge-

setzt. Mayer bezieht sich in seiner Arbeit hauptsächlich auf die Strukturmodelle der Person von Rothacker (1941 und 1948) und Lersch (1938 und 1951). Er beschreibt seinen Ansatz wie folgt: »... wir gehen von der psychophysischen Struktur der menschlichen Persönlichkeit aus, von der Sichtung und Analyse der dem Menschen als solchem innewohnenden, historische und politische Strömungen weitgehend transzendierenden seelischen und mitseelischen Kräfte und Bedürfnisse. Von hierher versuchen wir zu zeigen, wie das betriebliche Gemeinschaftsleben gestaltet werden muß, damit es diesen dem Menschen eigenen Kräften und Bedürfnissen entspricht ...« (S. 34). Ausgehend von einer Erlebensbeschreibung menschlicher Strebungen erläutert Mayer, wie die Menschen im Betrieb diese Bedürfnisse zu befriedigen suchen, welche Hindernisse die moderne Arbeitsorganisation dem entgegensetzt und wie diese Hindernisse beseitigt werden können, ohne die Wirtschaftlichkeit des Betriebes zu mindern.
Wie sich die Arbeitswelt auf den Lebenslauf der Menschen, auf ihre Lebensweise, Persönlichkeitsentfaltung, schließlich auf ihr Lebensglück auswirkt, ist ein noch kaum erkanntes, geschweige denn von Psychologen untersuchtes Problem. Zur Methode und Auswahl der Aspekte solcher auf breiter Basis durchzuführender Untersuchungen lassen sich wertvolle Anregungen aus den Arbeiten von Hans Thomae, einem Schüler Lerschs, gewinnen, insbesondere aus seinem Werk »Das Individuum und seine Welt« (1968).
Thomaes Ansatz eignet sich für derartige sozioökonomisch orientierte Lebenslaufanalysen deshalb besonders, weil er nicht mehr wie Lersch die Persönlichkeit vorwiegend als relativ dauerhafte Struktur betrachtet, sondern die stets fortschreitende Strukturierung des persönlichen Geschehens hin auf einen subjektiven Sinn des Lebens systematisch-empirisch untersucht.

Zusammenfassung:

Eine Psychologie der Person im Sinne von Lersch untersucht die Gesamtheit der Erlebnisse des Menschen, und zwar nicht als experimentell isolierte Elementarprozesse, sondern in ihrem natürlichen Ablauf, in ihrer Wechselwirkung und Verflechtung und in ihrem Ganzheitsbezug zur Struktur der Person.
Die Beziehung der Person zur Umgebung wird als »Funktionskreis des Erlebens« aufgefaßt: Aus einem dranghaften Suchen nach Objekten und Erfahrungen folgt das Wahrnehmen der Um-

welt in einer den Bedürfnissen entsprechenden Auswahl und Akzentuierung. In den von diesen Wahrnehmungen ausgelösten Gefühlen erlebt die Person die Befriedigung oder den Mißerfolg des Suchens in den verschiedensten Nuancen der Anmutung, zugleich in ersten Ansätzen den Impuls, sich gegenüber der Umgebung in einer dem Gefühlseindruck entsprechenden Weise zu verhalten. Die Gefühlsregungen vermitteln zwischen dem Wahrnehmen der Umwelt und dem wirkenden Verhalten, mit dem die Person in die Umwelt eingreift, um das jeweils angestrebte Ziel zu erreichen.

Das zweite Strukturprinzip ist das der seelischen Schichtung: Die Introspektion, d. h. die Beobachtung des eigenen Erlebens läßt manche Erlebnisse (z. B. Denken und Wollen) als ichnah und der bewußten Steuerung zugänglich erscheinen, andere (z. B. Gefühle, Stimmungen, Strebungen) haben die Qualität des Spontanen und Ursprünglichen.

Dieser introspektiv erfahrbare Unterschied wird als Hinweis auf eine dreifache Schichtung (Lebensgrund, endothymer Grund, personeller Oberbau) in der Struktur der Person aufgefaßt. Der personelle Oberbau umfaßt die Ichfunktionen des Denkens und Wollens sowie die sie ermöglichenden und fundierenden, nicht beobachtbaren, sondern hypothetisch erschlossenen Strukturkomponenten (Dispositionen). In den endothymen Grund sind die stationären Gestimmtheiten, die Gefühlsregungen und Strebungen einzuordnen. Der Lebensgrund beinhaltet das unbewußte Leben, die Zustände und Vorgänge des beseelten Körpers.

Als Integrationszentrum wirkt das »personale Selbst«, indem es den personellen Oberbau mit dem endothymen Grund und den Eindruck von der Welt mit dem Einwirken auf die Welt verbindet.

Der allgemeinpsychologische Aspekt der Darstellung wird durch einige Hinweise auf charakterologische Unterschiede in Art und Verlauf der dominierenden Strebungen und Gefühle, in den individuellen Formen des Denkens und Wollens, schließlich im Ausmaß der Integration der verschiedenen Persönlichkeitsbereiche ergänzt.

In einer kritischen Würdigung wird zu zeigen versucht, daß die von Lersch bevorzugte Methode der Erlebnisbeschreibung entgegen behavioristischer Auffassung durchaus als Erfahrungsgrundlage einer Persönlichkeitstheorie dienen kann. Es wird auf die Bedeutung der charakterologischen Aussagen für die Ausdrucksdiagnostik und auf die Wechselbeziehung zwischen den

Phänomenen des Erlebens und der Sprache, die zu ihrer Beschreibung zur Verfügung steht, hingewiesen. Es folgen einige kritische Anmerkungen zu den von Lersch verwendeten Formen der Erklärung und zur Vernachlässigung der an der Persönlichkeitsformung beteiligten Lernprozesse. Abschließend wird die sozioökonomische Bedeutung der Persönlichkeitstheorie von Lersch vor allem darin gesehen, daß sie zu einer Überprüfung des in mancher Hinsicht sehr einseitigen Menschenbildes anregen kann, das der Unternehmens- und Wirtschaftspolitik zugrunde liegt.

Arbeitsteil

A Mehrfachwahlfragen zur Selbstkontrolle

Kontrollieren Sie stichprobenartig Ihr Wissen, indem Sie bei den nachfolgenden Mehrfachwahlfragen M 4 – M 6 diejenige (nur eine!) der vorgegebenen Lösungsalternativen anstreichen, die Ihnen die beste zu sein scheint. Blättern Sie bei der Beantwortung bitte nicht in den Text zurück! Die richtige Lösung finden Sie im Anhang auf Seite 192.

M 4
Wie ist nach Lersch der »Funktionskreis des Erlebens« zu charakterisieren?

a) Das Verhalten setzt ein mit einem Mangelerlebnis, das sich in Strebungen des lebendigen Daseins, des individuellen Selbstseins und des Über-sich-hinaus-seins konkretisiert und als Rückmeldung des Erfolgs dieser Strebungen in den Gefühlsregungen eine positive oder negative Antwort findet.
b) Die Umwelt wirkt über Sinneseindrücke auf die Person, löst Erlebnisse des sinnlichen Bemerkens und denkenden Erfassens aus, die über die Gefühlsregungen in wirkendes Verhalten umgesetzt werden.
c) Aus dem endothymen Grund entfalten sich die Antriebserlebnisse als fragendes Suchen; das innerweltlich Bemerkte wird in den Gefühlsregungen an den endothymen Grund zurückgemeldet und löst das wirkende Verhalten aus.
d) Aus dem Unbewußten strömen Gefühlsregungen in den endothymen Grund ein, werden im personellen Oberbau mit dem Ichbewußtsein konfrontiert und wieder in das Unbewußte verdrängt, wenn sie den Forderungen des Ich nicht entsprechen.

M 5
Wie kann man den Einwand entkräften, daß sich die Umgangssprache schon deswegen nicht zur wissenschaftlichen Beschreibung der Phänomene des Erlebens und Verhaltens eigne, weil die Sprache die Phänomene mitbedinge, die durch sie beschrieben werden sollen?

a) Menschliche Verhaltensweisen sind ebenso unabhängig von den Begriffen und Redewendungen, mit denen diese Verhaltensweisen beschrieben werden, wie physikalische Vorgänge unabhängig sind von den Formeln, mit denen sie sprachlich bezeichnet werden.
b) Daß sich nicht nur die Sprache nach den Phänomenen des Erlebens und Verhaltens herausbildet, sondern daß umgekehrt auch die Phänomene von den Begriffen und Aussageweisen der Sprache mitgeprägt werden, erhöht die Kongruenz zwischen Phänomen und Umgangssprache und damit auch die Tauglichkeit der Umgangssprache für die Beschreibung der Phänomene.
c) In einer Beschreibung der Phänomene wird nicht nach der Genese dieser Phänomene gefragt, also ist es in diesem Zusammenhang auch belanglos, ob und in welchem Ausmaß die Sprache an der Entstehung der Phänomene beteiligt ist.
d) Sobald man jemandem mitteilt, welchen Eindruck man von seinem Verhalten gewonnen hat, ändert sich sein Verhalten. Das hindert aber nicht, dieses geänderte Verhalten erneut treffend zu beschreiben.

M 6
Die Angleichung der psychologischen Forschungsmethoden an die Verfahren der exakten Naturwissenschaften
a) hält Lersch wegen der Vieldeutigkeit reiner Ausdrucksdeutungen für prinzipiell wünschenswert, aber beim derzeitigen Niveau der psychologischen Methodenlehre noch nicht für realisierbar.
b) ist im Bereich der phänomenologischen Persönlichkeitsforschung deshalb ausgeschlossen, weil phänomenologisch entstandene Konstrukte mit exakteren Methoden nicht überprüfbar sind.
c) hält Lersch u. a. deshalb nicht für erstrebenswert, weil in den Naturwissenschaften das Verstehen als wissenschaftliche Erkenntnismöglichkeit zugunsten des kausal-relationalen Erklärungsprinzips ausgeschlossen wird.
d) kann auch in der phänomenologischen Persönlichkeitsforschung als weitgehend vollzogen gelten, da auch alle Ausdrucksphänomene in quantitativer Form erfaßbar sind (z. B. graphologische Merkmale wie Strichstärke, Buchstabenbreite etc.).

B Problemfragen

Die nachfolgenden Fragen P 6 – P 10 haben keine angebbaren Richtiglösungen. Sie sollen dazu dienen, Sie unter Verwendung des Gelesenen zu selbständigem Denken anzuregen.

P 6
Ist es möglich zu zeigen, daß die Gefühle eines Menschen mehr Nuancen aufweisen als die Sprache, die zur Bezeichnung der Gefühle zur Verfügung steht?

P 7

Wie könnte man prüfen, ob der von Lersch entworfene Aufbau der Person nicht einseitig auf die Angehörigen einer speziellen Bildungsschicht innerhalb einer speziellen Kultur abgestimmt ist?

P 8

Welchen Beitrag kann eine Persönlichkeitstheorie dazu leisten, »die Welt besser zu bestehen« (Mitscherlich), die zugunsten eines nachfühlenden Verstehens von Motivationszusammenhängen weitgehend darauf verzichtet, sich um die Aufdeckung kausal-relationaler Zusammenhänge zu bemühen?

P 9

Welche Merkmale der für Großunternehmen charakteristischen Arbeitsorganisation erschweren die Integration der verschiedenen Persönlichkeitsbereiche, und was könnte man unternehmen, um diese Behinderung möglichst zu vermeiden?

P 10

Wie könnte man untersuchen, welchen Einfluß die Werbung auf die Persönlichkeitsformung hat?

Kapitel 3

Der psychoanalytische Ansatz der Persönlichkeitsforschung

Lernziele:

Die Bearbeitung dieses Kapitels soll dazu anregen und (oder) befähigen:
- *die wesentlichen Begriffe und theoretischen Ansätze der Psychoanalyse zu verstehen*
- *die wichtigsten Abwehrmechanismen, deren sich der Mensch zur Abwehr verpönter Triebwünsche und unangenehmer Umweltreize bedient, zu kennen*
- *verschiedene Arten von Angst, wie Realangst, Triebangst und Über-Ich-Angst, zu unterscheiden*
- *zu sehen, daß das Unbewußte sich im Verhalten eines Individuums gegen dessen Willen zum Ausdruck bringen kann.*

Orientierungsfragen:

1. Woher kommen die sogenannten Versprecher?
2. Gibt es psychische Strukturen?
3. Hat bereits der Säugling ein Gewissen?
4. Wie kommt planvoll gesteuertes Verhalten zustande?
5. Kann man sich vor seinen eigenen Trieben fürchten?
6. Woher kommt es, daß sich heiße Liebe in kalten Haß verwandeln kann?
7. Können Gedanken töten?
8. Was ist Sublimierung?

3. Der psychoanalytische Ansatz der Persönlichkeitsforschung

3.1 Einleitung

Die Psychoanalyse geht auf den Wiener Arzt Sigmund Freud (1856–1939) zurück; sie wurde von ihm im therapeutischen Kontakt mit neurotischen Patienten schrittweise aufgebaut. Da Freud sein Leben lang an der Entwicklung der theoretischen Annahmen der Psychoanalyse und deren Verknüpfung zu Teiltheorien gearbeitet hat – wobei einzelne Teiltheorien, wie z. B. die Angsttheorie und die Triebtheorie, mehrfach von Grund auf umgearbeitet worden sind – und keine letztlich autorisierte einheitliche Fassung der Psychoanalyse besteht, ist die Darstellung der psychoanalytischen Theorie der Persönlichkeit mit mancherlei Schwierigkeiten belastet. Die psychoanalytische Theorie ist die Grundlage der psychoanalytischen Therapie, auf die wir hier jedoch nicht näher eingehen werden. Zum besseren Verständnis seien die einzelnen Themen des folgenden Kapitels zunächst kurz vorgestellt.

Den Ausgangspunkt bilden einige Ausführungen zum Unbewußten, mit dessen Wirksamkeit Freud insbesondere bei seinen Therapien von Hysterikerinnen immer wieder zu kämpfen hatte. Es folgen einige Aussagen, in denen die Psychoanalyse gleichsam von außen betrachtet und im Hinblick auf ihre Vorannahmen analysiert wird; wir nennen dies die Metapsychologie der Psychoanalyse. Der Leser wird durch die Kenntnis der metapsychologischen Gesichtspunkte in die Lage versetzt, die nachfolgenden Aussagen der Psychoanalyse diesen Aspekten zur besseren Orientierung zuzuordnen. Der strukturelle Gesichtspunkt findet seine Ausformung im Instanzenmodell, das aus Es, Ich und Über-Ich besteht. Die psychischen Funktionsweisen werden als Primärprozeß bzw. Sekundärprozeß beschrieben, die als die beiden Pole eines Kontinuums zu verstehen sind. Nach der psychoanalytischen Theorie der Angst folgen die Abwehrmechanismen, die das Ich einsetzt, um Ängste und Konflikte abzuwehren. Weiterhin wird die Phasenlehre der Libidoentwicklung vorgestellt, die von der Säuglingszeit bis zur Pubertät reicht und Anhaltspunkte für die Entwicklung des Menschen und deren Störungsmöglichkeiten bietet.

Den Abschluß bildet eine Betrachtung über die Wissenschaftlichkeit der psychoanalytischen Theorie der Persönlichkeit.

3.2 Die Streiche des Unbewußten

In seinen »Vorlesungen zur Einführung in die Psychoanalyse« (G. W. Bd. XI), die Freud in Wien für Hörer aller Fakultäten in den Jahren 1915–1917 gehalten hat, wählt er die von ihm so genannte Fehlleistung, die zu seinen frühesten psychologischen Forschungen gehört, als Einstieg. Unter Fehlleistungen versteht er alle jene vorher nie in systematischen Zusammenhang gestellten Phänomene des Versprechens, Verhörens, Verschreibens, Verlierens, Vergreifens und vorübergehenden Vergessens von Namen, Erinnerungen oder Vorsätzen, die wohl jeder bei sich selbst oder bei anderen beobachten konnte, und die von dem Betroffenen häufig dem Zufall oder einem Zustand der Ermüdung und Unaufmerksamkeit zugeschrieben werden. Freud benützt die ausführliche Darstellung der Fehlleistungen, um den Hörern die Wirksamkeit unbewußter psychischer Kräfte im Menschen anschaulich näherzubringen:
Eine der »unliebsamen Behauptungen der Psychoanalyse besagt, daß die seelischen Vorgänge an und für sich unbewußt sind und die bewußten bloß einzelne Akte und Anteile des ganzen Seelenlebens. Erinnern Sie sich, daß wir im Gegenteil gewöhnt sind, Psychisches und Bewußtes zu identifizieren. Das Bewußtsein gilt uns geradezu als der definierende Charakter des Psychischen, Psychologie als die Lehre von den Inhalten des Bewußtseins . . . die Psychoanalyse . . . kann die Identität von Bewußtem und Seelischem nicht annehmen. Ihre Definition des Seelischen lautet, es seien Vorgänge von der Art des Fühlens, Denkens und Wollens, und sie muß vertreten, daß es unbewußtes Denken und unbewußtes Wollen gibt« (G. W. XI, S. 14 f.).
Im folgenden werden einige Beispiele von Fehlleistungen dargestellt, die Freud in seiner Psychopathologie des Alltagslebens beschrieben hat (G. W. IV, 1955, S. 5–310).

1. Versprechen

– in Form eines Zusammenziehens und Vermengens mehrerer Wörter oder Vorstellungen:

Ein Herr spricht ein hübsches Fräulein auf der Straße an und fragt höflich: »Darf ich Sie *begleit-digen*?« (Mischwort aus begleiten und beleidigen)

– in Form eines Ersatzes des beabsichtigten Wortes durch ein anderes:

Eine Frau, die sich ihrer Familie schämt, schildert letztere so: »Man muß ihnen das eine lassen: Es sind doch besondere Menschen, sie haben alle *Geiz* – ich wollte sagen *Geist.*«

2. Vergessen eines Vorsatzes

Eine Frau hat sich am gleichen Tag für den Nachmittag mit ihrer eben verheirateten Freundin, die auf der Durchreise ist, verabredet, »vergißt« jedoch das Rendezvous und begibt sich zur gleichen Zeit in eine andere Gesellschaft. Ihr Vorsatz wird ihr erst wieder bewußt, als der Zug der Freundin bereits abgefahren ist.

3. Verlesen

Freud liest im Kaffeehaus in einer Illustrierten: »Hochzeitsfeier *in der Odyssee«*, er stutzt und liest beim zweiten Versuch richtig: »Hochzeitfeier *an der Ostsee«*.

Die vor Freud versuchten Erklärungen derartiger Versehen mit Hilfe psychophysiologischer Konstruktionen (Ermüdung oder Erregung des Organismus als Ursache) und der sogenannten Aufmerksamkeitstheorie (Ablenkung und Unaufmerksamkeit als Ursache) lehnt Freud ab; auch die »Erklärung« durch Zufall läßt Freud nicht gelten, sondern setzt an ihre Stelle den psychoanalytischen Erklärungsansatz, der davon ausgeht, daß kein psychisches Phänomen zufällig zustande kommt, sondern jeweils *kausal determiniert* ist – so auch die Fehlleistung; das Versprechen entsteht demnach durch Interferenz zweier verschiedener Redeabsichten; die gestörte Tendenz ist dem Betroffenen bewußt; die störende Tendenz vermag er meist nicht anzugeben, sie ist unbewußt.

Nicht selten führen Fehlleistungen, insbesondere die relativ häufigen Versprecher, den Betroffenen in eine peinliche Situation, während die Zuhörer unter Erraten des unbewußten Motivs belustigt reagieren.

So gesehen ist die Fehlleistung das Ergebnis eines *Kompromisses zwischen zwei unvereinbaren Tendenzen*, deren eine vom Betroffenen abgelehnt und ins Unbewußte verdrängt worden ist, sich aber hinterlistigerweise in mehr oder weniger deutlicher (direkter) Form dennoch durchsetzt. Dies soll am Beispiel des Verlierens, das besonders vieldeutig ist, noch einmal verdeutlicht werden.

Freud schreibt dazu: »Man verliert eine Sache, wenn sie schadhaft geworden ist, wenn man die Absicht hat, sie durch eine bessere zu ersetzen, wenn sie aufgehört hat, einem lieb zu sein, wenn sie von einer Person herrührt, zu der sich die Beziehungen verschlechtert haben, oder wenn sie unter Umständen erworben wurde, deren man nicht mehr gedenken will. Demselben Zweck kann auch das Fallenlassen, Beschädigen, Zerbrechen der Sache dienen« (G. W. XI, S. 73). Eine weitere Ursache ist noch zu nennen: man verliert oder beschädigt einen Gegenstand als »Opfer an das Schicksal«, um einen größeren, gefürchteteren Verlust zu verhindern.

In den meisten Fällen sind dem Betreffenden die Ursachen unbewußt, doch hat Freud in der therapeutischen Methode der »freien Assoziation« eine Technik gefunden, mit deren Hilfe die unbewußten Tendenzen bewußt gemacht werden können: der Klient äußert ohne Zensur alle Einfälle und Empfindungen, die er während der Therapiestunde hat; der Therapeut versucht, dem Klienten durch Deutungen die hinter seinen Äußerungen liegenden, unbewußten Tendenzen bewußt zu machen. Das Unbewußte ist in Freuds Auffassung von der Person und ihren psychischen Störungen ein zentraler Begriff und wird uns bei der Darstellung der »psychischen Instanzen« und der sogenannten Abwehrmechanismen des Ich noch beschäftigen.

3.3 Die Metapsychologie der Psychoanalyse

Es ist David Rapaports (1970², S. 43–77) Verdienst, die Analyse der Struktur der psychoanalytischen Theorie als einer der ersten in Angriff genommen zu haben. Der Begriff Metapsychologie wurde bereits von Freud eingeführt. Er schreibt: »Ich schlage vor, daß es eine *metapsychologische* Darstellung genannt werden soll, wenn es uns gelingt, einen psychischen Vorgang nach seinen *dynamischen*, *topischen* und *ökonomischen* Beziehungen zu beschreiben« (G. W. X, S. 281). Die metapsychologische Darstellung dient dem Ziel einer »Klärung und Vertiefung der theoretischen Annahmen, die man einem psychoanalytischen System zugrunde legen könnte« (G. W. X, S. 412). Rapaport hat Freuds metapsychologische Gesichtspunkte auf zehn erweitert. Sie werden im folgenden kurz dargestellt, um die Einordnung der in der Psychoanalyse bedeutsamen Phänomene und theoretischen Begriffe sowie deren Beziehungen zueinander zu erleichtern.

3.3.1 Der dynamische Gesichtspunkt

Der dynamische Gesichtspunkt betrifft die Motive menschlichen Verhaltens, d. h. die hinter dem Verhalten wirksamen Kräfte, die durch ihre Richtung und Stärke definiert werden: jegliches Verhalten wird nach Freud letzten Endes durch die Triebe, verstanden als psychosomatische Einheiten, in Gang gesetzt; äußere Reize treten meist noch als weitere Auslöser hinzu, können jedoch ein Verhalten nicht allein erklären, was Freud u. a. aus der Zielbestimmtheit und Zweckmäßigkeit des Verhaltens für den Organismus ableitet. Wieviele Triebe man annehmen soll und welcher Art sie sind, ist bis heute eine Streitfrage. Freud hat seine Vorstellungen über die Triebe des Menschen mehrfach geändert und in seiner späteren Zeit die Existenz zweier Grundtriebe angenommen: des Sexualtriebes (im weitesten Sinn) und des Aggressionstriebes. Seine Hauptforschungen haben dem Sexualtrieb (*Libido* = sexuelle Triebenergie) gegolten und sich in seiner Libidotheorie niedergeschlagen. Die These der letztlichen Determination des Verhaltens durch Triebe hat in neuerer Zeit im Zuge der Betonung des Ich in der Psychoanalyse Ergänzungen und Abänderungen in der Art erfahren, daß neben den Trieben auch Affekte, Konflikte und Ich-Interessen das Verhalten mitbestimmen und organisieren (s. Rapaport, 1970, S. 59, und Loch, 1967, S. 10).

3.3.2 Der energetisch-ökonomische Gesichtspunkt

Bei jeglichem Verhalten wird psychische Energie abgeführt; dadurch tritt eine Triebentspannung ein. Die psychische Energie wird, im Unterschied zu den Trieben, die gerichtet sind, als richtungslose Größe verstanden und läßt sich bisher, wie auch die Triebe, nicht direkt messen, sondern nur aus dem Verhalten erschließen. Man unterscheidet zwei Formen psychischer Energie:

1. die *freie oder bewegliche* Energie; sie ist die genetische frühere Form und dadurch gekennzeichnet, daß sie nach unmittelbarer und direkter Abfuhr – ohne Aufschub oder Umwegmöglichkeiten – strebt. Verhalten, das vorwiegend mit freier oder beweglicher Energie abläuft (z. B. ein ungesteuerter Wutanfall), wird als primärprozeßhaftes Verhalten bezeichnet.
2. die *gebundene*, man könnte auch sagen gesteuerte Energie; sie ist die Form psychischer Energie, die auf Kosten der freien Energie erst im Laufe der Entwicklung mit Hilfe der Strukturbildung (s. Es, Ich, Über-Ich; Ich-Funktionen) aufgebaut

wird. Gebundene Energie strebt nicht mehr nach unmittelbarer Entladung; Entladungsaufschübe und -umwege mit dem Ziel einer optimalen Triebbefriedigung zum günstigsten Zeitpunkt und am bestmöglichen Ort – orientiert u. a. an den Möglichkeiten und Forderungen der Realität – werden möglich. Verhalten, das vorwiegend mit gebundener Energie abläuft (z. B. ein sachlich geführtes wissenschaftliches Gespräch), wird als sekundärprozeßhaftes Verhalten bezeichnet.

3.3.3 Der strukturelle Gesichtspunkt

Freud geht davon aus, daß die Persönlichkeit strukturisiert ist und daß jegliches Verhalten strukturell bedingt ist; in seiner Schrift »Das Ich und das Es« (1923) entwickelt er das sogenannte Instanzenmodell, das von einer dreifachen strukturellen Gliederung der Person ausgeht. Die 3 Instanzen sind: das *Es* als eigentliches Kräftereservoir, d. h. als Reservoir von (ungerichteter) Energie und Quelle von (gerichteten) Trieben, das *Ich*, das durch eine Reihe von Funktionen, wie Wahrnehmen, Erinnern, Denken, willkürliches Bewegen, Fühlen, Abwehren, charakterisiert ist, und das *Über-Ich*, das als Gewissensinstanz und Träger des persönlichen Leitbildes oder Ich-Ideals aufgefaßt wird. Das Ich hat die »Aufgabe«, zwischen den Wünschen des Es, den Bedingungen der Realität und den Forderungen des Über-Ich zu vermitteln; es entstehen dabei nicht selten erhebliche Konflikte. Rapaport versucht, die sehr komplexen Strukturen der Abwehr und der Kontrolle innerhalb des Ich näher zu erläutern (1970, S. 58–61); darauf wird bei der ausführlichen Darstellung der »psychischen Instanzen« noch zurückzukommen sein.

3.3.4 Der genetische Gesichtspunkt

Will man ein Verhalten vollständig erklären, so muß man unter anderem die bisherige Entwicklung des Individuums, an dem dieses Verhalten beobachtet worden ist, mitberücksichtigen; »von den gegenwärtigen, präsentischen Symptomen ausgehend, müssen die bedingenden, die ihnen zeitlich vorausliegenden Zustände und Funktionen erschlossen werden. Es geht also stets darum, kausal-genetische Verknüpfungen aufzustellen« (Loch, 1967, S. 12), eingeschlossen die durch Hormone gesteuerte Triebreifung und die verschiedenen erbbedingten Reifestadien des Gesamtorganismus; »jedes Verhalten ist Teil einer historischen Aufeinanderfolge; jeder Schritt dieser Aufeinanderfolge trug zur Bildung des Verhaltens bei und hat dynamische, ökonomische, strukturelle und adaptive Beziehungen (s. u.) zu ihm« (Loch, S. 49). Dieser Gesichtspunkt wurde von Freud in seiner praktischen Arbeit durch den Rückgriff auf die frühkindliche Entwicklung seiner Patienten von Anfang an stark beachtet und hat sich in theoretischer Hinsicht in seinen Ausführungen zur Entwicklung der Libido manifestiert; er wird uns bei der Diskussion der Phasen der Libidoentwicklung noch beschäftigen.

3.3.5 Der adaptive Gesichtspunkt

Jegliches Verhalten ist durch Reize der Außenwelt, die auf den Organismus einwirken, mitbestimmt, d. h. es ist nicht allein aus innerpsychischen Gegebenheiten erklärbar: innere und äußere Realität stehen in einer Wechselwirkung zueinander; die Anpassung des Individuums an die äußere Realität kann autoplastisch (es verändert sich selbst) oder alloplastisch (es verändert seine Umwelt) vor sich gehen. Freud hat seine Auffassung von der Wirkung der äußeren Realität auf das menschliche Verhalten mehrfach geändert. In der Zeit von 1923–38, in der er sich vornehmlich mit dem Ich und den Begriffen der Realitätsprüfung und des Realitätsprinzips auseinandergesetzt hat, wird die Bedeutung der Realität im Vergleich zu den Anfängen wesentlich mehr hervorgehoben. Sie liegt vor allem darin, daß sie den Einsatz der Abwehr gegenüber bestimmten Trieben mitdeterminiert und Objekte und Personen bereitstellt, die über den Weg der Identifizierung einen wesentlichen Anteil am Aufbau der Funktionen des Ich (Wahrnehmen, Denken, Fühlen ...) und des Über-Ich (Belohnen, Strafen) gewinnen. Der adaptive Gesichtspunkt wurde nach Freud insbesondere von Heinz Hartmann (o. J. ca. 1964) und von Erik Erikson (1965) weiterverfolgt.
Die bisher genannten metapsychologischen Gesichtspunkte werden von Loch (1967) als die entscheidenden angesehen; die nun folgenden sind z. T. Sonderfälle der bereits genannten oder liegen auf anderen Ebenen, wie z. B. der der Datengewinnung. Sie werden der Vollständigkeit halber und da sie wesentliche Beziehungspunkte der Psychoanalyse mit anderen in diesem Buch vorgestellten Persönlichkeitsmodellen darstellen, kurz beschrieben:

3.3.6 Der psychosoziale Gesichtspunkt

Der psychosoziale Gesichtspunkt ist ein spezifischer Aspekt des adaptiven Gesichtspunktes: jegliches Verhalten wird durch soziale Gegebenheiten bestimmt, d. h. der Organismus steht nicht in absoluter Unabhängigkeit der sozialen Realität gegenüber, sondern wird von ihr in seinem Verhalten beeinflußt; Freud hat dies u. a. in seiner Analyse der Hilflosigkeit und Abhängigkeit des Kleinkindes von einer Pflegeperson, in seinen Ausführungen zum von ihm so genannten Ödipuskomplex, in dem das 3–6jährige Kind um die Liebe des gegengeschlechtlichen Elternteils wirbt und zu seiner eigenen Geschlechtsrolle finden soll, dargelegt. Eine psychoanalytische Sozialpsychologie hat Freud jedoch nicht formuliert. Erikson (1965) spricht von einer Einheit von Gesellschaft und Individuum; beide beeinflussen und regulieren sich wechselseitig; die Gesellschaft übt keinen einseitigen Zwang auf das Individuum aus, sondern wird ihrerseits durch das Individuum, etwa durch die Gründung und Veränderung sozialer Institutionen, verändert.

3.3.7 Der topographische Gesichtspunkt

Es gibt neben dem Bewußten unbewußte psychische Inhalte und Vorgänge, die dem Bewußtsein einer Person nicht zugänglich sind. Davon zu unterscheiden ist das Vorbewußte, das zwar prinzipiell bewußtseinsfähig, jedoch im Augenblick nicht bewußt ist, da die Aufmerksamkeit des Betreffenden nicht auf ihm ruht. Es wird also eine Topographie des Psychischen vorgestellt, die auf der Bewußtheit bzw. Unbewußtheit psychischer Inhalte und Prozesse beruht:

Ubw ‖—— Vbw —— Bw

Freud hat das topographische Modell später (1923) durch das Instanzenmodell ersetzt.

3.3.8 Der Gestalt-Gesichtspunkt

Jedes Verhalten gilt als integrierte und unteilbare Ganzheit. Man kann an ihm verschiedene Komponenten unterscheiden, z. B. bewußte und unbewußte Anteile bzw. Wahrnehmungs-, Gedächtnis- und motorische Anteile, die das Verhalten determinieren.

3.3.9 Der organismische Gesichtspunkt

Alles Verhalten ist nicht isoliert, sondern in seinem Verhältnis zur Persönlichkeit zu betrachten; es ist wesentlich, bei der Erklärung menschlichen Verhaltens den Ort und die Funktion dieses Verhaltens für die Persönlichkeit sowie seine Mitbedingtheit durch sie zu berücksichtigen.

3.3.10 Der empirische Gesichtspunkt

Der Gegenstand der Psychoanalyse ist das »normale« und »pathologische« *Verhalten* des Menschen, das sowohl sein sichtbares Verhalten als auch seine Affekte und sein Denken umfaßt. Die Psychoanalyse geht bei der Erklärung menschlichen Verhaltens vom »Prinzip der durchgehenden psychologischen Determinierung allen Verhaltens« (D. Rapaport, 1970, S. 43), einschließlich der unbewußten Determinierung, aus.
Die von D. Rapaport (1970) zusammengestellten und hier referierten metapsychologischen Gesichtspunkte der Psychoanalyse sind bei Freud sämtlich aufweisbar, doch nie von ihm systematisiert worden; Rapaport hat bei seiner strukturellen Erhellung der Psychoanalyse die einzelnen Gesichtspunkte nicht erfunden, sondern aus Freuds umfassendem Werk an den verschiedensten Stellen aufgespürt und gesammelt, wodurch mancherlei Lücken und Unklarheiten innerhalb der psychoanalytischen Theorie zutage traten, auf die sich – insbesondere im Bereich des Ich – die neuere Ich-Psychologie in ihrer Forschung konzentriert. Rapaport räumt ein, daß für zukünftige systematische Darstellungen u. U. die folgenden fünf metapsychologischen Gesichtspunkte genügen: der dynamische, energetisch-ökonomische, strukturelle, genetische und der adaptive Gesichtspunkt.

3.4 Das Strukturmodell des Psychischen: Es, Ich, Über-Ich

Während Freud, bedingt durch seine überwiegende Beschäftigung mit neurotischen Patienten, anfangs die dynamisch unbewußten Anteile des Seelischen akzentuiert und dabei die bewußten Vorgänge und die Bedeutung der äußeren Realität in den Hintergrund gestellt hat, entwirft er 1923 in seiner Schrift »Das Ich und das Es« (G. W. XIII) das sogenannte Strukturmodell (s. struktureller Gesichtspunkt) des Psychischen, in dem das Unbewußte zwar noch eine bedeutsame, jedoch nicht mehr die Hauptrolle spielt.

Freud kommt hier zu der Ansicht, daß die Psyche zusammengesetzt ist aus den *durch ihre spezifischen Funktionen und durch ihre unterschiedliche Genese charakterisierten »Instanzen«*: das »Es«, das »Ich« und das »Über-Ich«; diese Instanzen dürfen nicht als innerhalb der Persönlichkeit agierende Wesen aufgefaßt werden; sie sind lediglich als Funktionsbündel spezifischer Genese zu verstehen.

3.4.1 Das Es

Das Es besteht und funktioniert von Geburt an, muß jedoch im Laufe einer als »normal« bezeichneten psychischen Entwicklung Teile an das Ich abtreten; sein Einflußbereich ist zur Zeit der Geburt am größten und verringert sich später.
Freud schreibt: »Die allererste dieser psychischen Provinzen oder Instanzen nennen wir das Es, sein Inhalt ist alles, was vererbt . . . ist, vor allem also die aus der Körperorganisation stammenden Triebe« (G. W. XVII, S. 67–68) (s. dynamischer Gesichtspunkt). Damit steht das Es den biologischen Vorgängen in der Person von allen Instanzen am nächsten, oder, wie Freud es ausdrückt, »das Es ist am Ende gegen das Somatische offen« (G. W. XV, S. 80).
Die Vielzahl der Triebe ordnet Freud in seinen späten Schriften zwei Grundtrieben zu (Dualismus): dem Sexualtrieb, dessen Energie die Libido ist, und dem Aggressionstrieb, dessen Energie man Aggressionsenergie nennt. Aber nicht nur die psychischen Repräsentanten der Triebe konstituieren das Es; ein weiterer wichtiger Inhalt des Es ist das vom Ich aus dem Bewußtsein verdrängte Material (Triebwünsche und mit ihnen zusammenhängende Vorstellungen und Affekte, Erinnerungen), das immer wieder ins Bewußtsein zurückdrängt und daher auch als das dynamisch unbewußte Material bezeichnet wird.
Man will damit ausdrücken, daß es neben dem verdrängt Unbewußten auch ein ursprünglich Unbewußtes (das Energie- und Triebreservoir) gibt.
Die Inhalte und Prozesse im Es sind unbewußt. Dennoch ist das Unbewußte nicht mit dem Es gleichzusetzen; denn auch Teile des Ich und des Über-Ich sind unbewußt.
Die Funktionen des Es sind folgende: einmal stellt das Es das Energiereservoir (Libido und Aggressionsenergie) und Kräftepotential (Triebe) der Persönlichkeit dar, zum anderen dient es durch die Anmeldung der Triebwünsche der Erhaltung des physiologischen Gleichgewichts des Organismus.

Das Es funktioniert nach dem Lustprinzip; d. h. es drängt nach unmittelbarer, direkter und vollständiger Triebbefriedigung ohne einen Aufschub oder Umweg der Befriedigung zuzulassen; es ist in dieser Hinsicht »unbelehrbar«; es kann – etwa durch Vernunftgründe – nicht geändert werden. Freud spricht später in diesem Zusammenhang von primärprozeßhaften Vorgängen.

Das Es kennt weder Zukunft noch Vergangenheit, sondern ist ganz Gegenwart; sein Ziel ist die Maximierung von Lust und die Vermeidung von Unlust.

Wegen des gleichzeitigen Bestehens verschiedenster einander widersprechender Triebwünsche im Es hat Freud in der neuen Folge seiner »Einführung in die Psychoanalyse« dem Es jegliche Organisation abgesprochen und es als »Chaos« (G. W. XV, S. 80) bezeichnet; andererseits schildert Freud jedoch ausführlich die genetische Schichtung der Triebe, insbesondere des Sexualtriebes und unterscheidet ursprüngliche (vererbte) Es-Inhalte von durch Verdrängung entstandenen, so daß Loch (1967, S. 30) dem Es eine gewisse Struktur zugesteht.

Die Grenze zwischen Es und Ich ist bei einer »normal« funktionierenden Psyche nicht eindeutig zu ziehen: »das Ich ist vom Es nicht scharf getrennt, es fließt nach unten hin mit ihm zusammen« (G. W. XIII, S. 251). Erst bei Konflikten zwischen den Instanzen des psychischen Apparates lassen sich genauere Anhaltspunkte für eine Trennung dieser Instanzen anhand der beobachteten und vom Betroffenen berichteten Inhalte und Vorgänge gewinnen.

Loch unterscheidet akzentuierend: »Das Es ›enthält‹ die primitiveren, noch sehr triebnahen Strebungen und Wünsche, das Ich die komplexeren Motivationssysteme einschließlich der Rahmenkoordination für die Planungs- und Handlungsvollzüge« (1967, S. 30).

3.4.2 Das Ich

Zur Genese des Ich schreibt Freud in seinem »Abriß der Psychoanalyse«, daß es sich aus der Rindenschicht des Es entwickelt, die durch ihre Einrichtung zur Reizaufnahme und Reizabhaltung in direktem Kontakt mit der Außenwelt steht. Es hat von der bewußten Wahrnehmung her immer größere Bezirke und tiefere Schichten des Es seinem Einfluß unterworfen« (1938, G. W. XVII, S. 129). In der gleichen Schrift spricht Freud auch von einer anfänglichen »undifferenzierten Ich-Es-Matrix«, aus der spätere Autoren wie Hartmann, Kris und Loewenstein (1946) sowie Rapaport (1970) ihre Auffassungen von der konfliktfreien Sphäre bzw. primären Autonomie des Ich ableiten. Zu den primären Ich-Funktionen zählen Wahrnehmen, Erinnern, Denken, Fühlen und die Willkürbewegungen.

Das Ich wird übereinstimmend als eine zwischen dem Es, dem Über-Ich und der Außenwelt *vermittelnde Instanz* beschrieben. Es hat die Aufgabe, die Triebimpulse des Es unter Beachtung der Gebote und Verbote des Über-Ich (s. u.) und der Beschränkungen, die die Außenwelt der Person auferlegt, optimal, d. h. zu einem möglichst günstigen Zeitpunkt und unter möglichst günstigen Umständen, zu befriedigen. Damit steht es häufig im Gegensatz zum Es, das, wie wir gesehen haben, nach einer unmittelbaren Befriedigung ohne Umweg und Aufschub drängt (Lustprinzip); in der frühesten Kindheit hat das Ich noch als Vollstrecker der Triebwünsche aus dem Es zu gelten; es hat dem Es noch kaum ein Gegengewicht entgegenzusetzen. Später macht es sich zum Herren des Es; dies geschieht in einer Reihe von Entwicklungsschritten, die mit der Reifung der Ich-Funktionen und den Erfahrungen, die das Ich mit der Umwelt gemacht hat, in engem Zusammenhang stehen.

Freud beschreibt den Umgang des Ich mit dem Es folgendermaßen: Das Ich schaltet »zwischen Triebanspruch und Befriedigungshandlung die Denktätigkeit ein, die nach Orientierung in der Gegenwart und Verwertung früherer Erfahrungen durch Probehandlungen (im Denken, d. Verf.) den Erfolg der beabsichtigten Unternehmungen zu erraten sucht. Im Ich fällt auf diese Weise die Entscheidung, ob der Versuch zur Befriedigung ausgeführt oder verschoben werden soll oder ob der Anspruch des Triebes nicht überhaupt als gefährlich unterdrückt werden muß (Realitätsprinzip)« (1938, G. W. XVII, S. 129). Im Ich tritt im Lauf der Entwicklung an die Stelle des zunächst wirksamen Lustprinzips das Realitätsprinzip, dessen Ziel ebenfalls – jedoch mit anderen Mitteln – die Maximierung von Lust und die Vermeidung von Unlust ist. Darauf wird bei der Behandlung des Primärprozesses und des Sekundärprozesses noch zurückzukommen sein.

Die Energien, die im Ich für dessen synthetische Funktion benötigt werden, stammen zum großen Teil aus dem Es; der Vorgang der Energieumwandlung wird später unter dem Begriff »Sublimierung« verdeutlicht.

Das Ich ist auch die *Stätte der Angst und des Konflikts.* Angstsignale werden im Normalfall durch elastische Aufmerksamkeitsabwendung und Vermeidung bewältigt, im pathologischen

Fall werden sie zum Auslöser unbewußt ablaufender Abwehroperationen, die in extremen Fällen zu erheblichen Realitätsverzerrungen führen können: Vorstellungen und Phantasien werden an die Stelle von Wahrnehmungen gesetzt und als solche aufgefaßt, die tatsächlichen Reize der Außenwelt nicht mehr adäquat wahrgenommen und verarbeitet.

Obwohl weite Teile des Ich unbewußt sind (z. B. die unbewußt funktionierenden Abwehrmechanismen gegen abgelehnte Triebimpulse s. u.), ist doch die enge Beziehung des Ich zu den Systemen Vorbewußt (Vbw) und Bewußt (Bw) zu betonen. Wahrnehmen, Denken und willkürliche Muskelbewegung sind die Ich-Funktionen, die in der Hauptsache der aktiven Umgestaltung der Außenwelt (alloplastische Adaptation) im Sinne der Ziele des Individuums dienen.

Zusammenfassend läßt sich sagen, daß das Ich eine *»aufgabenlösende Instanz«* (Waelder, 1969, S. 134) ist, ein System der Anpassung und Selbsterhaltung, das im Normalfall das Denken, Fühlen und Handeln einer Person so integriert und reguliert, daß ein Gleichgewicht zwischen den inneren, biologisch-triebhaften und bewertenden, Einflußgrößen einerseits und den äußeren, sozial-kulturellen, Einflußgrößen andererseits immer wieder hergestellt wird.

Erikson (1965) weist in seinem Buch »Kindheit und Gesellschaft« auf die bedeutende Rolle der sozialen Umwelt, z. B. über Vorbilder, bei der Ich-Entwicklung hin (s. psychosozialer Gesichtspunkt) und erweitert so die Öffnung der Psychoanalyse gegenüber der Sozialpsychologie.

3.4.3 Das Über-Ich

Das Über-Ich ist die genetisch späteste Instanz; es bildet sich etwa ab dem 3. Lebensjahr durch die Verinnerlichung der moralischen Gebote und Verbote der Eltern sowie aus deren Vorbild für das Kind.

Somit lassen sich am Über-Ich zwei Substrukturen unterscheiden:

- das Über-Ich im engeren Sinn, das Gewissen, das die *Gebote und Verbote* der Eltern umfaßt und den bestrafenden, versagenden und verfolgenden Teil darstellt; Lampl de Groot nennt ihn eine »einschränkende und verbietende Instanz« (1963, S. 327), die bei Zuwiderhandlungen und Übertretungen durch das Ich dieses mit Schuldgefühlen und unbewußten Strafbedürfnissen peinigt.

- das *Ich-Ideal*, das sich aus dem *Vorbild* der Eltern bildet und zum zukünftigen Maßstab für die Selbstbewertung wird. Es erteilt dem Ich Lob und Anerkennung für dem Ich-Ideal entsprechende Gedanken, Gefühle und Handlungen, bildet aber darüber hinaus wie das Über-Ich im engeren Sinn den Anlaß zur Verdrängung nicht Ich-Ideal-gerechter Triebimpulse und der mit ihnen assoziierten Vorstellungen und Affekte.

Die Eigenart des Über-Ich besteht darin, daß im Über-Ich nicht zwischen tatsächlichen Handlungen und bloßen Vorstellungen unterschieden wird: so kommt es, daß verbotene Gedanken und Aktionen in gleicher Weise bestraft werden.

Das Über-Ich ist wie das Ich ein offenes System, d. h. es wird im Laufe des Lebens durch Erfahrungen bereichert und verändert, es steht in fortschreitender Entwicklung.

Das Über-Ich trägt durch seine verbietende und anerkennende Funktion zu fortlaufenden Ähnlichkeiten in Denken, Fühlen, Bewerten und äußerem Verhalten der Mitglieder einer Familie, einer Klasse oder eines Volkes bei: Freud schreibt dazu: »Im Elterneinfluß wirkt natürlich nicht nur das persönliche Wesen der Eltern, sondern auch der durch sie fortgepflanzte Einfluß von Familien-, Rassen- und Volkstradition sowie die von ihnen vertretenen Anforderungen des jeweiligen sozialen Milieus. Ebenso nimmt das Über-Ich im Laufe der individuellen Entwicklung Beiträge von seiten späterer Fortsetzer und Ersatzpersonen der Eltern auf, wie Erzieher, öffentlicher Vorbilder, in der Gesellschaft verehrter Ideale. Man sieht, daß Es und Über-Ich bei all ihrer fundamentalen Verschiedenheit die eine Übereinstimmung zeigen, daß sie die Einflüsse der *Vergangenheit* repräsentieren, das Es den ererbten, das Über-Ich im wesentlichen den von anderen übernommenen, während das Ich hauptsächlich durch das selbst Erlebte, also Akzidentelle und Aktuelle bestimmt wird« (G. W. XVII, 1938, S. 69).

Zusätzlich trägt das Über-Ich, als eine normgebende und leitbildhafte Instanz, die sich zwar im Laufe des Lebens durch Erfahrungen verändert, in seinen fundamentalen Inhalten jedoch meist ein Leben lang gleich bleibt, neben dem Es und den eingespielten Reaktionsformen des Ich einen wichtigen Teil zu der Erklärung der Konstanz und Kontinuität der für eine Person charakteristischen Erlebens- und Verhaltensweisen bei.

Wesentlich ist, daß vom Kind nicht nur die expliziten Normen und Regeln der Eltern übernommen werden, sondern daß das Kind sich durch Verinnerlichung auch solche Gebote, Verbote und Werthaltungen aneignet, die den Eltern unbewußt sind und sich nur andeutungsweise in ihrem Verhalten manifestieren, wie z. B. ein unbewußt wirksames, uneingestandenes Geltungsbedürfnis.

Abschließend läßt sich sagen, daß die psychischen Instanzen nicht voneinander unbeeinflußt nebeneinander existieren, sondern daß sie in lebhafter *Wechselwirkung* zueinander stehen. Der Hauptschauplatz ihrer Interaktion ist das Ich, innerhalb dessen bei jedem Verhaltensakt eine möglichst gute Integration der verschiedenen Triebimpulse, Über-Ich-Forderungen und Gegebenheiten der Außenwelt angestrebt wird; mannigfache Konflikte sind dabei denkbar. Im Ich bestehen dabei folgende Möglichkeiten des Umgangs mit den jeweiligen Forderungen und Impulsen: sie können

- vollständig, direkt und unmittelbar befriedigt werden (Lustprinzip)
- teilweise bzw. an einem Ersatzobjekt befriedigt werden
- aufgeschoben werden, bis sich eine bessere Gelegenheit bietet (Realitätsprinzip) oder
- abgewehrt werden (s. Abwehrmechanismen).

Von der Elastizität und Güte des jeweils im Ich zustande gekommenen Kompromisses zwischen den von innen und außen gestellten Forderungen hängt wesentlich die psychische Gesundheit einer Person, von Freud kurz als Liebes- und Arbeitsfähigkeit charakterisiert, ab.

3.5 Die Funktionsweisen der psychischen Instanzen: Primärprozeß und Sekundärprozeß

Freud unterscheidet 1911 (G. W. VIII, S. 230–238) zwei Funktionsweisen, nach denen psychische Prozesse ablaufen:
den ontogenetisch früheren Primärprozeß und den sich erst allmählich entwickelnden Sekundärprozeß (s. energetisch-ökonomischer Gesichtspunkt). Beide Funktionsweisen lassen sich als zwei Pole einer Skala interpretieren:

Primärprozeß |———————————| Sekundärprozeß

Die meisten Verhaltensweisen tragen Kennzeichen beider Funktionsweisen, sind also Mischformen, die sich nur als mehr oder weniger primärprozeßhaft bzw. sekundärprozeßhaft einordnen lassen.

Hierarchisch gesehen ist der Sekundärprozeß dem Primärprozeß übergeordnet.
Beide Funktionsweisen lassen sich folgendermaßen charakterisieren:
»Der Primärprozeß erhielt seinen Namen, weil Freud ihn für die ursprüngliche Funktionsweise des psychischen Apparates hielt. Wir glauben, daß das Es das ganze Leben hindurch in Übereinstimmung mit dem Primärprozeß funktioniert, das Ich hingegen während der ersten Lebensjahre, solange seine Organisation noch unausgebildet und in seiner Funktionsweise noch weitgehend dem Es ähnlich ist, aus dem es gerade erst hervorging. Der Sekundärprozeß andererseits entwickelt sich allmählich und fortschreitend während der ersten Lebensjahre und ist für die Operationen des verhältnismäßig reifen Ich charakteristisch.
Beide Begriffe – ›Primärprozeß‹ und ›Sekundärprozeß‹ – werden in der psychoanalytischen Literatur zur Bezeichnung zweier miteinander zusammenhängender, aber doch verschiedener Phänomene verwendet. Das Wort ›Primärprozeß‹ zum Beispiel kann sich entweder auf eine bestimmte Form des Denkens (s. u. primärprozeßhaftes Denken, d. Verf.) beziehen, die für das Kind charakteristisch ist, dessen Ich noch unreif ist, oder auf die Art und Weise, in der, wie wir glauben libidinöse und aggressive Triebenergie im Es oder im unreifen Ich verlagert und abgeführt wird.« (Brenner, 1967, S. 58–59)

1. Unterscheidung von Primärprozeß und Sekundärprozeß nach der Art der Wahl des Triebobjektes und der Befriedigungsform sowie der Art der *Energieabfuhr*:

Primärprozeß:

Die Triebbesetzungen sind in hohem Maße *beweglich* und lassen sich leicht von einem Triebobjekt (Mutterbrust) auf ein anderes (Daumen) und von einer Art der Befriedigung (Saugen mit Milchaufnahme) auf eine andere (nur Saugen, Beißen) übertragen; die Triebbesetzungen streben nach *unmit-*

Sekundärprozeß:

Die Besetzungsenergie ist weniger mobil, sondern *haftet* mehr an einem bestimmten Objekt oder einer bestimmten Art der Entladung (der Chirurg kann beim Holzhacken nicht so leicht einen Ersatz für die Abfuhr seiner sublimierten (»veredelten«) aggressiven Impulse finden). Die Entladung *telbarer* Entladung (Lustprinzip) und zwar in hohen Intensitätsgraden.

der Triebbesetzungen läßt sich bei ungünstigen inneren (Über-Ich-Verbot) und äußeren (Umweltforderungen) Bedingungen aufschieben (Realitätsprinzip). Der Sekundärprozeß arbeitet nach dem Prinzip des geringsten Energieaufwandes (s. Freud: »Eine allgemeine Tendenz unseres seelischen Apparates, die man auf das ökonomische Prinzip der Aufwandsersparnis zurückführen kann« (G. W. VIII, 1911, 234).

2. Unterscheidung von Primärprozeß und Sekundärprozeß nach bestimmten Formen des Denkens, des Handelns und des Affektes:

2.1 *Primärprozeßhaftes Denken*

○ ist überwiegend bildhaft.

○ widerspricht den Regeln der Syntax und der Logik: Negationen und Konditionalia (wenn ... dann) fehlen, alles wird affirmativ gedacht; einander widersprechende Ideen, Vorstellungen oder Affekte bestehen nebeneinander. Gegensätze können stellvertretend füreinander auftreten (Liebe/Haß; Zärtlichkeit/Aggression).
Ein Teil kann für das Ganze, das Ganze für einen Teil stehen, einan-

Sekundärprozeßhaftes Denken

○ ist überwiegend begrifflich.

○ läuft nach den Regeln der Syntax und Logik ab, »geordnet und sachgerecht« (Rapaport, 1970, S. 29).

der ähnliche Gegenstände können einander ersetzen (Verschiebung). Mehrere Vorstellungen können zu einer einzigen verschmolzen werden (Verschmelzung).	
○ jegliches Zeitgefühl ist ausgeschaltet: Vergangenheit (einschließlich die frühe Kindheit), Gegenwart und Zukunft (mit ihren Hoffnungen und Befürchtungen) sind eins: vorher = nachher = zuerst = jetzt.	○ ist orientiert am Zeitablauf.
○ behandelt das Mögliche gleich dem Wirklichen, d. h. setzt Erinnerungen, Wunschvorstellungen und Wahrnehmungen gleich (keine Realitätskontrolle).	○ berücksichtigt die Wahrnehmungen der Außenwelt und verwechselt sie nicht mit bloßen Wünschen und Vorstellungen (Realitätskontrolle).
○ Ziel: unmittelbare, direkte und vollständige Energieabfuhr oder Triebbefriedigung, kurz: Lustgewinn ohne Umschweife und ohne Beachtung der Folgen.	○ Ziel: optimale (im Sinne eines guten Kompromisses) Triebbefriedigung »ohne Reue«, d. h. unter Berücksichtigung der Gegebenheiten der Außenwelt und der Forderungen des Über-Ich, wobei die möglichen Folgen dieses Kompromisses bereits vorweggenommen werden und ein zeitweises Ertragen von Unlust mit dem Ziel späterer, größerer Befriedigung auf sich genommen wird. Kurz: Lustgewinn unter

der Kontrolle des Ich (s. struktureller Gesichtspunkt).

○ Ablauf: sobald die Triebintensität den Schwellenwert erreicht und kein geeignetes Triebobjekt vorhanden, d. h. Energieabfuhr in der Triebhandlung nicht möglich ist, wird die Triebenergie – sozusagen durch einen Kurzschluß – über eine aus früheren Erfahrungen erwachsene *halluzinatorische Wunscherfüllung* abgeführt: in Träumen, Halluzinationen, Tagträumen und Verkennungen oder Illusionen (siehe G. W. II/III, S. 555 ff., S. 571 f.).

○ Ablauf: Sobald die Triebintensität den Schwellenwert erreicht und das Triebobjekt nicht vorhanden bzw. die Gelegenheit zur Energieabfuhr ungünstig ist, schiebt das Ich die Entladung auf (strukturierter Aufschub: durch Erhöhung der Entladungsschwelle mit Hilfe von Gegenbesetzungen durch das Ich, d. h. durch Kontroll- und Abwehrfunktionen) und sucht auf dem Wege des *planenden* und *antizipierenden Denkens* (Denken als Probehandeln) mit geringsten Besetzungsenergien ein geeignetes Triebobjekt für die Energieabfuhr ausfindig zu machen.

2.2 *Primärprozeßhaftes Handeln*

Ablauf: Sobald die Triebstärke den Schwellenwert erreicht, wird ohne Aufschub die Triebhandlung eingeleitet. Ist das Triebobjekt gerade nicht verfügbar, wird unmittelbar ein Ersatzobjekt gesucht und eine Ersatzbefriedigung an ihm ausgeführt. Beispiel: Daumenlutschen, wenn die Mutterbrust nicht verfügbar ist.

Sekundärprozeßhaftes Handeln

Ablauf: Sobald die Triebstärke den Schwellenwert erreicht, das Triebobjekt aber nicht verfügbar ist, wird ein strukturierter Aufschub der Entladung eingeleitet und über Umweghandlungen das geeignete Triebobjekt ausfindig gemacht; an ihm wird nun die hinsichtlich adaptiver Forderungen modifizierte Triebhandlung vorgenommen, welche das Individuum als Befriedigung erlebt. Beispiel für eine modifizierte Triebhandlung: das Kind spielt nicht mit seinem Kot, worauf sich der ursprüngliche Triebwunsch richtet, sondern mit Sand oder Lehm.

2.3 *Primärprozeßhafte Affekte*

Ablauf: Sobald die Triebstärke den Schwellenwert erreicht, das Triebobjekt jedoch abwesend ist, erfolgt im Organismus eine »Notentladung durch Affektabfuhrkanäle« (Rapaport, 1970, S. 29) (Beispiel: Wut) anstelle einer zweckmäßigen Veränderung der Außenwelt durch sekundärprozeßhaftes Handeln.

Sekundärprozeßhafte Affekte

Ablauf: Sobald der Trieb seine Schwellenintensität erreicht, schaltet das Ich über Kontrollsysteme einen strukturierten Aufschub und antizipiert die Konsequenzen, die ein weiteres Ansteigen der Triebspannung mit sich bringen würde; bringt dieses Gefahren für das Ich mit sich, d. h. befürchtet das Ich eine Überschwemmung durch den Trieb, so setzt es ein *Affektsignal* (s. u. Signalangst), das dazu führt, daß das Ich seine Abwehr gegen diesen Trieb verstärkt und so ein weiteres Vordringen des Triebes ins Bewußtsein verhindert. Der Affekt dient hier nicht mehr der Entladung, sondern als Signal zur Verhütung von Triebentladungen.

Obwohl die Ontogenese vom ursprünglich alles beherrschenden Primärprozeß zum höher strukturierten Sekundärprozeß fortschreitet, finden sich auch im Ich des gesunden Erwachsenen zahlreiche primärprozeßhafte Vorgänge; so hat z. B. der Traum eine wichtige Funktion in der Erhaltung des psychischen Gleichgewichts, indem er tagsüber abgewehrten Trieben und verdräng-

ten Es-Inhalten durch wunscherfüllende Halluzinationen in mancherlei Verkleidung zur Entladung verhilft. Bedenklich wird die Situation für ein Individuum erst dann, wenn es im Erwachsenenalter noch nicht gelernt hat, die Primärprozesse durch Sekundärprozesse zu steuern, d. h. Primärprozesse nur zuzulassen, wenn dies ungefährlich für Individuum und Gesellschaft ist.
Hartmann, Kris und Loewenstein (1946) gehen davon aus, daß ein vorübergehendes, vom Ich kontrolliertes Zulassen von Primärprozessen einen wesentlichen Teil schöpferischen Denkens und Problemlösens ausmacht: die Einschränkungen durch die Realität, denen der Sekundärprozeß unterliegt, werden dabei zeitweise fallengelassen; ungewöhnliche, phantastische, aller bisherigen Wahrnehmung und Erfahrung widersprechende Vorstellungen und Lösungsvorschläge melden sich an und werden schließlich im zweiten Abschnitt des Problemlösungsvorgangs der logischen und sachgerechten Kontrolle unterworfen. Die Autoren nennen das vorübergehende und kontrollierte Zulassen von primärprozeßhaftem Denken *»Regression im Dienst des Ich«* und verweisen auf die Bedeutung dieses Phänomens beim künstlerischen Gestalten.

3.6 Die psychoanalytische Theorie der Angst

3.6.1 Realangst und neurotische Angst

Es sei vorausgeschickt, daß dieser Abschnitt von neurotischer Angst in Form von übersteigerter Triebangst und Angst vor dem Über-Ich, nicht von sogenannter »normaler« Realangst handelt im Sinne von angemessener und verständlicher oder einfühlbarer Angst vor äußeren oder inneren Gefahren (z. B. starkem Aggressionstrieb), die für das Individuum reale Bedrohungen darstellen. Die Abgrenzung ist im Einzelfall oft nicht leicht, doch gibt es einige Zuordnungshilfen; so bezeichnet man die Angst einer bestimmten Person dann als neurotisch, wenn überhaupt keine Gefahr besteht, oder eine Gefahr so geringfügig und ihr tatsächliches Eintreten so unwahrscheinlich ist, daß die Angst im Verhältnis dazu als übertrieben stark und unzweckmäßig, lähmend erscheint und sich auch in solchen Situationen und Erlebnisbereichen als dominant erweist, die mit der angstauslösenden Situation gar nichts zu tun haben; ein weiteres Kennzeichen neurotischer Angst ist ihr Widerstand gegenüber jeglicher Information, die aufgrund von Tatsachen oder Wahrscheinlichkeiten eben diese Angst als unbegründet erscheinen läßt. Der Betreffende redet sich meist damit heraus, daß sein Fall und die ihn begleitenden Umstände ganz besonderer Art seien; dadurch kann man bei ihm mit Hilfe von Argumenten keine Angstlinderung erreichen.

Freud vergleicht neurotische Angst und Realangst in seiner wichtigen Schrift »Hemmung, Symptom und Angst«, 1926 (G. W. XIV): »Wir haben bisher keinen Anlaß gehabt, die Realangst anders zu betrachten als die neurotische Angst. Wir kennen den Unterschied; die Realgefahr droht von einem äußeren Objekt, die neurotische von einem Triebanspruch. Insofern dieser Triebanspruch etwas Reales ist, kann auch die neurotische Angst als real begründet anerkannt werden. Wir haben verstanden, daß der Anschein einer besonders intimen Beziehung zwischen Angst und Neurose sich auf die Tatsache zurückführt, daß das Ich sich mit Hilfe der Angstreaktion der Triebgefahr (durch Abwehrmechanismen s. u., d. Verf.) ebenso erwehrt, wie der äußeren Realgefahr, daß aber diese Richtung der Abwehrtätigkeit infolge einer Unvollkommenheit des seelischen Apparates in die Neurose ausläuft. Wir haben auch die Überzeugung gewonnen, daß der Triebanspruch oft nur dadurch zur (inneren) Gefahr wird, weil seine Befriedigung eine äußere Gefahr herbeiführen würde, also weil diese innere Gefahr eine äußere repräsentiert.

Andererseits muß auch die äußere (Real-)Gefahr eine Verinnerlichung gefunden haben, wenn sie für das Ich bedeutsam werden soll; sie muß in ihrer Beziehung zu einer erlebten Situation von Hilflosigkeit erkannt werden.« (G. W. XIV, S. 200–201)

3.6.2 Freuds zweite Theorie der Angst

Freud hat im Jahre 1926 (»Hemmung, Symptom und Angst«, G. W. XIV, S. 113–205) im Anschluß an seine Ausführungen zum psychischen Apparat, seine zweite Theorie der Angst vorgestellt, die auch heute noch allgemein anerkannt wird und ohne das Strukturmodell des Psychischen nicht zu denken ist. (Gemäß der ersten Theorie entstand Angst aus der ungenügenden Entladung bzw. Aufstauung von Libido, man nannte sie daher auch die toxologische Theorie der Angst.)

Brenner (1967) gibt eine übersichtliche Zusammenfassung von Freuds zweiter Angsttheorie:

1. zur *automatischen Entstehung* der Angst:
   »1. Angst entsteht automatisch, sobald die Psyche durch einen

Ansturm von Reizen überwältigt wird, der zu stark ist, als daß er beherrscht oder entladen werden könnte.
2. Diese Reize können sowohl äußeren wie inneren Ursprungs sein, sie kommen aber am häufigsten aus dem Es, d. h. aus den Trieben.
3. Wenn Angst nach diesem Muster automatisch entsteht, so wird die Situation traumatisch genannt.
4. Der Prototyp solcher traumatischen Situation ist die Geburt.
5. Automatische Angst ist charakteristisch für die frühe Kindheit, weil das Ich in diesem Lebensstadium schwach und unreif ist, findet sich aber auch im Leben der Erwachsenen in den Fällen sogenannter Aktualneurosen« (Brenner, 1967, S. 91–92).

2. Zur *antizipatorischen Funktion* der Angst: *Signalangst*
»1. Im Laufe der Entwicklung erwirbt das Ich die Fähigkeit, Angst zu erzeugen, wenn eine Gefahrsituation entsteht (Drohung einer traumatischen Situation), später auch in Erwartung einer Gefahr.
2. Durch das Wirken des Lustprinzips setzt diese Signalangst das Ich instand, Es-Impulse in einer Situation der Gefahr in Schach zu halten oder zu untersagen.
3. Es gibt eine charakteristische Gruppe oder Abfolge von Gefahrsituationen in der frühen und späteren Kindheit, die als solche in mehr oder weniger starkem Grad das ganze Leben hindurch *unbewußt* weiterbestehen.
4. Signalangst ist eine abgeschwächte Form der Angst, sie spielt in der normalen Entwicklung eine große Rolle und ist die Form der Angst, die für die Psychoneurosen charakteristisch ist« (Brenner, 1967, S. 96).

3.6.3 Hauptinhalte der Angst

Man kann entsprechend der hauptsächlichen Gefahrensituationen, denen sich das Kind im Laufe seiner Entwicklung ausgesetzt sieht, vier Hauptinhalte der Angst unterscheiden; sie werden hier chronologisch wiedergegeben:

1. *Die Angst vor Objektverlust:* Das Kind ist in seiner Hilflosigkeit und Ohnmacht darauf angewiesen, daß die Mutter oder eine Ersatzperson seine primären Bedürfnisse nach Nahrung, Wärme, Schutz vor Reizüberflutung und extremen Reizintensitäten usw. befriedigt. Somit ist die erste Bezugsperson für das Kind als Quelle von Befriedigungen von

lebenswichtiger Bedeutung; das Kind hat Angst, alleingelassen zu werden.

2. *Die Angst vor Liebesverlust:* Etwas später entwickelt das Kind die Angst, die Liebe der Mutter oder der Ersatzperson zu verlieren, was dazu führen könnte, seine Bedürfnisse nicht mehr befriedigt zu bekommen und ihnen ausgeliefert zu sein. Die Angst vor Liebesverlust löst normalerweise die Angst vor Objektverlust ab.
3. *Die Kastrationsangst:* Diese Form der Angst setzt etwa um das dritte Lebensjahr ein und geht mit der Wahrnehmung des Geschlechtsunterschieds einher. Der Junge sieht, daß es Kinder gibt, die keinen Penis haben und befürchtet nun, ebenfalls mit einem Verlust oder der Verletzung seines Penis bestraft zu werden; so wagte z. B. ein kleiner Junge nicht, auf dem Bauch zu schwimmen, sondern nur auf dem Rücken, weil ihm sonst sein »Peter« von den Fischen abgebissen werden könnte. Das Mädchen sieht seine genitale »Benachteiligung« und befürchtet eine analoge Genitalverletzung. Diese Angst besteht als Angst vor Einschränkungen und Verletzungen jeder Art, auch ideeller Werte, z. B. des Freiheitsspielraums, weiter.
4. *Die Angst vor dem eigenen Gewissen:* Diese Angst entwickelt sich etwa ab dem 5. oder 6. Lebensjahr, also nach der Errichtung des Über-Ich, der gebietenden und verbietenden Instanz unter den psychischen Instanzen; diese Angst ist auf Mißbilligung und Bestrafung durch das Über-Ich gerichtet, bzw. auf Schuldgefühle, die aus Übertretungen der Über-Ich-Forderungen resultieren.

Die Angst spielt in der psychoanalytischen Theorie der Abwehrmechanismen und der Neurosen eine entscheidende Rolle; wir wollen daher später noch einmal auf sie zurückkommen.

3.7 Die Abwehrmechanismen

Die Abwehrmechanismen werden vom Ich gegenüber äußeren, in besonderem Maße aber gegenüber inneren Gefahren, d. h. zur Abwehr von bedrohlichen, peinlichen oder unerträglichen Triebansprüchen und den sie begleitenden Vorstellungen, Erinnerungen und Affekten eingesetzt; die Abwehrmechanismen, die sich stets *unbewußt* vollziehen, sollen das Ich vor diesen Triebansprüchen schützen, indem sie letzteren den Zugang zum Bewußtsein des Individuums verwehren und sie dem Unbewußten zuweisen. Als Mechanismen oder Automatismen bezeichnet Freud solche Vorgänge, die nach bestimmten äußeren oder inneren Auslösereizen automatisch, d. h. ohne Beteiligung des Bewußtseins, in Gang kommen und nicht bewußt gesteuert werden können. Anna Freud hat sich in ihrem Buch »Das Ich und die Abwehrmechanismen« (o. J., S. 43 ff.) mit den verschiedenen Arten der Abwehr auseinandergesetzt und drei hauptsächliche Ursachen der Abwehr genannt.

1. Triebabwehr aus Über-Ich-Angst:
Ein Triebwunsch, der vom Über-Ich abgelehnt wird, wird vom Ich abgewehrt, obwohl das Ich gegen eine Befriedigung des Triebwunsches nichts einzuwenden hätte. Das Ich fügt sich durch die Abwehr den Forderungen der höheren Instanz, des Über-Ich, da es eine Bestrafung durch das Über-Ich fürchtet.

Schematischer Ablauf:

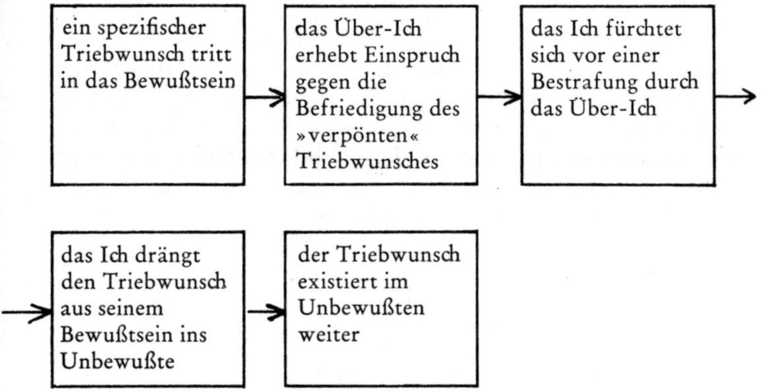

2. Triebabwehr aus Realangst:
Das Ich drängt einen Triebwunsch aus dem Bewußtsein, da eine Befriedigung dieses Triebwunsches in der Vergangenheit durch die Außenwelt bestraft worden ist. Das Ich wehrt den Triebwunsch ab, da es die Bestrafung durch die Außenwelt fürchtet; diese Abwehrursache kommt hauptsächlich bei Kindern vor.

Schematischer Ablauf:

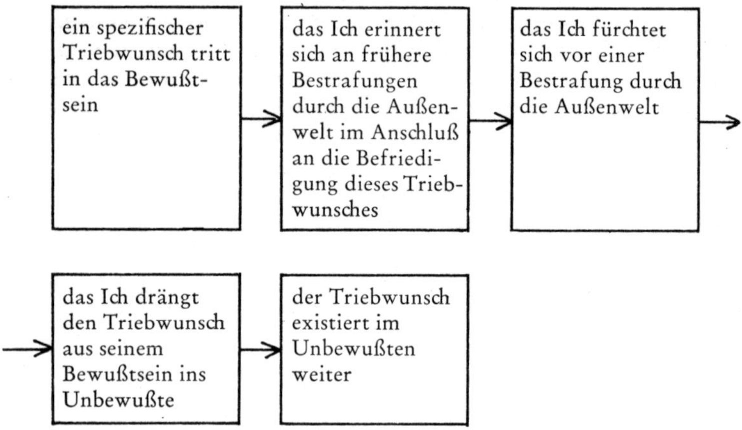

3. Triebabwehr aus Angst vor der Triebstärke:
Einem Triebwunsch wird vom Ich der Zugang zum Bewußtsein und zur Befriedigung verwehrt, da das Ich fürchtet, von dem Trieb überflutet und in seiner Organisation vernichtet zu werden. Die Abwehr aus Angst vor der Triebstärke findet sich hauptsächlich in Zeiten plötzlicher Triebsteigerungen wie z. B. in der Pubertät oder zu Beginn eines psychotischen Schubes.

Schematischer Ablauf:

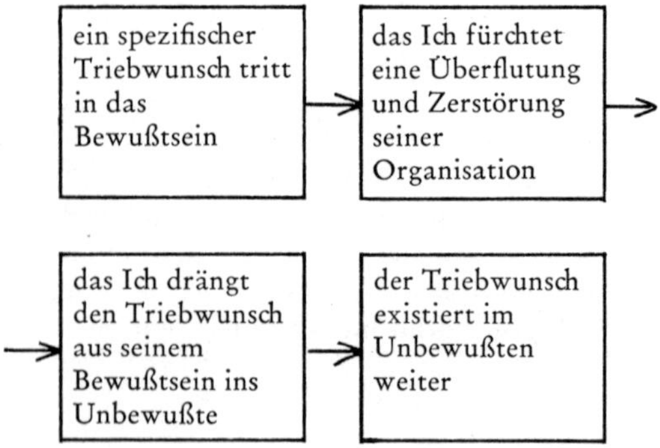

Die Abwehrmechanismen führen nicht zu einer Vernichtung des Triebwunsches (im Sinne des auf eine objektbezogene Handlung hin konkretisierten Triebes) und der ihn begleitenden Vorstellungen und Affekte; *der Triebwunsch bleibt unbewußt weiter bestehen*, d. h. ohne daß das Bewußtsein von dessen Existenz weiß. Die vom Bewußtsein abgeschnittenen Triebwünsche behalten ihre Dynamik und versuchen weiterhin auf vielerlei Weise, z. B. in Träumen oder Fehlleistungen, sich einen Zugang zum Bewußtsein und zur Befriedigung zu verschaffen. Die wichtigsten Abwehrmechanismen seien hier vorgestellt:

3.7.1 Die Verdrängung

Der erste Abwehrmechanismus, mit dem sich Freud befaßt hat, ist die Verdrängung; er hat sie immer als eine besondere Form der Abwehr aufgefaßt: »Sie ist etwas ganz Besonderes, das von den anderen Mechanismen schärfer geschieden ist als diese untereinander« (G. W. XVI, S. 81); sie ist der »Grundpfeiler« der Psychoanalyse, die Ursache für die Existenz des verdrängt Unbewußten. Die verdrängten Inhalte, die schon einmal Teil des Ich gewesen sind, bleiben nach der Verdrängung dem Zugriff des Ich verschlossen, drohen jedoch immer, erneut in das Bewußtsein vorzustoßen. Das Ich setzt dagegen permanent Gegenkräfte ein, die – soll die Verdrängung erfolgreich sein – die Stärke der Triebwünsche und der mit ihnen verdrängten Vorstellungen, Affekte usw. überwiegen müssen; man spricht auch von einer »Gegenbesetzung« des Ich; die Energien, die die Gegenbesetzung bindet, gehen dem Ich für seine primären Ich-Funktionen, wie Wahrnehmen, Erinnern, Denken, Fühlen, willkürliche Bewegungen, verloren.

Der Mechanismus der Verdrängung läuft ohne weitere Beteiligung des Bewußtseins, also unbewußt oder automatisch ab. Das Individuum nimmt an sich selbst die verdrängten Wünsche nicht mehr wahr, hält sich z. B. für völlig aggressionslos, solange die Verdrängung aggressiver Triebwünsche intakt ist. Das Verdrängte ist funktionell vom Ich getrennt und existiert als unbewußter Teil des Es weiter.

Eine Verdrängung versagt, wenn die Gegenbesetzung im Vergleich zur Stärke des Triebwunsches und seiner Abkömmlinge (Affekte, Vorstellungen) zu gering ist; dies kann z. B. infolge starken Alkoholgenusses geschehen. Auch der Schlaf führt zu einer Reduzierung der Gegenbesetzung und bietet damit dem verdrängt Unbewußten die Chance, sich im Traum, allerdings in Verkleidungen, ins Bewußtsein zu schieben.

Die Verdrängung steht in engem Zusammenhang mit Entstehung

und Aufrechterhaltung von Neurosen, insbesondere der Hysterie; das Verdrängte manifestiert sich bei Hysterikern oft auch in körperlichen Zeichen, den Konversionssymptomen, wie z. B. in hysterischen Lähmungen oder hysterischer Blindheit.

3.7.2 Die Isolierung

Bei diesem Abwehrmechanismus sind mehrere Formen zu unterscheiden; gemeinsam ist allen, daß eine als angsterregend, unangenehm oder peinlich empfundene Verbindung zwischen Affekten, Vorstellungen und Erinnerungen gelöst wird. Die betroffenen seelischen Inhalte bleiben weiterhin bewußt, jedoch voneinander getrennt:

– Isolierung eines Affektes von den Vorstellungen, zu denen er ursprünglich gehört hat. Die Folge ist, daß das betreffende Individuum an vorher stark affektbesetzte Vorstellungen mit Gleichmut denken und von ihnen sprechen kann.

– Isolierung zweier ursprünglich miteinander auftretender Gefühlsregungen gegenüber einem Objekt oder einer Person: z. B. Isolierung des Hasses von der Liebe zur Mutter in einer ambivalenten Mutterbeziehung.

– Isolierung eines Gedankens oder einer Vorstellung von den ihm vorangegangenen und nachfolgenden Gedanken oder Vorstellungen durch Einschieben einer kurzen Pause. Dem isolierten Gedanken werden seine Assoziationen zu anderen Gedanken genommen und somit wird die Wahrscheinlichkeit, daß er wieder ins Bewußtsein tritt, erheblich reduziert.

Die Isolierung ist ein häufiger Mechanismus bei Zwangsneurotikern (s. »Hemmung, Symptom und Angst«, 1926, G. W. XIV, S. 150–152).

3.7.3 Das Ungeschehenmachen

Der Abwehrmechanismus des Ungeschehenmachens liegt vor, wenn ein Individuum, nachdem es einen verpönten Gedanken oder Wunsch gehabt bzw. eine verpönte Handlung ausgeführt hat, versucht, diese durch Gedanken, Wünsche oder Handlungen entgegengesetzter Bedeutung sozusagen auszulöschen; diese magisch anmutenden Manipulationen haben nach Brenner den Zweck, »den Schaden zu widerlegen oder aufzuheben, von dem der Betreffende sich einbildet, er könne durch seine Wünsche verursacht werden, seien diese nun sexueller oder feindseliger Art« (Brenner, 1967, S. 108).

Dieser Abwehrmechanismus hat seinen Ursprung im magischen Denken der frühen Kindheit und findet sich bei Kindern wie zwanghaften Erwachsenen in vielfältigen ritualisierten Verhaltensweisen: beispielsweise als Kontrollzwang: eine Mutter mit starken feindseligen Wünschen gegen ihr Kleinkind kontrolliert allabendlich eine Viertelstunde lang, ob der Kinderschlafanzug weich ist und keine spitzigen Sicherheitsnadeln enthält. Ihre abgewehrte Furcht ist, sie könnte ihr Kind einmal nachts erstechen.

3.7.4 Die Verschiebung

Ein Affekt oder ein Triebimpuls wird von der zu ihm gehörigen Vorstellung auf eine andere verschoben, die von der Abwehr nicht betroffen ist. Die ursprüngliche Verknüpfung zwischen Vorstellung und Affekt wird zugunsten einer neuen gelöst; der Affekt wird an eine »ungefährlichere« Vorstellung geknüpft, die vom Über-Ich gestattet wird, und sitzt nun, wie A. Görres sagt, »am falschen Platz« (1965, S. 150).

Ein Angestellter, der eigentlich seinen Chef haßt, verschiebt seinen Haß auf einen gleichgestellten Mitarbeiter; er hat damit erreicht, daß er seinen Haß ausleben kann, ohne zugleich seine Entlassung befürchten zu müssen. Häufig ist die »Verschiebung auf ein Kleinstes«; sie liegt z. B. vor, wenn auf Geringfügigkeiten (die »Fliege an der Wand«) mit starken Affektausbrüchen reagiert wird.

Eine Sonderform der Verschiebung ist die *Wendung gegen das Selbst* (= Wendung gegen die eigene Person): ein Triebimpuls, der in Verbindung mit dem eigentlich gemeinten Objekt Realangst oder Über-Ich-Angst verursachen würde, wird gegen die eigene Person gewendet. A. Görres (1965) vermutet, daß dadurch gefährliche Antriebe verharmlost sowie Angst und Schuldgefühle vermindert werden. Ein Beispiel für diesen Abwehrmechanismus ist der Selbstquäler; er nimmt sich selbst zum Objekt für seine aggressiven Wünsche. Aber auch der Selbstverwöhner oder Narziß ist hier zu nennen.

3.7.5 Die Reaktionsbildung

Bei diesem Abwehrmechanismus wird ein unlusterregender, angsterregender oder verpönter Triebimpuls nicht nur verdrängt, sondern zugleich ein ihm polar entgegengesetzter Triebimpuls aktiviert; statt eine Person zu hassen, wird sie geliebt, statt sich

an Schmutz und Unordnung zu erfreuen, wird peinlich auf Sauberkeit und Ordnung geachtet. Die durch Reaktionsbildung entstandenen Triebimpulse fallen häufig durch ihre unlebendige Starrheit und Übertriebenheit auf: übertriebenes Mitleid kann aus Abwehr unbewußter Aggressivität durch Reaktionsbildung entstehen. Dieser Triebabwehrmechanismus ist sowohl für Hysteriker (übertriebenes Mitleid) als auch für Zwangsneurotiker (übertriebene Sauberkeit) charakteristisch.
Doch ist die Reaktionsbildung auch für die normale Charakterentwicklung eines Individuums von großer Bedeutung; so gilt für die sogenannte Latenzperiode, die sich zwischen dem Alter von etwa 6 Jahren und der Pubertät erstreckt: »Die sexuellen Regungen ... rufen daher seelische Gegenkräfte wach, die zur wirksamen Unterdrückung solcher Unlust die ... psychischen Dämme: Ekel, Scham und Moral, aufbauen« (G. W. V, S. 79). Auch an der Genese des Über-Ich hat die Reaktionsbildung einen wichtigen Anteil (G. W. XIII, S. 262/263).

3.7.6 Die Regression

Beim Abwehrmechanismus der Regression kehrt das Ich zu einer genetisch früheren Stufe der Entwicklung und Triebbefriedigung zurück, um einen ontogenetisch späteren aktuellen Triebimpuls, der z. B. nach einer traumatischen Versagung durch die Außenwelt oder bei einer starken Ablehnung durch das Über-Ich Angst verursacht hat, abzuwehren. Es kehrt zu Befriedigungsformen, Verhaltensweisen, Denkformen und Objektbeziehungen zurück, die es bereits überwunden hatte, und die, gemessen an seinem gegenwärtigen Entwicklungsstand, als weniger strukturiert und differenziert erscheinen.
Beispiel: ein etwa vierjähriges Mädchen, das sich gerade in der sogenannten ödipalen Phase (s. u.) befindet, in der es sich normalerweise um die Liebe und Aufmerksamkeit des gegengeschlechtlichen Elternteils, also des Vaters, bemühen würde, regrediert auf die bereits durchlaufene anale Stufe (s. u.), um die Angst vor dem Verlust der Liebe der Mutter abzuwehren. Die ödipalen Triebwünsche werden mit Hilfe der Regression auf die anale Stufe der Libidoentwicklung abgewehrt. Welche Entwicklungsstufe bei der Regression »gewählt« wird, hängt von Fixierungen in der frühkindlichen Entwicklung ab; Freud versteht unter Fixierung das Zurücklassen eines »Libido-Depots« auf den Triebobjekten und Triebbefriedigungen einer früheren Entwicklungsstufe, während der größere Teil der Libido zu neuen Ob-

jekten und Befriedigungsarten weiterschreitet. Fixierungen entstehen unter Mitwirkung spezifischer konstitutioneller Merkmale (z. B. eines sehr starken oralen Triebes) entweder durch übertriebene Verwöhnung oder durch starke Versagungen der vorwiegenden Triebwünsche auf einer bestimmten Stufe der Entwicklung; Beispiele oraler Fixierungen sind: eine übertriebene Erwartungshaltung und Abhängigkeit bezüglich des Zuwendungsverhaltens anderer, ein übersteigertes Verwöhnungsbedürfnis, sowie die Unfähigkeit zum vorübergehenden Verzicht auf orale Triebbefriedigung, die sich z. B. in einer Freßsucht manifestieren kann.
Von der Regression als unbewußt ablaufendem Abwehrmechanismus gegen durch Triebe verursachte Konflikte ist die »Regression im Dienst des Ich« (Hartmann, Kris & Loewenstein, 1946) zu unterscheiden, bei der sich das Ich vorübergehend und jederzeit bewußt kontrollierbar der Dynamik früherer Entwicklungsstufen überläßt, und zwar im Dienste schöpferischer Anpassung an gegebene Verhältnisse und Probleme.

3.7.7 Die Projektion

Der Abwehrmechanismus der Projektion führt dazu, daß das betreffende Individuum bedrohliche Triebansprüche und die sie begleitenden peinlichen oder angsterregenden Vorstellung und Affekte nicht mehr als seine eigenen erkennt, sondern sie unbewußt einer anderen Person oder Objekten der Außenwelt unterstellt. Man könnte auch sagen, ein unlustbereitender oder abgelehnter Wunsch oder Affekt wird nach außen verschoben. Freud hat den Abwehrmechanismus der Projektion erstmals beim Verfolgungswahn (= Paranoia) beschrieben: der eigene Haß oder die eigene Aggression wird unbewußt den anderen untergeschoben: »Nicht ich bin aggressiv, sondern die anderen verfolgen mich mit ihren Aggressionen« (1895). Später schreibt er zur Rolle der Projektion bei der Phobie (= übertriebene Furcht vor einem Objekt der Außenwelt): »Das Ich benimmt sich so, als ob ihm die Gefahr der Angstentwicklung nicht von einer Triebregung, sondern von einer Wahrnehmung her drohte, und darf darum gegen diese äußere Gefahr mit den Fluchtversuchen der phobischen Vermeidungen reagieren« (»Das Unbewußte«, 1915, G. W. X, S. 283), was zugleich eine »Ich-Einschränkung« im Kontakt mit der Umwelt bedeutet; die Wahrnehmung kann durch pathologische Projektionen erheblich verzerrt sein, was einen adäquaten Realitätskontakt des Ich stark beeinträchtigt, wenn nicht unmöglich

macht. Auch in der Normalpsychologie, etwa beim abergläubischen Verhalten von Kindern und Erwachsenen, spielt die Projektion eine wichtige Rolle. Ungeklärt bleibt die Frage, wie es kommt, daß auch angenehme Inhalte projiziert werden.
Eine für Ehepartner unangenehme Form ist die »projizierte Eifersucht«: ein Partner legt seine unbewußten Wünsche, untreu zu sein, dem anderen zur Last und versucht mit dauernder Aufmerksamkeit und Scharfsinn, den anderen auf frischer Tat zu ertappen. Gegenteilige Beteuerungen des Beschuldigten werden als Ablenkungsversuch abgetan. Auch Mißtrauen und Vorurteile gegenüber Fremden oder Minderheiten entstehen aus Projektionen eigener, nicht akzeptierter Triebwünsche.

3.7.8 Die Identifikation

Wird die Identifikation als Abwehrmechanismus verwendet, so gleicht sich ein Individuum unwillkürlich einem anderen ganz oder teilweise in einem bestimmten Aspekt an, um eigene Triebwünsche oder die mit ihnen verbundenen Vorstellungen und Affekte, die Angst verursachen, abzuwehren; als Beispiel diene ein 8jähriges Mädchen, das gerne mit seinen Freunden spielen möchte; doch hat es seine Hausaufgaben noch nicht gemacht. Zur Abwehr seiner Spielwünsche übernimmt es identifikatorisch das Arbeitsverhalten seines Vaters, der täglich mehrere Stunden an seinem Schreibtisch sitzt. Anna Freud hat den Abwehrmechanismus der »Identifikation mit dem Angreifer« (München, o. J., S. 85–94) beschrieben: sie dient im Gegensatz zu dem oben Gesagten dem Umgang mit angsterregenden Objekten der Außenwelt, also der Bewältigung äußerer Gefahren. Tritt das Ich in Identifikation mit dem Angreifer, so vollzieht es, indem es selbst dessen aggressive Motive und Verhaltensweisen unbewußt übernimmt, den Schritt von der angstvoll erlebten Passivität des Opfers zur Aktivität. Beispiel: ein Junge, der große Angst vor dem Zahnarzt hat, übernimmt selbst dessen Rolle und läßt seinen Spielgefährten in dem »gefährlichen« Zahnarztstuhl sitzen, während er sich davor mit großer Sicherheit bewegt.
Die Identifikation wird nicht nur als Abwehrmechanismus eingesetzt; sie ist von großer Bedeutung beim Aufbau des Verhaltensrepertoires sowie bei der Bildung des Ich-Ideals als Teil des Über-Ich und bei der Übernahme der Gebote und Verbote der Eltern, die das Über-Ich im engeren Sinn konstituieren; dabei werden auch die unbewußten Motive der Eltern durch Identifikation übernommen.

3.7.9 Die Rationalisierung

Bei der Rationalisierung wehrt das Ich die eigentlichen peinlichen Motive seiner Stimmungen, Gefühle, Vorstellungen und Handlungen dadurch unbewußt ab, daß es akzeptable Motive angibt, die allerdings oft durch ihre Fadenscheinigkeit auffallen. So kann z. B. ein Vater körperliche Strafen, die er seinem Kind verabreicht, dadurch zu rechtfertigen versuchen, daß er sagt, das Leben sei hart und sein Kind solle schon frühzeitig mit dieser Härte vertraut gemacht werden; um so besser werde es sich später zu helfen wissen. Rationalisierungen dienen der Aufrechterhaltung eines positiven Selbstbildes (»ich handle nur aus edlen Motiven«) und dem Wunsch nach einer positiven Bewertung durch andere.

Es ist verständlich, daß die Art des jeweils durch Rationalisierung entstandenen Motivs stark von den Normen einer Gesellschaft bzw. von den in der Bezugsgruppe eines Individuums vertretenen Wertvorstellungen abhängt.

3.7.10 Verleugnung der Realität (einer Wahrnehmung)

Das Ich leugnet bei diesem Abwehrmechanismus die Existenz oder Bedeutsamkeit eines als unangenehm oder angsterregend empfundenen Stückes der äußeren Wirklichkeit, indem es die entsprechenden Sinneseindrücke blockiert. Statt dessen produziert das Ich in Tagträumen oder im Spiel entsprechende wunscherfüllende Phantasien und Verhaltensweisen, die der Wahrnehmung der verleugneten Aspekte der Außenwelt entgegenwirken sollen.

Als Beispiel für dieses Nicht-wahr-haben-Wollen diene folgendes: ein Angestellter, der in seiner beruflichen Position versagt, blendet seine Leistungsunfähigkeit aus seiner Wahrnehmung aus und erfreut sich an Tagträumen, in denen er aufgrund einer epochemachenden Erfindung, die er gemacht hat, die uneingeschränkte Bewunderung aller genießt.

Durch den Abwehrmechanismus der Verleugnung der Realität kann das Ich in seiner Aufgabe der Realitätsprüfung empfindlich gestört sein; dies gilt vor allem für die Psychosen. Freud hat diesen Abwehrmechanismus in seinem »Abriß der Psychoanalyse« (1938, G. W. XVII) eingehend beschrieben.

3.7.11 Die Sublimierung

Die Beziehung der Sublimierung zu den Abwehrmechanismen ist umstritten: manche Psychoanalytiker zählen die Sublimierung zu den Abwehrmechanismen, andere geben zwar zu, daß sie als Abwehrmechanismus dienen kann, betonen aber, daß sie darüber hinaus ein individuelles Reifungskriterium besonderer Art sei; führt sie doch dazu, daß das Individuum auf unmittelbare und direkte Triebbefriedigung verzichtet und die dadurch freigewordenen Energien dem Ich zu kulturellen Tätigkeiten zur Verfügung stehen. Freud schreibt dazu: »Wir kennen einen weit zweckmäßigeren Vorgang der Entwicklung (als den der Verdrängung), die sogenannte Sublimierung, durch welche die Energie infantiler Wunschregungen nicht abgesperrt wird, sondern verwertbar bleibt, indem den einzelnen Regungen statt des unbrauchbaren ein höheres, eventuell nicht mehr sexuelles Ziel gesetzt wird. Gerade die Komponenten des Sexualtriebes sind durch solche Fähigkeit zur Sublimierung, zur Vertauschung ihres Sexualzieles mit einem entlegeneren und sozial wertvolleren, besonders ausgezeichnet. Den auf solche Weise gewonnenen Energiebeträgen zu unseren seelischen Leistungen verdanken wir wahrscheinlich die höchsten kulturellen Erfolge« (G. W. VIII, S. 58). Grundlage der Sublimierung ist die Plastizität (Formbarkeit) der Triebe; ein Beispiel soll dies verdeutlichen: ein Kind darf den analen Triebwunsch, mit seinen Exkrementen zu spielen, aufgrund elterlicher Verbote nicht befriedigen; als Ersatzbefriedigung knetet es befeuchteten Sand im Sandkasten und geht vielleicht später auf die Bildhauerschule, um sich als Maler oder Bildhauer auszubilden. Die von den Es-Impulsen zunächst angesteuerten primären Befriedigungsformen und Triebobjekte werden im vorliegenden Fall durch ichgemäßere und von der Gesellschaft geschätztere Befriedigungsformen und Objekte ersetzt; damit löst das Ich zwei wichtige Aufgaben: es domestiziert die Triebansprüche, indem es sie auf von der Außenwelt akzeptierter Ebene befriedigt, und erwirbt zugleich die sozial und kulturell wichtigen Fertigkeiten, die es für eine entwicklungsangemessene Beziehung zur Außenwelt benötigt.

Wie Roskamp ausgeführt hat (in Loch, 1967, S. 97), steht vor allem die Latenzzeit – das ist etwa die Zeitspanne zwischen sechstem Lebensjahr und dem Beginn der Pubertät, in der die Libidoentwicklung nicht sichtbar fortschreitet und Über-Ich und Ich-Ideal gegenüber den beiden anderen psychischen Instanzen, Es und Ich, vorherrschen, im Zeichen zahlreicher Sublimierungen.

Die durch die Sublimierung »desexualisierte« oder »sublimierte« Triebenergie steht nun ich-gerechten und vom Über-Ich gebilligten Zielen zur Verfügung. Analog zur Sublimierung sexueller Triebenergie sprechen Hartmann (1972), Loch (1967) und Roskamp (in Loch, 1967) von »Neutralisierung« bzw. von »Entaggressivierung« aggressiver Triebenergie; durch letztere wird den aggressiven Impulsen ihr destruktiver Anteil genommen bzw. dieser abgeschwächt, wodurch das Ich zu sozial anerkannten »Aggressionen« (z. B. wissenschaftlichen Streitgesprächen, Kritik ...) und alloplastischen (die Außenwelt verändernden) Aktivitäten gelangt.
Die Lustbefriedigung, die das Ich durch Sublimierung erhält, ist keine direkte Triebbefriedigung mehr, sondern eine sekundärnarzißtische Befriedigung: das Ich erhält für seine erfolgreiche Bewältigung der Es-Impulse das Lob des Über-Ich und des Ich-Ideals und erreicht dadurch Selbstzufriedenheit. Dazu kommen Lob und Anerkennung durch die soziale Umwelt.
Die Sublimierbarkeit von Triebenergie ist begrenzt. »Denn zum einen vermitteln Sublimierung und Neutralisierung ein geringeres Maß an Spannungsabfuhr als direkte Triebbefriedigung (Freud, S., G. W. XIV, S. 437 f). Zum anderen hängen sie von individuell variablen Eigenschaften ab: so von der Sublimierungskraft, die mit der Ich-Stärke korreliert, und von der Ausstattung des Individuums mit Begabungen, die sich für die sublimierte Triebbefriedigung eignen: wissenschaftliche Betätigung beispielsweise setzt bestimmte geistige Begabungen voraus« (Roskamp in Loch, 1967, S. 110). Was ist jedoch diese Sublimierungskraft?
Eine umfassende Theorie der Sublimierung hat Freud nicht erarbeitet; so ist z. B. das Feld der sublimierten Tätigkeiten schlecht abgegrenzt; was heißt hier »sozial wertvoll«? Welche Ich-Funktionen sind in welchem Ausmaß an der Sublimierung beteiligt?
Auch der Begriff der Neutralisierung wird nicht einheitlich im oben beschriebenen Sinn gebraucht. Manche sprechen von »Neutralisierung« nur dann, wenn Triebenergie durch bewußten Triebverzicht zu neutraler, dem Ich vollständig zur Verfügung stehender Energie umgewandelt wird. Ein modellierender Künstler, der mit sublimierter Energie arbeitet, findet bei dieser Tätigkeit eine Ersatzbefriedigung seiner analen Impulse; wird er an seinem künstlerischen Schaffen gehindert, so ist zu erwarten, daß seine analen Triebspannungen steigen, was beim Künstler, der mit neutralisierter Triebenergie arbeitet, nicht prognostiziert werden kann; die neutralisierte Energie kann vom Ich beliebig, d. h. ohne Rücksicht auf Impulse des Es, für andere Tätigkeiten

verwendet werden; das Ich ist in der Verwendung neutraler Triebenergie autonom.

Freud hat sich in seiner Schrift »Das Unbehagen in der Kultur« (1930, G. W. XIV) mit der bedeutsamen Rolle der Sublimierung bei der Kulturentwicklung befaßt: »Die Triebsublimierung ist ein besonders hervorstechender Zug der Kulturentwicklung, sie macht es erst möglich, daß höhere psychische Tätigkeiten, wissenschaftliche, künstlerische, ideologische, eine so bedeutsame Rolle im Kulturleben spielen« (G. W. XIV, S. 457).

Auch A. Mitscherlich setzt sich in seinem Buch »Auf dem Weg zur vaterlosen Gesellschaft« mit der Sublimierung auseinander; er stellt sie zur Ich-Entfaltung in Beziehung und formuliert für die Erziehung die Alternative *»Sublimierung oder Triebunterdrückung«*. Erstere erscheint ihm die angemessenere, da sie einen gemilderten Gehorsam fordert, »denn es wird ihm (dem Ich) ein Stück weit Befriedigung primärer Wünsche gelassen, ohne daß diese sofort mit Schuldangst (= Angst vor Bestrafung durch das Über-Ich, d. Verf.) besetzt werden müßten« (A. Mitscherlich, 1963, S. 281).

Zusammenfassend läßt sich zu den Abwehrmechanismen sagen: die Abwehrmechanismen sind vom Ich unbewußt eingesetzte Manipulationen, die das Ich gegenüber äußeren und inneren Gefahren schützen sollen. Letztere bestehen vor allem in bedrohlichen oder verpönten Triebwünschen und den sie begleitenden Affekten, Vorstellungen und Erinnerungen. Durch die Abwehrmechanismen, vor allem durch die Verdrängung, wird das dynamisch Unbewußte aufgebaut, das immer wieder danach drängt, ins Bewußtsein vorzudringen. Das Ich setzt dagegen Kräfte (Gegenbesetzungen) ein, die ihm für seine weiteren Funktionen (Wahrnehmen, Denken, Erinnern ...) verlorengehen. Ein Ich, das ein übergroßes Maß an Gegenkräften für die Abwehr bereitstellen muß, wird starr und anpassungsgestört im Umgang mit der Realität.

Jedes Individuum benützt hauptsächlich einen begrenzten Katalog an Abwehrmechanismen; so wurden an analen Charaktertypen in erster Linie folgende Abwehrmechanismen festgestellt: Reaktionsbildung, Isolierung, Ungeschehenmachen und Projektion.

Darüber hinaus sind bei jedem Abwehrvorgang mehrere Abwehrmechanismen beteiligt, die sich nicht immer scharf voneinander abgrenzen lassen.

Die theoretische Einordnung der Abwehrmechanismen ist oft ungeklärt, doch wurde ihre Wirksamkeit durch die psychoanalytische Therapie bestätigt.

Die Sublimierung läßt sich zwar als Abwehrmechanismus verwenden, spielt aber darüber hinaus in der normalen psychischen Entwicklung als Reifungskriterium eine derart bedeutende Rolle, daß sie nur bedingt unter die Abwehrmechanismen einzuordnen ist.

Bitte versuchen Sie, folgenden *Fall* mit Hilfe Ihrer Kenntnisse über die Wirksamkeit der Abwehrmechanismen stichwortartig zu beantworten:
Ein Angestellter in einer Führungsposition hat einen einwöchigen Kursus in mitarbeiterorientiertem Führungsverhalten absolviert. Er kommt voll der besten Hoffnungen auf Verbesserung der Zusammenarbeit zurück in den Betrieb; die Zusammenarbeit mit allen ihm unterstellten Mitarbeitern scheint sich tatsächlich wesentlich zu verbessern, mit einer, allerdings schwerwiegenden Ausnahme: Herr O., der bereits früher durch geringe Kontaktaufnahme zu Kollegen aufgefallen ist, hat sich nun noch mehr zurückgezogen; auf die freundlichen Aufforderungen der Kollegen zur Zusammenarbeit reagiert er mißtrauisch.
Welche psychoanalytisch begründbaren Ursachen für Herrn O.'s Verhalten können Sie nennen?

Mögliche Lösungen:
1. Projektion seiner eigenen Ausbeutungswünsche auf den Vorgesetzten: »Der will durch seine Freundlichkeit und Aufforderung zur Zusammenarbeit mit Hilfe meiner Ideen sein eigenes Schäfchen ins trockene bringen.«
2. Verdrängte Homosexualität.
3. Bei Aufforderungen reagiert Herr O. mit Regression in die anale Problematik: Trotz und Zurückbehalten eigener Produkte: »Man kann nicht vorsichtig genug sein. Jetzt gerade nicht.«

3.8 Die Entwicklung der Sexualfunktion

Neben seiner Beschäftigung mit dem Unbewußten hat Freud seine Zeitgenossen vor allem dadurch beunruhigt, daß er seine Aufmerksamkeit dem Sexualtrieb des Menschen gewidmet hat, über den zu sprechen gemäß dem damals allgemein anerkannten Sittencodex strengstens verboten war. Ausgehend von den Beobachtungen homosexueller und perverser sowie kindlicher sexueller Betätigungen formuliert Freud seine »Hauptergebnisse« folgendermaßen:

»a) Das Sexualleben beginnt nicht erst mit der Pubertät, sondern setzt bald nach der Geburt mit deutlichen Äußerungen ein.

b) Es ist notwendig, zwischen den Begriffen sexuell und genital scharf zu unterscheiden. Der erstere ist der weitere Begriff und umfaßt viele Tätigkeiten, die mit den Genitalien nichts zu tun haben.

c) Das Sexualleben umfaßt die Funktion der Lustgewinnung aus Körperzonen, die nachträglich in den Dienst der Fortpflanzung gestellt wird. Beide Funktionen kommen oft nicht ganz zur Deckung.« (G. W. XVII, S. 75)

Der Protest gegen Freuds Annahme kindlicher Sexualität erwuchs vor allem aus einem Mißverständnis des Begriffs »sexuell«; sexuell ist, wie Freud ausdrücklich betont, durchaus nicht mit genital gleichzusetzen, sondern umfaßt einen wesentlich weiteren Bereich von Tätigkeiten und Erregungen, die Lust verschaffen; eine klare Abgrenzung sexueller Aktivitäten von Aktivitäten anderer Art (z. B. aggressiver) hat er nicht formuliert: »wir sind derzeit nicht im Besitze eines allgemein anerkannten Kennzeichens für die sexuelle Natur eines Vorgangs« (G. W. XI, S. 331).

Freud geht von einem »zweizeitigen Ansatz« des Sexuallebens aus: die erste Phase der Entwicklung der Sexualfunktion erstreckt sich von der Geburt bis etwa zum sechsten Lebensjahr; es folgt die sogenannte Latenzzeit: »Während dieser steht der Fortschritt stille, vieles wird verlernt und wieder rückgebildet« (G. W. XVII, S. 75). Die zweite Phase der Entwicklung der Sexualfunktion setzt mit der Pubertät ein, in der vieles aus der ersten Phase wieder aufblüht.

Freud beschäftigte sich vor allem mit den sexuellen Entwicklungsvorgängen der frühen Kindheit. Er unterscheidet folgende Stufen, die wir nach Brenners (1967) Beschreibung zitieren. Die angegebenen Zeiten sind als Annäherungs- und Durchschnittswerte zu verstehen:

1. Die orale Stufe: »Während der ersten eineinhalb Lebensjahre ungefähr sind Mund, Lippen und Zunge die hauptsächlichen Sexualorgane des Kindes. Damit meinen wir, daß seine Wünsche wie seine Befriedigungen primär oral sind. Die Beweise dafür sind weitgehend rekonstruierender Art, d. h. sie basieren auf den Analysen älterer Kinder und von Erwachsenen, aber es ist auch möglich, durch ganz unmittelbare Beobachtung festzustellen, welche Bedeutung Saugen, In-den-Mund-Nehmen und Beißen als Lustquellen für Kinder dieses Alters und sogar für noch ältere haben.« (Brenner, 1967, S. 35)

2. Die anale Stufe: »In den nächsten eineinhalb Jahren wird das andere Ende des Ernährungstraktes, d. h. der Anus, zur wichtigsten Stelle sexueller Spannungen und Befriedigungen. Diese Lust-Unlust-Empfindungen verbinden sich sowohl mit dem Ausstoßen wie mit dem Zurückhalten des Kotes, und diese körperlichen Prozesse und die Fäzes selbst sind die Objekte des intensivsten Interesses des Kindes.« (Brenner, 1967, S. 35)

3. Die phallische Stufe: »Gegen Ende des dritten Lebensjahres beginnen die Genitalien die führende sexuelle Rolle zu übernehmen und behalten sie normalerweise von da an.« Als »phallisch« wird diese Stufe vor allem aus zwei Gründen bezeichnet: »In erster Linie, weil der Penis für Kinder beiden Geschlechts das Hauptobjekt des Interesses ist. Zweitens glauben wir, daß das Organ sexueller Erregung und Lust des kleinen Mädchens die Klitoris ist, die embryologisch natürlich das weibliche Analogon zum Penis ist.« (Brenner, 1967, S. 35 f.)

Auf dieser Stufe erreicht die frühkindliche Sexualität im Ödipuskomplex, d. h. der psychosexuellen Annäherung des Kindes an den gegengeschlechtlichen Elternteil, ihren Höhepunkt und nähert sich ihrem Ende.

4. Die Latenzzeit: Die Latenzzeit ist durch einen Stillstand der sexuellen Entwicklung gekennzeichnet. Sie dauert etwa vom sechsten Lebensjahr bis zum Beginn der Pubertät und bringt eine Verlagerung der Interessen des Kindes auf Gegenstände der Außenwelt (siehe Schulbeginn).

5. Die genitale Stufe: Die genitale Stufe ist die Stufe des Erwachsenseins mit der Fähigkeit zum Orgasmus; in ihr werden die frühkindlichen Partialtriebe (oraler, analer, phallischer Partialtrieb) unter den Primat der Genitalität gestellt. Bei Fehlentwicklungen kann es durch unbewußte Fixierung an eine frühkindliche Entwicklungsstufe der Sexualorganisation zu Perversionen und homosexuellen Bindungen kommen, die latent oder manifest sein können (siehe Regression als Abwehrmechanismus).

Die sexuellen Entwicklungsstufen sind nach Freud nicht nur für das Sexualverhalten, sondern für die Entwicklung der *Gesamtpersönlichkeit* von entscheidender Bedeutung. (In ihnen wird auch der Grundstein zu späteren neurotischen Entwicklungen gelegt, auf die wir hier jedoch nicht weiter eingehen werden.)

In der *oralen* Stufe werden die Verhaltensweisen des Nehmen-Könnens, des Forderungen-Stellens, des Verwöhnt-Werdens, des Bescheiden-Seins, des Zu-kurz-Kommens usw. eingeübt; Fehlentwicklungen äußern sich später als übertriebene Verwöhnungshaltung und Sucht einerseits oder als depressive Einstellung des Nichts-Beanspruchen-Dürfens, des Zu-kurz-Kommens und im weiteren Sinn des Nichts-wert-Seins andererseits.

Fehlentwicklungen durch unbewußte Fixierung auf die *anale* Stufe, auf der die Verhaltensweisen des Gebens und Nehmens und des Sauberseins sowie des Sich-Behauptens eingeübt werden, hat Freud als anale Charakterstruktur mit den drei hauptsächlichen Kennzeichen des Eigensinns, der Sparsamkeit (bis zum Geiz) und der Ordnungsliebe (bis zur Pedanterie) beschrieben.

Waelder (1969) schreibt zur *phallischen* Stufe: »Die Verehrung der phallischen Stärke und die Verachtung der phallischen Schwäche oder Unmännlichkeit, über die ganze Stufenleiter vom triumphierenden Petruccio in »Der Widerspenstigen Zähmung« bis zum grausam verlachten Fallstaff in den »Lustigen Weibern von Windsor« ... und die Befriedigungen und Versagungen, der Ehrgeiz und die Angst der Männer in dieser Hinsicht tragen viel zur Farbe und zum Lärm des Lebens bei ... Ein Beispiel mag genügen ...: die augenblickliche Haltung gegenüber dem Auto: Der Anteil des nationalen Einkommens, der im Westen für Autos und ihre Wartung verausgabt wird, steht außer jedem Verhältnis, wenn man ihn nur als Transportkosten in Anschlag bringt. Die Größe und die Aufmachung der Wagen setzen häufig ihre Brauchbarkeit als Transportmittel herab, statt sie zu steigern; sie sind in vielen Fällen weit luxuriöser als der übrige Lebensstandard ihres Besitzers. Ihr Brennstoffverbrauch belastet die begrenzten natürlichen Reserven der Nation ernstlich ... All das legt nahe, daß Autos nicht einfach als Transportmittel betrachtet werden – sie sind Objekte der Schaustellung wie der Schwanz des Pfaus. Bei Untersuchungen der Verkehrssicherheit wurde festgestellt, daß der durchschnittliche Mensch hinter dem Steuerrad ein Gefühl persönlicher Sicherheit hat – ein Gefühl, das auf der Grundlage der Realität von drei oder vier Tonnen Metall, die sich mit beträchtlicher Geschwindigkeit auf überfüllten Straßen bewegen, unbegreiflich wäre, aber als Reaktion auf die symbolische Bedeutung des Wagens als Zeichen und Schaustellung phallischer Stärke leicht verständlich wird.« (Waelder, 1969, S. 95)

3.9 *Ausgewählte Situationen, die sich mit Hilfe der Psychoanalyse beschreiben bzw. erklären lassen*

1. Werbung

Die psychoanalytische Theorie findet in zahlreichen Lebensbereichen ihre Anwendung. Am offenkundigsten für den Eingeweihten und am verstecktesten für den Laien geschieht dies in der Werbung; in ihr werden auf geschickte Weise die bewußten und unbewußten Motive der Zielgruppe angereizt, um sie zum Kauf eines Artikels zu veranlassen; bei verpönten Motiven, wie z. B. dem Geltungsdrang, werden den potentiellen Käufern gleich die Rationalisierungen für den Kauf luxuriöser und statuserhöhender Artikel mitgeliefert; so betont etwa ein Hersteller von repräsentativen Luxus-Autos vor allem deren Sicherheitsgarantie und die lange Lebensdauer; der Käufer braucht diese Rationalisierungen nur zu übernehmen, um den Kauf vor seinem Über-Ich und seinen Mitmenschen zu rechtfertigen.

2. Führerwahl in wirtschaftlichen und politischen Krisensituationen

Es wurde häufig beobachtet, daß Völker gerade in politisch und wirtschaftlich unsicheren Zeiten ihr volles Vertrauen und ihre ganze Hoffnung auf einen Führer setzen; dies um so mehr, wenn dieser Führer es versteht, die Aggressionen, die u. a. durch die Frustration des Sicherheitsbedürfnisses wachgerufen wurden, auf eine klar abgrenzbare Minderheit innerhalb des eigenen Volkes oder auf einen äußeren Feind zu lenken; hier benützt er den Abwehrmechanismus der Verschiebung; die aggressiven Triebwünsche jedes einzelnen Bürgers werden von ihrem eigentlichen Zielobjekt abgelenkt, auf einen definierten, von allen als solchen anerkannten Feind verschoben und lassen sich so vom Führer leichter handhaben. Zugleich wird der Führer durch sein Ausstrahlen von Hoffnung und Optimismus, seine Demonstration von Scharfsinn und Stärke sowie durch den Anschein, ein gemeinsames Ziel erfolgreich anzusteuern, zum Identifikations- und Projektionsobjekt ersten Ranges: der einzelne Bürger übernimmt identifikatorisch die Verhaltensweisen und Ziele des Führers und projiziert – je nach dem Grad der erlebten Gefahr – Allmachtsphantasien auf ihn. Fehlschläge werden anfangs meist nicht dem Führer zur Last gelegt, sondern den widrigen Umständen; doch ist kein Führer davor gefeit, nicht doch eines Tages zum Versager und Sündenbock abgestempelt zu werden; er selbst wird dann – wiederum durch den Abwehrmechanismus der Verschiebung – zum Zielobjekt der aggressiven Triebwünsche.

3. Erziehungsverhalten

Wir haben bereits bei der Darstellung des Abwehrmechanismus der Rationalisierung als Beispiel den Vater gewählt, der seinen Sohn durch Züchtigung auf die rauhe Wirklichkeit des Erwachsenenalters vorzubereiten vorgibt. Sein Ausleben aggressiver Triebwünsche wird durch dieses »höhere Ziel« gerechtfertigt. Ein weiteres Beispiel: in jeder Gesellschaft gibt es ungeliebte, abgelehnte, ungelegen kommende Kinder. Welche Möglichkeiten des Verhaltens hat die betroffene Mutter?

1. sie lernt im Kontakt mit dem Kind dieses zu lieben und baut so eine für das Kind förderliche Mutter-Kind-Beziehung auf.

2. sie lehnt das Kind weiterhin ab und zeigt dies auch in ihrem Verhalten; sie erzieht in Lieblosigkeit oder Gleichgültigkeit; das Kind lernt keine mütterliche Liebe kennen und wird in der Entwicklung eines Ur-Vertrauens behindert.

3. sie lehnt das Kind innerlich unbewußt weiterhin ab, versucht jedoch, unter dem Einfluß der Normen der Umwelt und ihres eigenen Über-Ich, diese Ablehnung in ihrem äußeren Verhalten möglichst zu verbergen, ohne daß ihr dies bewußt werden muß: sie sucht dem Kind und der Umwelt ihre Liebe täglich neu und oft in übertriebener Weise zu beweisen; eine *Reaktionsbildung* hat stattgefunden: der verpönte aggressive Triebwunsch gegen das Kind wird durch ein demonstratives Zuwendungsverhalten abgewehrt:

– durch übertriebenes Schutz-, Verwöhnungs- und Liebkosungsverhalten: jeder Schritt des Kindes wird »voll Mutterliebe und Anteilnahme« überwacht und geregelt. Das Kind lernt keine Intimität kennen und kann keine Initiative entfalten, vor allem keine Initiative, die geeignet wäre, die Mutter-Kind-Beziehung entwicklungsgemäß zu lockern, denn die Mutter vereinnahmt das Kind, da sie es zur Bewältigung ihrer eigenen aggressiven Wünsche und zur Aufrechterhaltung ihres positiven Selbstbildes (eine »gute Mutter« zu sein) benötigt. Die Folgen sind: die Ablösung des Kindes von der Mutter gelingt nur schwer, zu spät oder gar nicht; meist ist sie mit erheblichen Schuldgefühlen seitens des Kindes belastet, das immer noch den von der Mutter geäußerten und vom eigenen Über-Ich übernommenen Vorwurf im Ohr trägt, die »beste aller Mütter« verraten und im Stich gelassen zu haben.

- durch Überhäufen des Kindes mit aufwendigen, meist unbedacht ausgewählten und nicht an den Bedürfnissen des Kindes orientierten Geschenken oder durch überhöhte Taschengelder: das Kind, das Liebe gebraucht hätte, wird durch Geld und materielle Güter abgespeist.

4. sie wehrt ihre aggressiven Wünsche durch *Projektion* auf das Kind ab: schon früh ist sie von der Bösartigkeit des Kindes überzeugt; als Beweise dienen ihr

- sein Schreien zum ungelegenen Zeitpunkt,
- sein ungewöhnlich langes Wachbleiben, wenn sie gerne ausgehen möchte
- sein in kindlicher Neugier und Krafterprobung erfolgtes Zerstören von Spielsachen
- sein »absichtliches« Beschmutzen der Sonntagskleider usw.

Die Projektion der aggressiven Wünsche auf das Kind hat für die Mutter den »Vorteil«, daß kein Mensch von ihr verlangen kann, ein derart mißratenes Kind auch noch zu lieben. Häufig sucht das etwas ältere Kind zunächst, seine guten Absichten der Mutter immer wieder zu beweisen, es räumt z. B. auf, tut dabei jedoch einen Mißgriff und zerschlägt eine Vase und hat damit der Mutter einen erneuten »Beweis« seiner Bösartigkeit geliefert. Es kann tun, was es will, seine Rolle in dieser Mutter-Kind-Beziehung ist durch die Abwehrstruktur der Mutter vorbestimmt und kaum zu verändern. Gefährlich wird die Lage des Kindes dann, wenn es die Projektion der Mutter als Selbstbild akzeptiert, sich also selbst als bösartig sieht und sich dies durch sein zukünftiges Verhalten immer wieder bestätigt. Der Weg zu kriminellem Verhalten ist dann nicht mehr weit (s. A. Freud, München, o. J.).

3.10 Der psychoanalytische Ansatz der Persönlichkeitsforschung – kritisch betrachtet

Der Psychoanalyse wurde vielfach der Vorwurf gemacht, sie genüge nicht den Anforderungen, die an eine wissenschaftliche Theorie gestellt werden müßten. M. Perrez hat sich kürzlich ausdrücklich die Frage gestellt: »Ist die Psychoanalyse eine Wissenschaft?« (M. Perrez, 1972). Im einzelnen wurden – in Anlehnung an Perrez' Zusammenstellung – vor allem folgende kritische Punkte herausgestellt: Die psychoanalytische Theorie sei

1. uneinheitlich: einige der theoretischen Begriffe und Teiltheorien der Psychoanalyse wurden mehrfach neu definiert und interpretiert; dies gilt z. B. für den Begriff der Angst, die zunächst als Folge einer Triebstauung, später als Signal für einen zu erwartenden und als gefährlich erlebten Triebimpuls interpretiert wurde; es gilt aber auch für das Unbewußte, den Abwehrmechanismus der Verdrängung usw. So kommt es, daß gleiche Begriffe je nach dem Zeitpunkt ihrer Niederschrift bei Freud verschiedene Bedeutung haben. Da keine autorisierte einheitliche Endfassung der psychoanalytischen Theorie erstellt wurde, sind viele Unstimmigkeiten der Begriffsgebung und der Zuordnung der Begriffe zueinander nicht aufgefallen.

2. *lückenhaft und unvollständig*: die Psychoanalyse hat zwar einige Teiltheorien bzw. Teilmodelle wie z. B. das Strukturmodell des Psychischen (Es, Ich und Über-Ich) und das Modell der verschiedenen Bewußtseinsstufen (Unbewußt, Vorbewußt, Bewußt) hervorgebracht, doch bisher keine Integration dieser Teilmodelle zu einem Gesamtmodell der Persönlichkeit geleistet; so ist es z. B. unklar, wie groß der Anteil des Unbewußten an der Instanz des Ich ist; Freud spricht von einem »Gott weiß wie großen Teil«. Auch fehlt bisher eine Analyse der Entwicklung des Aggressionstriebes, so wie sie für die Libidoentwicklung in der Phasenlehre versucht worden ist.

3. *vage und vieldeutig in ihrem Bezug zu den Beobachtungsdaten*: M. Martin (1964) behandelt die mangelnde Eindeutigkeit der Zuordnung von theoretischer Sprache und Beobachtungssprache, die dazu führt, daß das gleiche beobachtete Phänomen mit verschiedenen theoretischen Begriffen belegt werden kann, und dadurch theoretisch nicht eindeutig faßbar ist; so besteht z. B. keine eindeutige Zuordnung des Begriffs »Ödipuskomplex« zu spezifischen Beobachtungsdaten. Dies führt dazu,

- daß *mehrere Hypothesen* der Psychoanalyse, wie z. B. die der frühkindlichen Sexualität empirisch *nicht testbar* sind.
- daß trotz der empirischen Überprüfbarkeit einzelner, weniger weitreichender Hypothesen nicht der ganze *Hypothesenkomplex* der Psychoanalyse empirisch überprüft werden kann. Dies ist nach Bunge (1967) darauf zurückzuführen, daß negative Ergebnisse, die bei Überprüfung einer bestimmten Hypothese erzielt worden sind, jederzeit mit Hilfe anderer Hypothesen (wie z. B. durch die der Verdrängung) als Ergebnisse interpretiert werden können, die die Psychoanalyse im Gegenteil sogar bestätigen. Ähnlich äußert sich Popper (1963), der die Unwissenschaftlichkeit der Psychoanalyse gerade in ihrer empirischen Unüberprüfbarkeit gegeben sieht und feststellt, daß die Psychoanalyse durch jegliche Erfahrungen be-

stätigt werden kann. Es müßten Kriterien erarbeitet werden, die angeben, bei welchen Beobachtungen eine Hypothese als widerlegt zu gelten habe, eine Aufgabe, der sich D. Rapaport (1970, S. 116–150) in seiner »Struktur der psychoanalytischen Theorie« gestellt hat.

Interessant ist, daß bereits Freud den Kritikern der Psychoanalyse damit zu begegnen versuchte, daß er ihnen vorwarf, ihre Kritik sei lediglich ein Zeichen ihres psychischen *Widerstands* gegenüber der Psychoanalyse (G. W. X, S. 62). Daß diese Haltung, die von vielen seiner Nachfolger quasi als Selbstschutz übernommen worden ist, die empirische Überprüfung eher behindert hat, ist verständlich.

4. *unkritisch in ihren Validierungsmethoden*: M. Martin (1964) wirft den Psychoanalytikern vor, daß ihre Methoden der Validierung (Gültigkeitsüberprüfung) höchst zweifelhaft seien:

- die »direkte Bestätigung« einer Deutung des Psychoanalytikers durch den Klienten sei keinerlei Beweis für die Richtigkeit der Deutung.
- die »indirekte Bestätigung« in Form von Assoziationen, Träumen oder Symptomverbesserungen des Klienten, die auf die psychoanalytische Deutung folgten, sei nur auf den ersten Blick zuverlässiger:
  1. diese können aufgrund einer *Suggestion* des Klienten durch den Therapeuten zustande gekommen sein, oder, wie die Lerntheoretiker sagen würden, durch Bekräftigung der vom Therapeuten erwarteten Verhaltensweisen durch den Therapeuten.
  2. es sei doch verwunderlich und spreche nicht gerade für diese Art der Validierung, wenn verschiedene miteinander *rivalisierende* psychoanalytische Schulen auf die gleiche Weise zu den »Bestätigungen« ihrer Hypothesen gelangen.
- Die Validierung psychoanalytischer Hypothesen wurde bisher fast ausschließlich an Neurotikern vorgenommen. Da die Psychoanalyse jedoch nicht nur eine Persönlichkeitstheorie des neurotischen Menschen, sondern des Menschen überhaupt sein soll, muß ihre Gültigkeit auch bei nicht-neurotischen bzw. »normal entwickelten« Personen nachgewiesen werden.

Perrez (1972) versucht, das Problem des empirischen Gehaltes und der Testbarkeit psychoanalytischer Hypothesen anhand des »Wolfsmannes«, einer Falldarstellung von Freud, einer Lösung näher zu bringen. Es »konnte gezeigt werden, daß die psychoanalytische Theorie einerseits eine Fülle von Ansätzen in Richtung wissenschaftlicher Erklärung enthält, die aber andererseits auf weite Strecken den formalen wissenschaftlichen Kriterien nicht zu entsprechen vermögen« (Perrez, 1972, S. 166). Ähnlich äußert sich B. A. Farrell (1964), der die Psychoanalyse als eine »premature empirical synthesis« bezeichnet und für die Zukunft die Aufgabe stellt, die teils vorwissenschaftlichen, teils spekulativen Theorieansätze in wissenschaftlich überprüfbare umzuformen.

Von einigen Psychoanalytikern, zu ihnen gehört D. Rapaport (1970), wird die Forderung nach Wissenschaftlichkeit der Psychoanalyse als Hindernis und fortschrittshemmend empfunden; sie beeinträchtige den schöpferischen Prozeß, der der Entstehung fruchtbarer Theorien vorausgehe und auf der Vertrautheit mit den Erscheinungen beruhe, sei nur für die Überprüfung bereits bestehender Theorien geeignet. In diesem Sinne ist es zweckmäßig, vor dem Entwickeln einer Theorie, wie es Freud und Lersch gemacht haben, die Phänomene selbst möglichst unvoreingenommen in ihrer Eigenart und ihren Beziehungen zueinander zu betrachten. Erst der zweite Schritt ist der des wissenschaftlich exakten Formulierens und empirischen Nachprüfens, der allerdings bei einer Persönlichkeitstheorie, die Anweisungen zur Einleitung von Veränderungen des Verhaltens und Erlebens gibt, unerläßlich ist.

Zusammenfassung:

Das Unbewußte spielt in der Psychoanalyse eine hervorragende Rolle; es äußert sich u. a. in den Fehlleistungen und im Traum. Die wichtigsten metapsychologischen Gesichtspunkte sind: der dynamische (Sexualtrieb und Aggressionstrieb), der energetisch-ökonomische (Libido und Aggressionsenergie), der strukturelle (Es, Ich und Über-Ich), der genetische (Phasen der Libidoentwicklung) und der adaptive (alloplastische und autoplastische Anpassung an Umweltreize) Gesichtspunkt.

Das Strukturmodell des Psychischen wurde von Freud im Jahre 1923 (»Das Ich und das Es«) entworfen und ist bis heute als wesentlicher Bestandteil der Psychoanalyse anerkannt; demnach lassen sich folgende psychische Strukturen unterscheiden: das Es (Trieb- und Energiereservoir; Unbewußtes), das Ich (mit seinen Funktionen des Wahrnehmens, Erinnerns, Denkens, Fühlens und willkürlichen Bewegens) und das Über-Ich (mit seinen Funktionen des Belohnens und Bestrafens; Ich-Ideal).

Man unterscheidet zwei Funktionsweisen des Psychischen: den Primärprozeß, bei dem frei bewegliche Energien wirksam werden, und den Sekundärprozeß, der gebundene Energien für Umweghandlungen und Befriedigungsaufschub benötigt.
In der Psychoanalyse spricht man von drei Arten von Angst: der Realangst (Angst vor realer Bedrohung), der Triebangst (starke Angst vor der eigenen Triebstärke) und der Über-Ich-Angst (Angst vor der Bestrafung durch das Über-Ich; Schuldangst).
Es gibt eine Reihe von Abwehrmechanismen, die das Ich unbewußt und »automatisch« gegen bedrohliche äußere (Umwelt-) oder innere (Trieb-)Reize einsetzt, um Ängste und Konflikte zu vermeiden: Verdrängung, Isolierung, Ungeschehenmachen, Verschiebung, Reaktionsbildung, Regression, Projektion, Identifikation, Rationalisierung, Verleugnung der Realität u. a. Auch die Sublimierung kann zur Angstabwehr eingesetzt werden; sie stellt darüber hinaus ein wichtiges Reifungskriterium des Individuums dar.
Bei der Entwicklung der Libido lassen sich von Geburt an folgende aufeinanderfolgende Phasen unterscheiden, die sich in der Wahl der Triebobjekte und Befriedigungsformen wesentlich unterscheiden: die orale Phase (Mund), die anale Phase (After), die phallische Phase (Phallus), die Latenzzeit und die Pubertät (die Partialtriebe werden unter den Primat der Genitalität gestellt, genitale Phase).

Arbeitsteil

A Mehrfachwahlfragen zur Selbstkontrolle

Kontrollieren Sie stichprobenartig Ihr Wissen, indem Sie bei den nachfolgenden Mehrfachwahlfragen M 7 – M 9 diejenige (nur eine!) der vorgegebenen Lösungsalternativen anstreichen, die Ihnen die beste zu sein scheint. Blättern Sie bei der Beantwortung bitte nicht in den Text zurück! Die richtige Lösung finden Sie im Anhang auf Seite 192.

M 7
Beim Abwehrmechanismus der Projektion
a) werden als bedrohlich empfundene Triebansprüche nicht mehr als die eigenen erkannt, sondern anderen Personen unterstellt.
b) werden als peinlich empfundene Triebansprüche ins Unbewußte verdrängt.
c) identifiziert sich die Person mit einer anderen Person und wehrt damit die eigenen bedrohlichen Triebansprüche ab.

d) nennt die Person nicht die eigentlichen Motive ihres Erlebens oder Verhaltens, sondern solche Motive, die ihr sozial vertretbar erscheinen.

M 8
Das Ich
a) ist gleichzusetzen mit dem Bewußtsein.
b) ist gegen Es und Über-Ich klar abgrenzbar.
c) umfaßt Funktionen wie Wahrnehmen, Denken, Erinnern, Fühlen, willkürliche Bewegungen.
d) ist in seinen Funktionen durch das dynamisch Unbewußte nicht beeinflußbar.

M 9
Sekundärprozeßhaftes Denken
a) berücksichtigt die Wahrnehmungen der Außenwelt und verwechselt sie nicht mit bloßen Wunschvorstellungen.
b) zielt auf unmittelbare, direkte und vollständige Energieabfuhr oder Triebbefriedigung.
c) ist nicht am Zeitablauf orientiert.
d) ist überwiegend bildhaft.

B Problemfragen

Die nachfolgenden Fragen P 11 – P 15 haben keine angebbaren Richtiglösungen. Sie sollen dazu dienen, Sie unter Verwendung des Gelesenen zu selbständigem Denken anzuregen.

P 11
Wie läßt es sich mit Hilfe der Psychoanalyse erklären, daß widerstreitende Interessengruppen (z. B. Arbeitgeber und Arbeitnehmer, Schüler und Lehrer) einander so verschieden wahrnehmen und oft einen Vermittler brauchen, um zu einer Einigung zu kommen?

P 12
Welche Richtlinien lassen sich aus dem psychoanalytischen Persönlichkeitsansatz für die Gestaltung der Arbeitsbedingungen in einem Betrieb ableiten?

P 13
Die Psychoanalyse wird seit ihrem Entstehen von vielen Menschen abgelehnt. Welche Motive können dahinter stehen?

P 14
Welche Einwände lassen sich aus dem psychoanalytischen Persönlichkeitsansatz gegen die Annahme rationaler Entscheidungen ableiten?

P 15
Worin unterscheidet sich ein angemessenes elterliches Erziehungsverhalten von Dressurverhalten?

Kapitel 4

Lerntheoretische Ansätze der Persönlichkeitsforschung

Lernziele:

Die Bearbeitung dieses Kapitels soll dazu anregen und (oder) befähigen

- *zu erkennen, daß viele Verhaltensweisen gelernt sind und daher modifiziert werden können (z. B. das Arbeitsverhalten)*
- *die eigenen Verhaltensweisen bezüglich der Bedingungen ihrer Auslösung, ihrer Aufrechterhaltung und ihres Wandels zu analysieren und zu verstehen*
- *das Verhalten anderer auf dem Hintergrund ihrer Lerngeschichte zu sehen*
- *Pläne für Verhaltensmodifikationen bei bestimmten Personen in Richtung auf ein genau beschriebenes Zielverhalten zu erstellen*
- *die Beobachtungseinheiten einer exakten Verhaltensanalyse zu kennen*
- *die bisherigen Möglichkeiten der Verhaltenstherapie zu kennen und im Bedarfsfall für sich in Anspruch zu nehmen.*

Orientierungsfragen:

1. Ist der Mensch in seinem Erleben und Verhalten beliebig steuerbar?
2. Was ist Sozialisation?
3. Wie kommt es, daß manche Menschen mehr sparen als andere?
4. Welche Wirkungen haben Belohnungen auf das Verhalten eines Menschen?
5. Ist Bestrafung eine gute Erziehungsmethode?
6. Wie kann man Konzentrationsstörungen überwinden?
7. Welche Personen werden mit großer Wahrscheinlichkeit als Vorbilder oder Modelle gewählt?
8. Ist der Mensch den Umweltreizen einseitig ausgeliefert?
9. Wie kann autoritäres Führungsverhalten abgebaut werden?

4. Lerntheoretische Ansätze der Persönlichkeitsforschung

Die Versuche, die Persönlichkeit in ihrem Erleben und Verhalten lerntheoretisch zu erklären, sind vielfältig. Eine einheitliche, allgemein anerkannte Lerntheorie hat sich bisher nicht herauskristallisiert. Allen lerntheoretischen Ansätzen gemeinsam ist jedoch die Auffassung, daß Verhalten zum großen Teil (mit Ausnahme des Instinktverhaltens und des etwa durch Reifung, Drogen, Ermüdung oder Verletzungen des Organismus hervorgerufenen Verhaltens) durch Erfahrungen im Umgang mit anderen Menschen und Objekten gelernt sei und systematisch modifiziert werden könne. Angeborene Anteile werden zwar nicht geleugnet, doch stehen diese nicht im Mittelpunkt des Interesses, das sich gerade auf die umweltplastischen Bereiche der Persönlichkeit richtet und auf die Technologien, die zur Veränderung einzelner Erlebnis- oder Verhaltensweisen (z. B. Fehlanpassungen) angewandt werden können. Die Lerntheorien unterscheiden sich insofern von den sogenannten Eigenschaftstheorien, als sie sich nicht mit der Feststellung von relativ stabilen individuellen Verhaltensdispositionen begnügen, sondern vor allem berücksichtigen, wie diese zustande kommen.

Wesentlich für die lerntheoretischen Erklärungsversuche ist die These, daß für Auftreten, Aufrechterhaltung und Wandel des Verhaltens eines Individuums spezifische Reiz-(= Stimulus-)Bedingungen angegeben werden können und daß durch Änderung und systematischen Einsatz der auf das Verhalten folgenden Stimulusbedingungen die Auftretenshäufigkeit bzw. die Intensität eines bestimmten Verhaltens bei gleichen Auslösereizen verändert werden kann. Das Ziel sind Regeln, die Änderungen der Umgebung (environment) mit Verhaltensänderungen des Individuums (behavior modifications) verknüpfen; die dabei verwendeten Begriffe werden *operational* definiert, die aus den Theorien abgeleiteten Hypothesen werden *experimentell* geprüft.

Die operationale Definition der »krankhaften« Furcht eines Patienten vor Hunden besteht z. B. in der Angabe der minimalen räumlichen Distanz, auf die sich der Patient in einem Verhaltenstest dem Hund nähern kann. Therapiefortschritte können in diesem Fall im Labor als Reduktion der minimalen Distanz gemessen werden.

Man kann die Lerntheoretiker danach unterscheiden, ob sie sich wie z. B. B. F. Skinner (1953) allein mit dem von außen beobachtbaren Verhalten des Individuums befassen, oder ob sie auch das Erleben, das nur der Selbstbeobachtung zugänglich ist, berücksichtigen. Der Ausschluß der Erlebnisvariablen wurde von Skinner damit begründet, daß diese nicht objektiv erfaßbar und zudem für die Erklärung und Veränderung des Verhaltens, auf das es letztlich ankomme, unbedeutend seien.

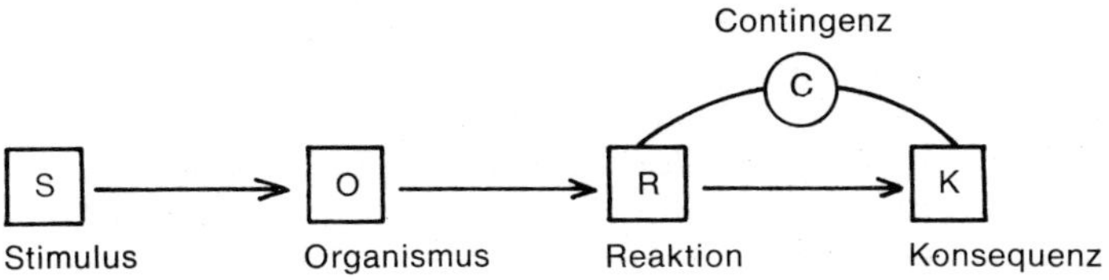

Wir werden jedoch an verschiedenen Stellen dieses Kapitels sehen, wie wichtig in diesem Zusammenhang Aussagen des Individuums über seine Erlebnisse als Ergänzung der Fremdbeobachtungen sein können.

Zur exakten Verhaltensanalyse eines Individuums wird die sorgfältige Beobachtung folgender Variablen vorgeschlagen:

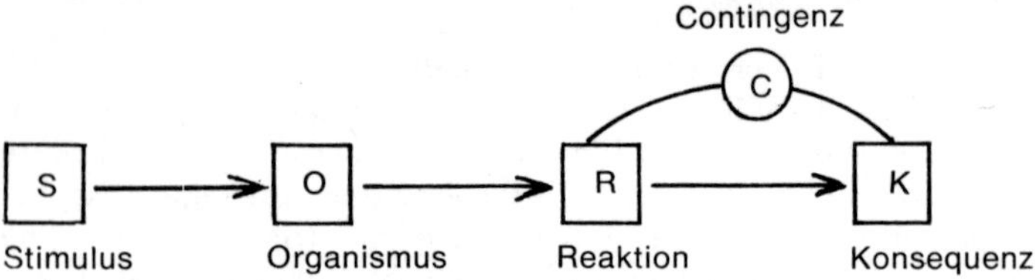

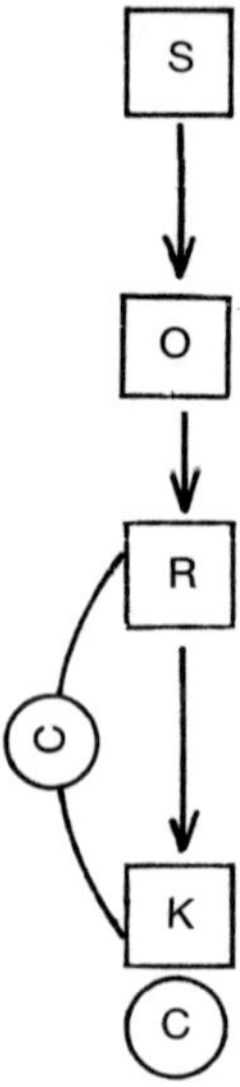

Die Umweltbedingungen oder die objektiv gegebene *Stimulussituation*, die vor Auftreten der Reaktion bestehen (z. B. Hitze, eine Arbeitsatmosphäre der Kooperation, eine spezifische Aufgabenstellung, der Arbeitsplatz, Lärm).

Der *Organismus*, auf den die Umweltbedingungen einwirken (z. B. der Gesundheitszustand, die Bedürfnisse, Begabungen, Interessen, Einstellungen und Erfahrungen eines Individuums).

Das Verhalten oder die *Reaktion*, erfaßt in ihrer Eigenart, ihrem Ablauf, ihrer Intensität, ihrer Häufigkeit und Dauer. Es werden verschiedene Reaktionsklassen unterschieden, wie z. B. verbale, motorische (z. B. Handbewegungen) und somatische (z. B. Erröten) Reaktionen.

Die Konsequenzen, die auf eine Reaktion folgen; sie können angenehmer oder unangenehmer Art sein.

Eine *Contingenz* zwischen einer Reaktion und einer Konsequenz besteht dann, wenn eine Konsequenz *unmittelbar und regelmäßig* auf eine Reaktion folgt; es besteht keine Contingenz (= Zusammenhang, Berührung) zwischen einer Reaktion und einer Konsequenz, wenn die Konsequenz rein zufällig einmal auf die Reaktion folgt bzw. erst lange Zeit nach der Reaktion eintritt.

Zur Veranschaulichung der Elemente, die bei einer systematischen Verhaltensanalyse im Mittelpunkt stehen, dient Beleg 5.

Beleg 5

Demonstration der Verhaltensanalyse eines Studenten, der über Arbeits- und Konzentrationsstörungen klagt:

ad S: Stimulus-(Reiz-)Situation (= auslösende Situation)
Auf dem Arbeitstisch liegen neben einem ungeordneten Stoß von Büchern und Manuskripten 2 Schachteln Zigaretten, ein Feuerzeug, ein Transistorradio, ein Aschenbecher und Schreibzeug. Die freie Arbeitsfläche ist verhältnismäßig klein.

ad O: Organismus
Die Ergebnisse eines Intelligenztests lassen auf eine überdurchschnittliche intellektuelle Leistungsfähigkeit von X schließen. Die Interessen von X wurden mit einem Interessentest zu erfassen gesucht; sie sind sehr zahlreich und vielfältig, im einzelnen folgende: Tanzen, Politik, Wirtschaft, Malerei, Bergsteigen ... Der gesundheitliche Zustand von X ist gut.

ad R: Reaktion, Response (Verhaltenseinheiten)
Die einstündige Beobachtung des Arbeitsverhaltens (hier: Lesen) von X (hinter einer Einwegscheibe oder mit Hilfe eines Video-recorders) hat u. a. ergeben, daß X sein Arbeitsverhalten mehrmals nach kurzem Anlauf unterbrach. Die längste Arbeitsphase betrug 8 Minuten. X nahm mehrmals ein Buch zur Hand, blätterte darin, las auf einigen Seiten jeweils nur ein paar Zeilen und legte das Buch sodann mit einem Stoßseufzer wieder auf den Tisch.

ad K: Konsequenz von R
Sobald X das Buch erstmals aus der Hand gelegt hatte (Beendigung des Arbeitsverhaltens), zündete er sich eine Zigarette an und schaltete für 10 Minuten Musik bei seinem Transistorradio ein, lehnte sich zurück und machte ein zufriedenes Gesicht ... dies wiederholte sich bei einer 2. und 3. Verhaltensbeobachtung an den folgenden Tagen.

ad C: Contingenz
Auf die Beendigung von R (Lesen) folgten unmittelbar und regelmäßig die angenehmen Konsequenzen Rauchen und Musikhören.

Zusammenfassung und Interpretation: X arbeitet an einem unübersichtlichen, überfüllten und ablenkenden Arbeitsplatz, der nicht geeignet ist, konzentriertes Studieren hervorzurufen (S); seine Leseanläufe sind kurz und zusammenhanglos (R). Er belohnt sich für den Abbruch des Lesens mit einer Zigarette und Musikhören (K); weitere Unterbrechungen des Lesens werden wegen der unmittelbar und regelmäßig folgenden (C) angenehmen Konsequenzen zukünftig häufiger auftreten.

In einer unüberschaubar langen und vielfältigen Serie von solchen (S-O-R-K-)Sequenzen erwirbt ein Mensch im Verlaufe seines Lebens die auf seine soziale und kulturelle Umwelt abgestimmten und zugleich für seine Person charakteristischen Erlebens- und Verhaltensweisen. Dieser langfristige Prozeß wird als *Sozialisation* bezeichnet. Geht man auch von der Annahme

aus, daß sich der Mensch ein Leben lang lernend weiterentwickelt, so ist doch nicht zu übersehen, daß insbesondere in der Kindheit und Jugendzeit entscheidende Weichen im Aufbau von Verhaltensmustern – etwa im Erlernen von Sprache, sozialen Rollen, moralischen Normen – gestellt werden. Während der Begriff Sozialisation früher auf das soziale Lernen in der Kindheit beschränkt wurde, findet er heute Anwendung in jeder Altersstufe. Sozialisation läßt sich folgendermaßen definieren:
Unter Sozialisation versteht man den Prozeß, in dem ein Mensch in seiner sozialen Umwelt lernt, vorwiegend solche Verhaltensweisen zu zeigen, sowie die Einstellungen, Werte, Bedürfnisse usw. zu übernehmen, die den in dieser sozialen Umwelt anerkannten Wertvorstellungen und Normen entsprechen, bzw. solche Verhaltensweisen, Einstellungen usw. abzubauen, die damit im Widerspruch stehen. Dieser Anpassungsprozeß bringt es mit sich, daß der weite Bereich von Verhaltensmöglichkeiten und Erlebnismöglichkeiten eines Individuums auf einen weitaus engeren Bereich beschränkt wird. Andererseits lernt der Mensch, der durch Instinkte kaum vorprogrammiert ist und daher die auf seine Umwelt abgestimmten erfolgreichen Verhaltensweisen nicht angeborenermaßen beherrscht, gerade durch die Sozialisation die Verhaltensweisen, die sich in einer bestimmten sozial-kulturellen Umwelt als erfolgreich erwiesen haben. Da jeder Mensch in einer besonderen sozialen Umwelt aufwächst, die sich von der anderer Menschen mehr oder weniger stark unterscheidet, müßte es zu sehr unterschiedlichen Persönlichkeitsentwicklungen selbst dann kommen, wenn erbbedingte Faktoren nur einen geringen Einfluß hätten.
In den letzten Jahrzehnten ist das Interesse an der exakten Erforschung des Sozialisationsprozesses immer mehr gewachsen. Man sucht, durch Experimente und systematische Beobachtung in den natürlichen Lebenssituationen die Variablen und deren Beziehungen zu erfassen, die im Sozialisationsprozeß von Bedeutung sind. Das Ziel ist die Erklärung des Zustandekommens der individuellen Eigenart eines Menschen; aber nicht nur dies: zusätzlich sucht man Techniken zur planmäßigen Verhaltensänderung zu entwickeln sowie Anhaltspunkte für eine Gestaltung der Umweltbedingungen zu gewinnen, um dadurch die Häufigkeit menschlichen Fehlverhaltens (z. B. Stottern) zu reduzieren und wirksamere Anregungen für die Persönlichkeitsformung zu schaffen. Unter Fehlverhalten wollen wir solche Verhaltensweisen verstehen, die von einer Person oder deren Umwelt als unangenehm oder hinderlich empfunden werden, die deutlich vom

Durchschnittsverhalten abweichen und die betreffende Person im Kontakt, in ihrer Leistungsfähigkeit oder anderen Bereichen des Verhaltens und Erlebens beeinträchtigen.
Grundsätzlich kann man zwischen der Aneignung neuer Verhaltensweisen (4.2) und der Modifikation bereits vorhandener Verhaltensweisen (4.1) unterscheiden.

4.1 Die Modifikation eines bereits gezeigten Verhaltens

(bezüglich seines Auftretens, seiner Häufigkeit und seiner Intensität) erfolgt über Stimulusgestaltung (4.1.1) oder Konsequenzengestaltung (4.1.2):

4.1.1 Stimulusgestaltung oder klassisches Konditionieren (Signallernen):

Die Verhaltensveränderung über Stimulusgestaltung geht auf die Tierversuche des russischen Physiologen J. P. Pawlow zurück; wegen des originären Ansatzes seiner Experimente und zur Abgrenzung dieser Art der Verhaltensänderung von weiteren, noch zu besprechenden Formen der Verhaltensänderung spricht man in diesem Zusammenhang auch von klassischem Konditionieren. Pawlow fand, daß der Organismus nicht nur auf angeborene Schlüsselreize oder Auslöser mit spezifischen Reflexen reagiert, sondern daß unter bestimmten Bedingungen auch biologisch indifferente oder neutrale Reize zu Auslösern dieser Reflexe werden können. Im letzteren Fall hat ein Individuum gelernt, auch auf die vormals neutralen Reize (= Stimuli) mit einem bestimmten Reflex zu reagieren.
Ein Beispiel soll dies verdeutlichen:

1. Blasen Sie jemandem unvermutet ins Auge, so lösen Sie bei ihm durch Ihr Blasen den Lidschlußreflex aus. Der Luftstoß ist ein natürlicher oder ursprünglicher Auslöser für den Lidschlußreflex; er ist ein ursprünglicher Stimulus (US, unconditioned stimulus) für den ursprünglichen Lidschlußreflex (UR, unconditioned reflex).

2. Ein Glockenton würde diesen Reflex nicht hervorrufen; er ist bezüglich des Reflexes ein neutraler Stimulus (nS).

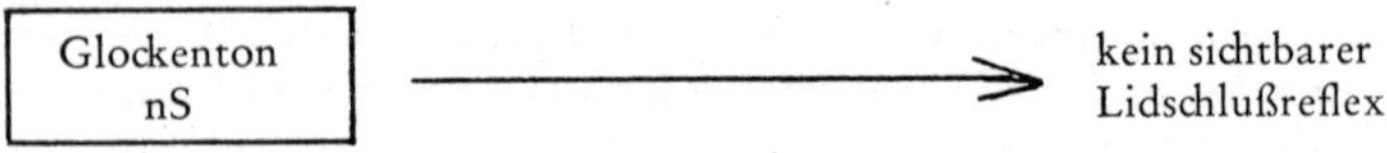

3. Geben Sie jedoch den Glockenton (nS) *wiederholt unmittelbar bevor* Sie blasen (US), so wird der Organismus auch auf den Glockenton hin mit dem Lidschlußreflex reagieren; man sagt, der vormals neutrale Stimulus »Glockenton« ist zu einem bedingten oder konditionierten Stimulus (CS, conditioned stimulus) für den nun bedingten oder konditionierten (d. h. nicht durch den natürlichen oder ursprünglichen Stimulus ausgelösten) Lidschlußreflex (CR, conditioned reflex) geworden.
Der Konditionierungsvorgang kann schematisch dargestellt werden:
a) Vor der Konditionierung:

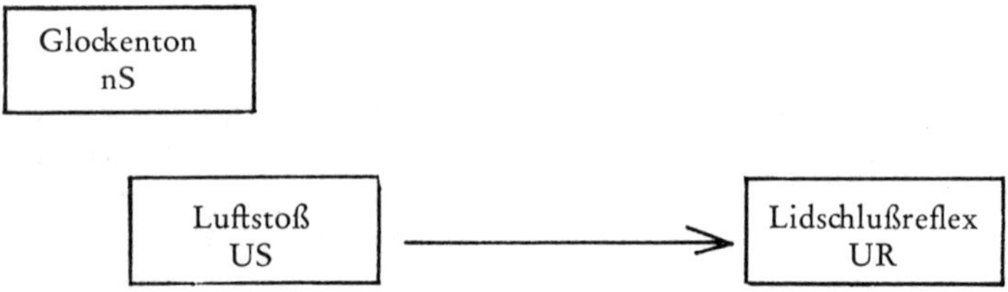

b) Nach der Konditionierung:

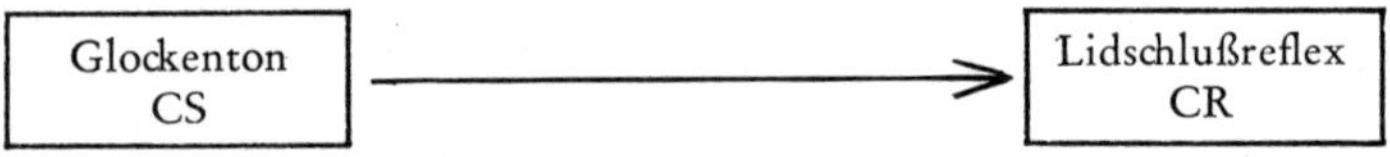

Der ursprüngliche Reflex (UR) und der konditionierte Reflex (CR) sind sich sehr ähnlich,

können sich aber z. B. in ihrer Intensität unterscheiden.

4. Geben Sie längere Zeit nur den Glockenton, ohne kurz danach zu blasen, so wird die Verbindung zwischen dem Glockenton und dem Reflex langsam wieder abgebaut oder gelöscht.

Der Glockenton wird wieder zum neutralen Stimulus. Diesen Vorgang nennt man Löschung oder Extinktion.

Da J. P. Pawlows Experiment den Anstoß zu einer Vielzahl ähnlicher Experimente gegeben hat, soll es hier in Beleg 6 kurz dargestellt werden:

Beleg 6

J. P. Pawlow: Experiment zum klassischen Konditionieren. In: P., J. P.: Conditioned reflexes, London, Oxford University Press, 1927.

Das Experiment zum klassischen Konditionieren lief in folgenden Schritten ab:

1. Der Hund sondert beim Anblick von Fleisch (natürlicher oder ursprünglicher Stimulus: US) Speichel ab (natürlicher oder ursprünglicher Reflex: UR).
2. Man gibt dem Hund wiederholt unmittelbar vor der Darbietung des Fleisches einen Glockenton (neutraler Stimulus: nS).
3. Der Hund sondert bereits bei Auftreten des Glockentons Speichel ab (konditionierter Reflex: CR).
   Der Glockenton ist zum konditionierten oder bedingten Stimulus (CS) für die Speichelsekretion geworden.
4. Die Speichelsekretion bei Auftreten des Glockentons wird über längere Zeit beibehalten, auch wenn der natürliche Reiz (das Fleisch) nicht folgt (Extinktions- oder Löschungsresistenz).
5. Der konditionierte Reflex wird allmählich gelöscht (d. h. er tritt nicht mehr nach Darbieten des Glockentons [CS] ein), wenn der (vormals neutrale) konditionierte Stimulus »Glokkenton« zukünftig immer ohne den ursprünglichen Stimulus »Fleisch« geboten wird: Extinktion.

Es gibt auch Konditionierungen höherer Ordnung; um eine Konditionierung zweiter Ordnung handelt es sich, wenn ein neutraler Stimulus durch wiederholte raumzeitliche Nähe mit einem konditionierten Stimulus selbst zu einem konditionierten Stimulus wird. Pawlow schaltete ein Lichtsignal kurz vor dem konditionierten Stimulus »Glockenton« ein und konnte nach mehreren Wiederholungen feststellen, daß auch das Lichtsignal allein den Speichelreflex (allerdings in abgeschwächter Form) auslöste.

Zusammenfassend kann man sagen: beim klassischen Konditionieren wird ein ursprünglich neutraler Reiz durch wiederholtes Zusammentreffen mit einem Reiz, der bereits reflexauslösende Qualität hat, selbst zu einem Reiz, der einen ähnlichen Reflex auslöst, wie der ursprüngliche Auslöser.

Das Lernen durch klassisches Konditionieren wird durch *Assoziation* eines zunächst neutralen Reizes mit einem Reflex auf Grund wiederholten raumzeitlichen Zusammentreffens (Kontiguität) erklärt. Wichtig ist dabei, daß das Individuum nicht von sich aus tätig wird und auf die Umwelt einwirkt, sondern lediglich auf bestimmte Konstellationen von Reizen *reagiert*; daher spricht man hier von Stimulusgestaltung.

Nicht nur bedingte Reflexe werden durch klassisches Konditionieren gelernt; auch die Verknüpfung emotionaler Reaktionen mit ursprünglich neutralen Reizen wird durch klassisches Konditionieren gelernt. Sehr bedeutsam sind die gelernten oder konditionierten Furchtreaktionen. Das folgende Beispiel zeigt eine konditionierte Furchtreaktion:

Eine Sekretärin wurde am Telephon (nS) mehrmals von ihrem Chef angeschrien (US), worauf sie jedesmal erschreckt zusammenzuckte (UR). Nach einiger Zeit zuckte sie bereits bei Klingeln des Telephons (CS) zusammen (CR).

Während die Theorie des klassischen Konditionierens zur Erklärung dieser Verhaltensänderung mit dem Assoziationskonzept (d. h. mit einer ohne aktive Beteiligung des Bewußtseins entstandenen S-R-Verbindung) auskommt, könnte man in einem kognitiven Lernkonzept folgende Erklärung finden: die Sekretärin hat einen Zusammenhang, eine Kontingenz zwischen Telephonklingeln und den sie erschreckenden Äußerungen des Chefs bemerkt; sie antizipiert nun mehr oder weniger bewußt bei Klingeln des Telephons die sie erschreckenden Äußerungen des Chefs und reagiert auf diese Vorstellungen mit Schreck und Abwehr.

Das Bemerken der Kontingenz zwischen den beiden Reizen wird von Longstreth (1972) als Hauptbedingung für die Wirksamkeit klassischen Konditionierens betrachtet; eine automatische Wirksamkeit lehnt er ab. Sowohl im Assoziationskonzept als auch im kognitiven Konzept kann man den konditionierten Reiz als Signal bezeichnen; im ersten Fall löst das Signal unmittelbar die Reaktion aus, im zweiten Fall löst das Signal mehr oder weniger bewußte Stimuluserwartungen aus, die dann erst zu der Reaktion führen. Auf dem Gebiet des klassischen Konditionierens sind noch viele Experimente unter Einschluß der Selbstbeobachtung der Versuchspersonen notwendig, ehe diese Frage eindeutig entschieden werden kann. Vielleicht stellt sich dann heraus, daß es mehrere Arten von Signallernen gibt, die auf verschiedene Weise zu erklären sind.

Konditionierte Furchtreaktionen werden besonders leicht auf weitere Reize übertragen, die dem konditionierten Reiz ähnlich sind. Beispielsweise wäre es möglich, daß die Sekretärin nicht nur auf das Klingeln ihres Bürotelephons, sondern auch auf das Klingeln ihres Privattelephons und ihrer Hausglocke mit Schreck und Abwehr reagiert. Löst nicht nur der konditionierte Reiz, sondern auch Reize, die diesem mehr oder weniger ähnlich sind, bei einem Individuum die gleiche konditionierte Reaktion aus, so spricht man von *Reizgeneralisierung*.

Will man ein Verhalten eliminieren, das durch klassisches Konditionieren gelernt wurde, so muß dem konditionierten Reiz seine Auslösefunktion genommen werden. Dies kann geschehen durch

a) *Löschung* = Extinktion: Man läßt zukünftig nicht mehr den ursprünglichen Stimulus auf den konditionierten Stimulus folgen. Der konditionierte Stimulus wird dadurch wieder zum neutralen Stimulus (s. Beleg 6)

b) *Gegenkonditionierung* (= counterconditioning): Die Reaktion R_1 (z. B. Furcht) auf den konditionierten Stimulus (CS) »Telephon« wird eliminiert, indem man bei Anwesenheit von CS eine mit R_1 unvereinbare Reaktion R_2 (z. B. Entspannung) auslöst, die stärker ist als R_1. Unvereinbar ist Entspannung mit Furcht insofern, als eine Person nicht zugleich furchtsam gespannt (oder in Furcht erstarrt) und entspannt sein kann; eine Reaktion schließt die andere aus.

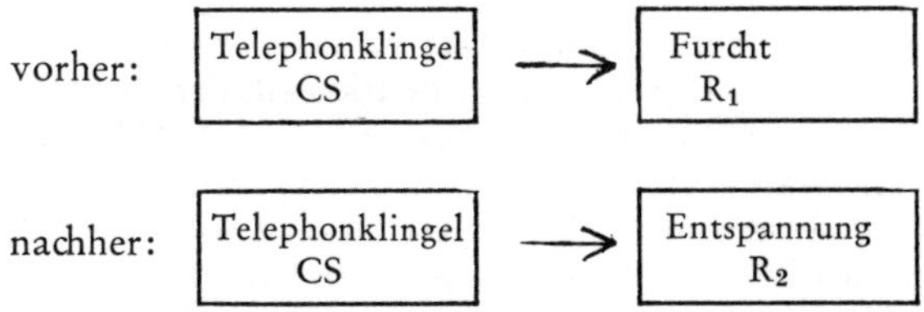

Bei der *systematischen Desensibilisierung*, die zur Behandlung konditionierter Furchtreaktionen angewandt wird (Wolpe, 1961), bedient man sich der Methode der Gegenkonditionierung: man verhindert das Auftreten von Furchtreaktionen durch aktives Entspannungstraining, meist nach der »progressiven Muskelentspannungsmethode« von Jacobson (1965). Es gibt mehrere Arten der Desensibilisierung; allen gemeinsam ist folgendes:

- der Klient stellt zunächst mit dem Therapeuten eine Rangreihe der für ihn furchtauslösenden Reizsituationen auf.
- der Klient übt, sich zu entspannen.
- die furchtauslösenden Reizsituationen werden hintereinander von der geringsten bis zur stärksten vorgegeben. Sobald Furcht auftritt, wird der Klient gebeten, sich wieder zu entspannen, und der furchterregende Reiz sofort weggenommen.

In der Art der Auseinandersetzung mit den furchtauslösenden Reizsituationen gibt es mehrere Varianten; sie werden am Beispiel der Telephonfurcht dargestellt:

1. Die Desensibilisierung angesichts *realer* Reize: der Therapeut läßt ein Telephon im Nebenzimmer leise klingeln, die Klientin hört es und entspannt sich dabei ... Der Therapeut ruft die Klientin aus dem Nebenzimmer an; die Klientin hebt entspannt ab und hört, wie der Therapeut freundlich zu ihr spricht.
2. Die Desensibilisierung angesichts im *Film* gebotener Reize: die Klientin braucht hier nicht selbst tätig zu werden, sondern lernt, das gefilmte furchterregende Objekt in Entspannung wahrzunehmen.
3. Die Desensibilisierung mit *vorgestellten* Reizen: die Klientin stellt sich die furchterregenden Reizsituationen nacheinander bei geschlossenen Augen und im Zustand der Entspannung einige Sekunden lang plastisch vor, bis die ganze Rangreihe von Reizen ohne Furcht vorgestellt werden kann. In den meisten Fällen tritt sodann eine Übertragung der furchtlosen Konfrontation mit vorgestellten Reizsituationen auf die realen Reizsituationen ein, d. h. letztere verlieren ihre furchtauslösende Wirkung.

Es könnte verwundern, wieso derart verschiedene Darbietungsformen der furchtauslösenden Reizsituation (in der Realität, im Film, in der Vorstellung) zur Heilung führen. Die Theorie des klassischen Konditionierens gibt zur Wirkung der Desensibilisierung folgende Erklärungen: bei der Darbietung realer Reize handelt es sich entweder um die konditionierten Reize selbst oder um Reize, die diesen sehr ähnlich sind (Reizgeneralisierung; die Gegenkonditionierung der ähnlichen Reize generalisiert auf die konditionierten Reize). Die Wirksamkeit der Desensibilisierung mit im Film oder auf Dias gebotenen Reizen ist dadurch zu erklären, daß diese Abbilder der Realität zeigen, auf die durch Reizgeneralisierung die furchtauslösende Wirkung übergegangen ist. Die Gegenkonditionierung der filmisch gebotenen Reize generalisiert dann wiederum auf die realen Reize.

Schwieriger ist die Erklärung der Desensibilisierung durch die nach Anweisung des Therapeuten vorgestellten Reize. Da man nicht allgemein eine strukturelle Ähnlichkeit zwischen Wort und bezeichnetem Objekt annehmen kann (und sodann mit dem Begriff der Reizgeneralisierung arbeiten könnte), muß man die Konditionierung 2. Ordnung zur Erklärung heranziehen: das Wort »Telephon« wurde früher häufig zusammen mit dem Klingeln des Telephons genannt und erhielt dadurch selbst furchtauslösende Qualitäten:

CS_1	——→	Furcht
Telephon		CR_1
CS_2	——→	Furcht
Wort »Telephon«		CR_2

Diese Erklärung beruht ausschließlich auf dem Konzept des klassischen Konditionierens und arbeitet ohne Zuhilfenahme kognitiver Konzepte, etwa des Konzeptes verbaler Vermittlung.

4.1.2 Konsequenzengestaltung oder Lernen durch operantes Konditionieren

Diesem Ansatz liegt die Gesetzeshypothese zugrunde, daß ein Verhalten nur dann beibehalten wird, wenn es »verstärkt« oder bekräftigt wird, d. h. wenn ihm ein angenehmer Reiz oder eine Belohnung folgt; B. F. Skinner (1953) hat die Erlebniskomponente des »Angenehmen« bei der Erforschung der Wirkung von Verstärkern als unnötig und nicht objektiv meßbar ausgeklammert und die Verstärker als solche Reize der Außenwelt definiert, die die Auftretenswahrscheinlichkeit eines Verhaltens erhöhen; diese streng behavioristische Definition der Verstärkung wurde von vielen Forschern als zu starke Einengung abgelehnt und die subjektive Komponente des Angenehmen als charakteristisch für Verstärker aufgestellt.

Es gibt primäre und sekundäre Verstärker; zu den primären Verstärkern gehören solche, die primäre Bedürfnisse des Organismus wie Hunger, Durst, Sexualität befriedigen. Ein sekundärer Verstärker wird durch Assoziation mit einem primären Verstärker gebildet: verbal ausgedrücktes Lob und Geld sind Beispiele für sekundäre Verstärker. Daß sekundäre Verstärker nicht automatisch dahingehend wirken, daß sie die Häufigkeit des vorausgehenden Verhaltens erhöhen, suchte Longstreth (1972) in Experimenten zur kognitiven Interpretation sekundärer Verstärkung nachzuweisen: Seine Versuchspersonen (= Vpn) lernten zunächst die Assoziation von Chips und Geld: für jedes Drücken eines Hebels wurde ein Chip vergeben, das sofort für Geld eingetauscht wurde und damit sekundäre (eigentlich tertiäre) Verstärkungsqualitäten erhielt. Im Versuchsdurchgang wurden die Vpn in 2 Gruppen geteilt. Gruppe 1 erhielt die Information, daß die Chips, die weiterhin für Hebeldrücken vergeben wurden, nun nicht mehr für Geld eingetauscht werden könnten. Gruppe 2 erhielt diese Information nicht, sondern die Anweisung, die Chips zunächst einmal in einem Kästchen zu sammeln. Es stellte sich heraus, daß die 1. Gruppe wesentlich weniger Hebeldruckreaktionen zeigte als die 2. Gruppe. Longstreth interpretiert das Ergebnis so, daß die Wirkung sekundärer Verstärker von dem kognitiven Zustand, d. h. hier den Überlegungen des Individuums abhängt. Die Gruppe 1 wußte, daß es kein Geld mehr für die Chips gab, und zog daraus den Schluß, daß sich das Hebeldrükken nicht mehr lohne. Für die Gruppe 2 blieb dagegen die Assoziation Chips – Geld erhalten.

Es gibt grundsätzlich vier Arten der Konsequenzengestaltung oder operanten Konditionierens:

1. Belohnung (= positive Verstärkung; positive reinforcement): $R \rightarrow S^+$
   Das Verhalten bringt angenehme Konsequenzen (S^+) und tritt daher in Zukunft häufiger auf.
2. Entstrafung (= negative Verstärkung; negative reinforcement): $R \rightarrow \not{S}^-$
   Das Verhalten beendet einen unangenehmen Reiz und tritt daher in Zukunft häufiger auf.
3. Bestrafung (= punishment 1): $R \rightarrow S^-$
   Das Verhalten bringt unangenehme Konsequenzen (S^-) und tritt daher in Zukunft seltener auf.
4. Entlohnung (= punishment 2): $R \rightarrow \not{S}^+$
   Das Verhalten führt zum Entzug früher erfahrener oder erwarteter positiver Reize und tritt daher in Zukunft seltener auf.

	positiver Reiz	negativer Reiz
Darbieten	Belohnung	Bestrafung
Entziehen	Entlohnung	Entstrafung

Bei der Konsequenzengestaltung besteht ein Hauptproblem darin, die *Reize* ausfindig zu machen, die für den einzelnen als *Ver-*

stärker i. S. von Belohnung wirksam sind. Dies erfordert genaue Verhaltensbeobachtung und Befragung der Betroffenen; zu diesem Zweck wurden Fragebogen entworfen, auf denen der Betroffene einstufen kann, wie angenehm ihm eine Reihe von Reizen ist. Da sich die Präferenzen für bestimmte Reize häufig ändern (z. B. durch Sättigung), müßte vor jeder planmäßigen Verhaltensmodifikation eine solche Befragung des Betroffenen durchgeführt werden.

Mögliche Belohnungen in einem Betrieb sind beispielsweise: Geld (Prämien, Weihnachtsgeld), Freizeit, vergünstigte Aufstiegschancen, öffentliche Auszeichnung für besondere Verdienste, ein Firmenwagen usw.

Veränderungen des Verhaltens und Erlebens erfolgen meist in größerem Ausmaß, wenn die Bekräftigungen bzw. bestätigenden Informationen *zeitlich unmittelbar* auf das entsprechende Verhalten *folgen*.

Will man ein Verhalten eliminieren, das durch Verstärkung aufrechterhalten wird, so muß man dafür sorgen, daß die verstärkenden Konsequenzen des Verhaltens in Zukunft fehlen.

Die Wirkung von Bestrafungen ist umstritten; in verschiedenen Untersuchungen stellte sich heraus, daß ein bestraftes Verhalten zwar während der Bestrafungsphase in seiner Häufigkeit sinkt, jedoch nach Absetzen der Bestrafung wieder in seiner ursprünglichen Häufigkeit und Intensität auftritt. Eine dauerhafte Verhaltensänderung ist zu erwarten, wenn in der Bestrafungsphase (auch der Entzug von Aufmerksamkeit ist eine Strafe) ein Verhalten belohnt wird, das mit dem bestraften Verhalten unvereinbar ist. Ein Beispiel aus der Kindererziehung mag hier nützlich sein: Ein Kind wird nicht beachtet (d. h. mit Nichtbeachten bestraft), wenn es nörgelt; zur gleichen Zeit wird es jedoch freundlich beachtet, wenn es seine Wünsche und Vorschläge ohne Nörgeln vorbringt. Es ist zu erwarten, daß die Nörgelhäufigkeit dauerhaft zurückgeht.

Lilian Blöschl (1970) hat sich mit der Wirkung von Belohnung und Bestrafung im Lernexperiment auseinandergesetzt; sie kam zu dem Ergebnis, daß die Überlegenheit der Belohnung gegenüber der Bestrafung bei Aufgaben mit mehreren Alternativen u. a. dadurch begründet sein kann, daß durch Bestrafung zwar signalisiert wird, was nicht richtig ist, jedoch nicht, was richtig gewesen wäre; insofern enthält die Belohnung einer Reaktion bei mehreren Reaktionsmöglichkeiten mehr Information als die Bestrafung der falschen Reaktion.

Bei Bestrafungen ist allgemein zu beachten, daß sie in dem Bestraften negative Emotionen wie Furcht oder Haß hervorrufen können, die sich über klassisches Konditionieren mit der bestrafenden Person verknüpfen können, so daß diese selbst zukünftig gefürchtet oder gehaßt wird und auf diese Weise an Einfluß verliert.

4.2 Die Aneignung neuer Verhaltensweisen

4.2.1 Die Aneignung neuer Verhaltensweisen kann durch das Verfahren der schrittweisen Annäherung (sukzessiven Approximation) veranlaßt werden:

Man belohnt planmäßig solche Verhaltensweisen, die zunehmend einem vorher definierten Zielverhalten ähnlich sind. Will man beispielsweise einen Schüler zu selbständigen Stellungnahmen in größeren Gruppen (Zielverhalten) führen, so belohnt man ihn anfangs bereits für kurze Einwürfe bei Gruppendiskussionen; sobald diese Einwürfe mit genügender Häufigkeit auftreten, erhöht man das Belohnungskriterium und belohnt zunehmend längere, den eigenen Standpunkt vertretende Diskussionsbeiträge.
Wichtig bei einem derartigen Verhaltensaufbau ist die nachfolgende planmäßige und schrittweise Reduzierung der Belohnungen (Ausblenden, fading out), um dem Verhalten Stabilität bzw. Extinktionsresistenz zu verleihen. Dieser Abbau der Belohnung müßte gleichlaufen mit einer Belohnung des neuen Verhaltens durch die soziale Umwelt. Zweckmäßigerweise sieht der Verstärkungsplan aus wie folgt:

kontinuierliche Belohnung	*intermittierende Belohnung*	*Ausblenden der Belohnung*
jede Reaktion im Rahmen des Zielverhaltens wird belohnt	Belohnung nach einem variablen Zeitintervall oder einer variablen Reaktionsquote	schrittweiser Abbau der Belohnung (wobei man damit rechnet, daß das gelernte Verhalten zukünftig von der sozialen Umwelt belohnt wird)

→

Verhaltensaufbau	Verhaltensstabilisierung

Zur Verdeutlichung der bisher dargestellten Techniken der Verhaltensmodifikation dient folgende Aufgabe:
Sie haben nun genügend Informationen erhalten, um lerntheoretisch begründete Methoden der Verhaltensmodifikation am konkreten Fall zu entwickeln; lesen Sie bitte die Verhaltensanalyse in Beleg 5 (Student mit Arbeits- und Konzentrationsstörungen) noch einmal durch und schlagen Sie Methoden zur Verbesserung des Arbeitsverhaltens des Studenten vor. Vergleichen Sie sodann Ihre Vorschläge mit den folgenden:
Die systematische Verhaltensanalyse gibt methodische Anhaltspunkte für eine *Verhaltensmodifikation*: durch

1. Veränderung der Stimulus-Bedingungen:
   X ordnet seinen Arbeitsplatz in der Weise, daß auf ihm nur noch Gegenstände liegen, die unmittelbar mit seinem Studium verknüpft sind; ablenkende Stimuli verschwinden. Es entsteht eine eindeutige Auslösesituation für Arbeitsverhalten.
2. Veränderung des Arbeitsverhaltens R:
   Da X Schwierigkeiten hat, sich längere Zeit auf seinen Stoff zu konzentrieren, wählt er sich zunächst
   - leichte Aufgaben (z. B. konzentriertes Lesen eines Absatzes oder einer Seite)
   - kurze Arbeitszeiteinheiten (z. B. 3, 5, 10 Min.), auf die Pausen von 1 bis 5 Minuten folgen.
3. Veränderung der Konsequenzen:
   X führt in den kurzen Pausen neutrale Tätigkeiten aus, d. h. solche, die er weder besonders liebt noch haßt, und belohnt sich erst nach mehreren Lerneinheiten mit Musik.

4.2.2 Die Aneignung neuer Verhaltensweisen erfolgt auch durch *Beobachtungslernen* oder *Modellernen*; hierbei kann das Modell leibhaftig anwesend sein oder durch Film bzw. verbale Vermittlung (Bericht über das Verhalten einer Person) repräsentiert werden.

Beispiele:

1. Die Studenten lernen durch Beobachtung des Gruppenleiters beim gruppenzentrierten Arbeiten an der Universität, Gruppen »sozialintegrativ« (Tausch, 1970) statt autokratisch zu führen.
2. Beobachtungslernen bei der Vorliebe für sofortige Belohnung bzw. für Aufschub von Belohnung bei Schülern (s. Beleg 7).

Beleg 7

Experiment zur Beeinflußbarkeit von Vorlieben für sofortige Belohnung bzw. für Aufschub von Belohnung von *Bandura* und *Mischel*, 1965:

1. Vorversuch: Schüler des 4./5. Schuljahres konnten sich entweder für unmittelbare Belohnung (z. B. 0,25 Dollar am gleichen Tag) oder spätere Belohnungen (z. B. 0,35 Dollar in einer Woche) entscheiden.
2. Bildung von Extremgruppen
   G 1: bevorzugt sofortige Belohnung
   G 2: bevorzugt spätere Belohnung
   G 3: Kontrollgruppe
3. Hauptversuch: Die Mitglieder von G 1 beobachteten einzeln einen Erwachsenen, der bei 14 analog zusammengesetzten Belohnungspaaren die spätere Belohnung vorzog; die Mitglieder von G 2 beobachteten entsprechend ein erwachsenes Modell, das sofortige Belohnung wünschte.
   Die Beobachtungsentscheidungen wurden von dem Modell laut kommentiert: »Ich will 2 Wochen auf das Holz-Schachspiel warten, es ist von besserer Qualität als das aus Plastik und wird länger halten.« – »Ich bin jemand, der auf weniger wertvolle Dinge, die er sofort erhält, verzichten kann, zugunsten größerer und wertvollerer später.«
4. Testphase: Unmittelbar nach der Modellbeobachtung sowie 4 Wochen später wurden die Kinder hinsichtlich ihrer Belohnungsvorlieben untersucht.
5. Ergebnisse: Schüler mit ursprünglicher Bevorzugung späterer Belohnungen zeigten nach Beobachtung des entgegengesetzten Modellverhaltens eine signifikant größere Bevorzugung sofortiger, weniger wertvoller Belohnungen. Umgekehrt verlangten Schüler mit ursprünglicher Vorliebe für frühere, kleinere Belohnungen nach der Beobachtung des Modellverhaltens häufiger spätere Belohnung. Die Kontrollgruppe blieb bei ihrer ursprünglichen Belohnungswahl.
6. Praktische Relevanz: Eine Veränderung des Bevorzugungsverhaltens gegenüber Belohnungen erscheint von Bedeutung für eine große Anzahl von Leistungen, bei denen die Fähigkeit zum Aufschub von Belohnungen nötig ist, z. B. beim Besuch weiterführender Schulen oder bei der Durchsetzung langfristiger gesellschaftlicher Ziele durch Reformen.

Bandura, A., u. Mischel, W., Modification of self-imposed delay of reward through exposure to life and symbolic models. In: Journal of personality and social psychology, 1965, 2, 698–705.

Das in Beleg 7 beschriebene Experiment erinnert an die Bedingungen zur Änderung von Einstellungen. Der Einstellungswandel wird mittels Demonstration durch erfolgreiche Modelle beschleunigt. Zur Prüfung der Reichweite (i. S. von Stimulusgeneralisierung) und Dauer der neu erworbenen Einstellungen müßte man mit denselben Vpn nach mehr oder weniger großen Zeitintervallen Nachuntersuchungen in unterschiedlichen Situationen durchführen.

»Beobachtungslernen« ist in erster Linie ein Beschreibungsbegriff: ein Individuum lernt, indem es ein anderes beobachtet. Es lernt, sich so zu verhalten wie das Modell, ohne selbst tätig zu sein. Zur Erklärung dieses Phänomens sind mehrere Ansätze denkbar:

1. Der Beobachter wurde früher häufig für Imitationsverhalten verstärkt, bzw. hatte häufig Erfolg, wenn er das Verhalten anderer imitiert hatte; die Reaktion Nachahmen trat daher immer häufiger auf; dies könnte man aus der Sicht des operanten Konditionierens sagen.
2. Der Beobachter gewinnt durch das Verhalten der Modellperson neue Einsichten bzw. Informationen, z. B. darüber, wie eine Maschine bedient wird, und verhält sich aus Einsicht in die Zweckmäßigkeit dieses Verhaltens ebenso; dies wäre ein kognitiver Ansatz.
3. Der Beobachter war während des Beobachtens gar nicht untätig, sondern vollzog die Bewegungen der Modellperson ansatzweise mit und übte sich so in diesem Verhalten (ähnlich den ideomotorischen Reaktionen, die zur Erklärung des Verstehens von Ausdrucksphänomenen [Mimik, Gestik] durch einen Beobachter herangezogen werden).
4. Die Identifikation des Beobachters mit der Modellperson wirkt sich lernfördernd aus. Der in seiner Bedeutung recht schillernde Begriff der Identifikation eignet sich jedoch kaum zur Erklärung des Beobachtungslernens, zumal dann nicht, wenn damit, wie in der psychoanalytischen Literatur, nur der Vorgang der Angleichung eines Menschen an eine Person seiner Umgebung verstanden wird. Identifikation ist nämlich dann einfach ein Beschreibungs- und kein Erklärungsbegriff.

Bei der *stellvertretenden Verstärkung* kommt zu der reinen Beobachtung des Modellverhaltens noch die Belohnung bzw. Bestrafung des Modells hinzu: ein Beobachter sieht das Verhalten einer Modellperson, sowie dessen angenehme bzw. unangenehme Konsequenzen und verhält sich so, wie man es von ihm erwarten würde, wenn ihm selbst diese Konsequenzen widerfahren

wären; zeigt also z. B. das belohnte Verhalten zukünftig häufiger als vor der Modellbeobachtung. Zur Erklärung können die Erklärungsansätze zum Beobachtungslernen herangezogen werden. Beim oben genannten 3. Ansatz müßte man hinzufügen, daß der Beobachter auch die Reaktionen, die die Modellperson bei der Belohnung gezeigt hat, ansatzweise mitvollzogen hat; d. h. daß er für sein ansatzweises Imitieren bereits andeutungsweise selbst eine Belohnung erfahren hat.
Das Ausmaß des Beobachtungslernens hängt stark von den Charakteristika des Modells und des Beobachters ab:

1. Charakteristika des Modells:

Gibt das Modell häufig Verstärkungen (1) (z. B. Lob, Freundlichkeit) und hat es zusätzlich Macht (2) (Einfluß, z. B. Entscheidung über Beförderung) und Erfolg (3), so ist seine Wirkung maximal. Im übrigen lernt der einzelne nicht nur von einem Modell, sondern kombiniert das Verhalten mehrerer Modelle in seiner Verhaltensimitation.

2. Charakteristika des Beobachters:

Hat der Beobachter in der Vergangenheit ungenügende Verstärkungen erhalten (1) oder schätzt er sich selbst gering ein (2), fühlt er sich inkompetent (3) und/oder wurde er in der Vergangenheit für Imitationsverhalten verstärkt (4), so ist er in besonderem Maße geneigt, ein erfolgreiches Modell zu imitieren. Dasselbe gilt für Personen, die von anderen stark abhängig sind und die früher häufig für konformes Verhalten Verstärkung bekommen haben (5), sowie für solche, die eine Ähnlichkeit zwischen sich und dem Modell feststellen (6) (Stotland), siehe Beleg 8.

Beleg 8

Experiment zum *Thema:* Generalisiertes Imitationsverhalten bei experimenteller Manipulation der Variable »Ähnlichkeit zwischen Beobachter und Modell«.
Versuchspersonen: Studentinnen
Ablauf des Experiments: Den Studentinnen wurde ein Fragebogen zur Messung von Neger-Vorurteilen vorgelegt.
- Einen Monat später lasen die Vpn eine Fallstudie über eine Person mit starken Vorurteilen. Ein Gruppe der Vpn (G 1)

erhielt die Information, daß sie objektive Charakteristika mit dem Modell gemeinsam habe, der anderen Gruppe (G 2) wurde mitgeteilt, daß das Modell Charakteristika besitze, die sie nicht habe.

- Drei Wochen später wurde der gleiche Fragebogen wie anfangs nochmals gegeben.

Ergebnis des Experiments:
Die Vpn, die beim ersten Durchgang geringe Vorurteilswerte hatten, zeigten beim zweiten Durchgang höhere Werte, wenn ihnen das Modell als ihnen selbst ähnlich vorgestellt worden war, als diejenigen, die als dem Modell unähnlich bezeichnet worden waren.

Experiment von Stotland, E., u. Patchen, M.: Identification and changes in prejudice and in authoritarianism. In: Journal of abnormal and social psychology, 1961, 62, 265–274.

4.3 Der Sozialisationsprozeß im Lichte der Lerntheorien

Wir haben uns bisher mit einigen lerntheoretischen Erklärungsansätzen zur Entstehung, Aufrechterhaltung und zur Veränderung von Verhaltens- und Erlebensweisen eines Individuums auseinandergesetzt: dem klassischen Konditionieren, dem operanten Konditionieren und dem Beobachtungslernen, wobei wir jeweils auch Interpretationen im Sinne einer kognitiven Lerntheorie herangezogen haben. Die Kenntnis der Lerngesetze ist für die Beschreibung und Erklärung des Sozialisationsprozesses äußerst wichtig.
Der kindliche Sozialisationsprozeß ist so zu verstehen, daß das Kind in der wiederholten Konfrontation mit spezifischen sozialen Reizsituationen lernt, auf diese mit bestimmten Reaktionen zu antworten. Durch die Verlagerung der Belohnungskriterien auf immer neue, altersadäquate Reaktionen lernt das Kind im Laufe seiner Entwicklung eine Vielzahl von Reaktionsarten im Zusammenhang mit sozialen Reizsituationen. Beispiel: Wurde ein Kleinkind von seinen Eltern für Anlehnungsverhalten belohnt, so werden durch die Eltern spätestens bei Schuleintritt im allgemeinen die Reaktionen des Kindes bevorzugt belohnt, in denen sich ein Leistungsverhalten oder ein sachliches Interesse manifestiert (s. McClelland, 1961). Das Kind lernt, daß zukünftig Leistungsverhalten mit größerer Wahrscheinlichkeit zu Anerkennung durch die Eltern führt als emotionale Kontaktsuche.

Auf diesem Wege erwirbt das Kind zu jeder Art von sozialen Stimuli eine ganze Reihe von Verhaltensmustern (= response patterns); es ist davon auszugehen, daß diejenigen Verhaltensweisen, die in der Vergangenheit am häufigsten zu Belohnungen seitens der Umwelt geführt haben, auch in Zukunft häufiger auftreten werden als solche, deren belohnende Konsequenz weniger »gesichert« erscheinen; man sagt in diesem Zusammenhang auch, daß angesichts bestimmter Reizsituationen sogenannte habits oder Gewohnheiten verschiedener Stärke bzw. Auftretenswahrscheinlichkeit ausgebildet werden; eine einem bestimmten Reiz zugeordnete Reihe verschieden wahrscheinlicher habits kann man als Verhaltensrangreihe oder *habit-Hierarchie* bezeichnen. Welches Verhalten von einer Person in einer konkreten Situation tatsächlich gezeigt wird, hängt nicht nur von der habit-Stärke, sondern u. a. auch von der aktuellen Bedürfnisstruktur und den vorausgegangenen Reaktionen ab. Daraus ergibt sich ein prinzipieller Freiheitsspielraum des Menschen: der Mensch ist in seinem Verhalten durch die vorausgehende Stimulussituation nicht vollständig determiniert. Mögliche Verhaltensrangreihen zweier Personen angesichts der sozialen Situation »starker« Gegner bei einer Meinungsverschiedenheit sind folgende:

Person A

habit-Stärke oder Auftretenswahrscheinlichkeit

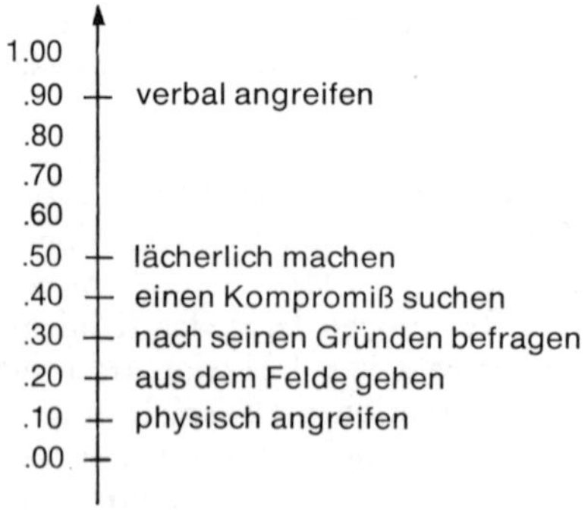

Person B

habit-Stärke oder Auftretenswahrscheinlichkeit

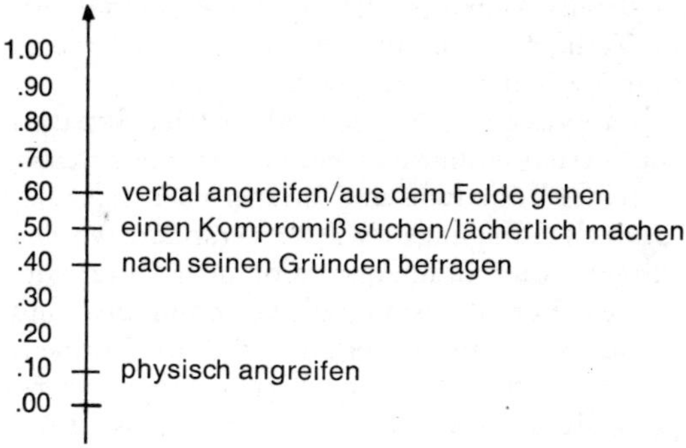

Die beiden Rangreihen unterscheiden sich darin, daß bei Person A ein habit dominant ist und die anderen habits in wesentlich geringerer Stärke mit der sozialen Situation assoziiert sind, während bei Person B kein dominantes, sondern eine Vielzahl ähnlich wahrscheinlicher habits besteht. Man könnte daraus folgern, daß Person A angesichts der genannten Reizsituation wahrscheinlich (genauer mit einer Wahrscheinlichkeit von 90 %) mit »verbal angreifen« reagieren wird, da die Stärke aller anderen habits wesentlich geringer ist. Bei Person B ist die Verhaltensprognose mit größerer Unsicherheit belastet, da Person B mehrere habits mit ähnlicher Stärke aufweist.
Es ist möglich, daß in dem vorangegangenen Beispiel die Auslösesituation »›starker‹ Gegner bei einer Meinungsverschiedenheit« zu global gewählt wurde. Verschiedene Arten von »Stärke« (aufgrund von Statur, Macht, Intelligenz, körperlicher Kraft usw.) und eine unendlich große Kombination des Merkmals »Stärke« mit weiteren Variablen (z. B. Ernst der Situation, Art der Meinungsverschiedenheit, auffallendes Aussehen des Gegners, wie z. B. »abstehende Ohren« usw.) sind denkbar und müßten in einem Experiment Berücksichtigung in Form von Manipulation bzw. Kontrolle finden.
Sind die einzelnen habits innerhalb einer habit-Hierarchie in ihrer Stärke sehr verschieden, so kann das dominante Reaktionsmuster über längere Zeit trotz fehlender Verstärkung oder trotz Bestrafung bestehenbleiben, da es nicht so schnell durch ein ähn-

lich starkes, konkurrierendes Reaktionsmuster ersetzt wird. Differieren die Verhaltensmuster, die mit einer bestimmten sozialen Situation verknüpft sind, dagegen nur geringfügig in ihrer Stärke, so können bereits kleine Änderungen der Verhaltenskonsequenzen das Verhalten modifizieren; es ist daher eine starke Flexibilität des Verhaltens zu erwarten.

So hat jeder Mensch angesichts einer Vielzahl sozialer Situationen Rangreihen von Verhaltensmustern entwickelt, die zu einer relativen Konstanz seines Verhaltens und Erlebens beitragen, jedoch durch neue Umweltbedingungen wieder verändert werden können. Ein Verhaltensmuster, z. B. Aggression oder Unterwürfigkeit, kann in vielen Verhaltensrangreihen dominieren und wird dann in vielen sozialen Situationen auftreten; die Mitmenschen werden in einem solchen Fall von einem »aggressiven« oder »unterwürfigen« Menschen sprechen. Die Verhaltensmuster, die die unteren Positionen einer Rangreihe besetzen, wirken sich im sichtbaren Verhalten sehr selten aus und sind daher auch sehr selten von den Mitmenschen zu beobachten. Zeigt ein Mensch einmal ein solches, für ihn seltenes Verhalten, so reagieren sie mit Erstaunen und sagen »das paßt doch gar nicht zu ihm«, da sie sich ihr Bild von diesem Menschen nach dessen vielfach dominanten Verhaltensmustern gemacht haben. Die Verhaltenserwartungen der anderen wirken sich stabilisierend und einschränkend auf das Verhalten eines Menschen aus; er reagiert vielfach so, wie »man« es von ihm in einer bestimmten Art von Situation erwartet. Wechselt er vorübergehend (z. B. im Urlaub) seine Umgebung, so empfindet er vielfach eine Befreiung von diesem lästigen Erwartungszwang.

Im Leben des Jugendlichen und des Erwachsenen laufen insbesondere beim Erlernen eines Berufes, beim Wechsel der beruflichen Position, beim Übersiedeln in eine andere Stadt oder ein anderes Land, sowie beim Eingehen einer Ehe und beim Anschluß an neue Gruppen (z. B. eine politische Partei) Sozialisierungsprozesse ab.

Erhebliche Sozialisationsschwierigkeiten können Studenten haben, die erfolgreich ihr Studium beendet haben und nun in das Berufsleben eintreten wollen (s. v. Rosenstiel, Molt, und Rüttinger, 1972, S. 67–84); in vielen Fällen bedeutet dies die erste Konfrontation mit der Praxis; zudem ist die Vorbereitung auf spezifische praktische Tätigkeiten durch die Hochschule meist ungenügend. Der Berufsanfänger muß sich selbständig diese Kenntnisse aneignen. Zugleich sammelt er Erfahrungen im Sozialbereich, nämlich über die Interessen, Motive, Einstellungen,

Erwartungen und Interaktionsformen seiner Mitarbeiter. Dabei muß er zwischen seinem Verhalten und seinen Verhaltenserwartungen gegenüber Vorgesetzten, Gleichgestellten und in der beruflichen Rangreihe unter ihm Stehender unterscheiden; er lernt, was er von anderen erwarten kann und welche Erwartungen diese an ihn stellen; letzteres ist oft nur auf Umwegen über weitere Kollegen und mit großer Sensibilität gegenüber sozialen Phänomenen möglich. Ist die Abteilung, in der der Hochschulabsolvent seine Arbeit aufnimmt, zudem gegen Akademiker eingestellt, so hat er es doppelt schwer, seinen ihm gemäßen Platz darin zu finden.
Die sozialen Prozesse verlaufen nicht einseitig; sie sind wechselseitig aufeinander bezogen; der Absolvent verändert durch sein Verhalten selbst wieder seine Umwelt und muß sich immer erneut mit ihr auseinandersetzen.

Verhaltensweisen, die über längere Zeit hinweg und in vielen ähnlichen Auslösesituationen häufig auftreten, können im lerntheoretischen Ansatz durch *Stimulusgeneralisation* erklärt werden; d. h. der Betreffende zeigt dieses Verhalten auch in solchen Situationen, die der gelernten Auslösesituation nur mehr oder weniger ähnlich sind; man könnte sich z. B. vorstellen, daß bei einem Jungen, der seinen Vater wegen dessen Bestrafungsandrohungen sehr fürchtet, diese Furcht auf andere Autoritätspersonen (z. B. Lehrer) generalisiert; er fürchtet sie dann nicht, weil er mit ihnen selbst schlechte Erfahrungen gemacht hat, sondern weil sie in einem wichtigen Merkmal, der Autorität oder Anweisungsbefugnis, dem gefürchteten Vater ähnlich sind.
Verhaltenskomplexe, wie sie Cattell durch seine faktorenanalytischen Untersuchungen gefunden hat, können im lerntheoretischen Ansatz damit begründet werden, daß die verschiedenen Verhaltensweisen unter den *gleichen Verstärkungsbedingungen* stehen (1), bzw. die Orientierung an einem *Modell* erfolgt, das diese Verhaltensweisen zeigt (2). Als Beispiel dienen die Ausführungen zum Sparverhalten.
Die interindividuellen Unterschiede im Verhalten und Erleben finden – ohne daß genetische Anteile geleugnet werden – in der unterschiedlichen individuellen *Lerngeschichte* ihre Erklärung.

4.4 *Lerntheoretische Hypothesen zur Entstehung (= Genese) zweier relativ überdauernder Verhaltensweisen, die in der Volkswirtschaft bzw. Betriebswirtschaft von großer Bedeutung sind*

4.4.1 Sparverhalten

Das Sparverhalten der Mitglieder einer Gesellschaft ist ebenso wie das Konsumverhalten eine treibende Kraft in der Dynamik volkswirtschaftlichen Wachstums. Zu den ersten, die sich mit neuen Methoden der Erforschung des Verbraucherverhaltens beschäftigt haben, gehört George Katona, der heute in den USA lebt. Seine Bücher, »Die Macht des Verbrauchers« (1962) und »Der Massenkonsum« (1965), fanden auch in der BRD weite Verbreitung. Nach Katona (»Der Massenkonsum«, 1965, S. 61) hängt vermehrtes Sparen wie auch überwiegendes Konsumieren sowohl von den Kräften des Marktes (Einkommen, Preise ...), auf die hier nicht weiter eingegangen wird, als auch von psychischen Faktoren ab; letztere werden in großem Maße durch den Sozialisationsprozeß bestimmt.
Schmölders versucht in seiner »Psychologie des Geldes« (1966) die Menschen bezüglich ihres Umgangs mit Geld in zwei Typen einzuteilen, den eher verschwenderischen oder »oralen« Typ und den mehr sparsamen oder »analen« Typ. Er übernimmt diese Begriffe aus der psychoanalytischen Persönlichkeitstheorie (s. Kap. 3).
Das Sparen läßt sich lerntheoretisch erklären als bedingt durch

- operantes Konditionieren: das Kind wurde von seinen Eltern sofort belohnt, wenn es geschenktes Geld in seine Sparkasse steckte (»Du bist ein braves und vernünftiges Kind, aus Dir wird einmal was!«); gab es das Geld unbekümmter aus, wurde es getadelt (»wenn Du so weitermachst, wirst Du nie zu etwas kommen!«). Die Eltern haben also Sparen beim Kind selektiv (auswählend) verstärkt und damit ein Verhalten aufgebaut, das mit Verschwenden unvereinbar ist.
- Beobachtungslernen: das Kind übernahm im Umgang mit Geld das beobachtete Verhalten der Eltern oder anderer Modellpersonen, die sich jede Ausgabe erst lange überlegten und Ersparnisse sofort zur Sparkasse brachten. Zusätzlich wurden dem Kind evtl. häufig Geschichten erzählt, in denen Verschwender schließlich »am Bettelstab« endeten, während der Held durch sein Sparen auch in Notzeiten genügend zum Leben hatte (Beobachtungslernen am verbal vermittelten Modell).

Häufig sind sparsame Menschen auch sehr ordentlich und gründlich:

- Gemäß der Theorie des operanten Konditionierens ist zu vermuten, daß das Kind im Sozialisationsprozeß nicht nur für Sparen verstärkt wurde, sondern auch dafür, daß es aufräumte oder seine Aufgaben gründlich und sorgfältig erfüllte. Damit wurde ein Verhalten aufgebaut und stabilisiert, das mit Schlamperei unvereinbar ist.
- Gemäß der Theorie des Beobachtungslernens kann man in diesen Fällen annehmen, daß die Bezugspersonen, an denen das Kind durch Beobachtung lernte, sowohl auffallend sparsam als auch ordentlich und genau gewesen sind.

Weitere Beispiele für die Bedeutung von Persönlichkeitsmerkmalen (die vom lerntheoretischen Standpunkt aus als erworbene Verhaltensweisen aufgefaßt werden können) für die Erklärung des Kaufverhaltens und der Bevorzugung von Produkten und Produktmarken finden sich in Berglers (1972) Beitrag zur Konsumententypologie und in Berths (1959) Ausführungen zur Marktforschung.

4.4.2 Autoritäres Führungsverhalten

In der Öffentlichkeit wird die Frage der Mitbestimmung der Arbeitnehmer engagiert diskutiert: von den Befürwortern wird ein eher kooperatives Führungsverhalten angestrebt, das die Betroffenen an den Entscheidungen nicht nur beratend, sondern mitbestimmend beteiligt, ein Verhalten, das dem autoritären Führungsverhalten entgegengesetzt ist. Häufige Befehle oder Anordnungen, Vorwürfe, Kritik, Tadel, Setzen von Bedingungen, Verwarnungen, Drohungen, Strafen, Unfreundlichkeit, geringes Respektieren von Wünschen und Belangen sogenannter untergebener Personen, häufige Kontrollen, sowie ausschließliche Bestimmung der Aktivität der Geführten durch eigene Entscheidungen des Leiters kennzeichnen nach Tausch (1970, S. 175 f.) autoritäres Führungsverhalten. Es wird im Sozialisationsprozeß, vermutlich hauptsächlich durch Beobachtungslernen, aufgebaut: das Kind erfährt von seinen Eltern nur Befehle und Unfreundlichkeit. Die Zielvorstellungen der Eltern werden ohne jede gestaltende Mitwirkung des Kindes durchgesetzt. Das Kind wird häufig unvorhergesehenermaßen bei seinen Tätigkeiten unterbrochen und lernt, daß der Stärkere sich durchsetzt, die Schwächeren auf ihre Bedürfnisbefriedigung verzichten müssen. Später

strebt es häufig selbst die Führerrolle an, um seine Ziele in ähnlicher Weise wie die Eltern durchzusetzen. Zeigt sich dagegen ein anderer als sehr mächtig, so fällt es als Erwachsener in seine frühere Unterordnung und Anpassung zurück, da es nur gelernt hat, in Dimensionen wie Sieger und Besiegte zu denken, bzw. sich als Sieger oder Besiegter zu verhalten.
Seltener dürfte das Lernen autoritären Verhaltens durch operantes Konditionieren sein: die Eltern haben sich in ihrer Freude oder Unbeholfenheit gegenüber dem Kind stets so verhalten, daß sie den Wünschen des Kindes unter Zurückstellen der eigenen Bedürfnisse den Vorrang gaben: das Kind brauchte nur ein Bedürfnis zu äußern, und schon wurde es erfüllt; Befriedigungsaufschub wurde nicht verlangt. Das Kind lernte also auch in diesem Fall nicht, die Bedürfnisse anderer unter Kompromißbildung mit den eigenen Wünschen zu akzeptieren; dagegen lernte es früh, sich mit seinen Belangen ohne Rücksicht auf andere durchzusetzen. Die Erscheinungsform autoritären Verhaltens im letzteren Fall unterscheidet sich wahrscheinlich von der oben genannten dadurch, daß die Unterwerfung von Gleichstarken und Schwächeren im Vordergrund steht und die Unterordnung unter Stärkere kaum ausgeprägt ist.
Der *Abbau autoritären Führungsverhaltens* im Erwachsenenalter ist nicht einfach:

- Rein kognitive Vermittlung in Form von Vorträgen über kooperatives Führungsverhalten bewirkt meist keine Änderung.
- Dagegen hat sich das *Rollenspiel* als Methode der Verhaltensänderung in diesem Zusammenhang vielfach bewährt:
  Vorgesetzter und Untergebener spielen in einer vorgegebenen Problemlösungssituation jeweils die Rolle des anderen mit der Auflage, gemeinsam eine Lösung zu finden.
  Nehmen wir an, der tatsächliche Vorgesetzte zeigte gewöhnlich autoritäres Verhalten und versucht nun auch in der Spielsituation, sich als »Untergebener« in autoritärer Form mit seiner Problemlösung durchzusetzen. Der gespielte »Vorgesetzte« habe jedoch gemäß der hierarchischen Struktur dieses Rollenspiels die Kompetenz, den »Untergebenen« in seine Schranken zu weisen: Der »Untergebene« würde für sein autoritäres Verhalten bestraft und zugleich für angemessenes kooperatives Verhalten belohnt. Auf diese Weise könnte der tatsächliche Vorgesetzte in der Rolle des Untergebenen kooperatives Verhalten lernen. Voraussetzung für eine langfristige Verhaltensänderung über die Spielsituation hinaus ist eine Übertragung dieses neuen kooperativen Verhaltens auf Ernstsituatio-

nen, vor allem solche, in denen der Betreffende die Funktion des Vorgesetzten hat, und eine gelegentliche Belohnung dieses Verhaltens durch seine Mitarbeiter.

- Eine weitere Möglichkeit bietet sich in dem seit einigen Jahren praktizierten *Sensitivity-Training*: Die Mitglieder einer Kleingruppe (ca. 8 Teilnehmer) versuchen, innerhalb von gemeinsam verbrachten 8–14 Tagen durch intensive Kommunikation in der Weise einander näherzukommen, daß Wahrnehmungs-, Gefühls-(Sympathie/Antipathie) und Denkbarrieren abgebaut werden. Alle Teilnehmer sind gleichberechtigt und in gleicher Weise aufgerufen, den Gruppenprozeß mitzugestalten. Die Teilnehmer lernen u. a., ihre eigenen Gefühle zu erkennen, gegenüber anderen auszusprechen und auf die Gefühle anderer einzugehen; ein besseres Selbst- und Fremdverständnis sowie Selbstverwirklichung unter Beachtung der Wünsche und Bedürfnisse anderer sind die unausgesprochenen Ziele dieses Verfahrens.
- In sogenannten *Kooperationsseminaren* wird ca. 30–40 Teilnehmern die Möglichkeit geboten, Formen der Kooperation zwischen einzelnen Personen und Gruppen in mehr oder weniger strukturierten Situationen zu üben. Die Seminare dauern meist 8–10 Tage und werden von einem 3–5 Personen umfassenden Team geleitet, das sich jedoch nicht als Führer, sondern als Berater in Gruppenprozessen versteht. Auch hier wird Kooperation aktiv trainiert.
- Eine neuere Methode zur Verhaltensänderung bei gleichzeitiger Bearbeitung eines vorgegebenen Themas, z. B. »Wie kann ich in einer Gruppe meine eigenen Freiheiten wahrnehmen, ohne die Freiheiten der anderen zu beschneiden?«, hat Ruth Cohn (1970, S. 251–259) bereitgestellt: Sie spricht von der *»thematischen interaktionellen Methode«*, die dadurch, daß gleichzeitig mit der Themenbearbeitung die aktuellen Gefühle der Mitglieder besprochen werden, zu »lebendigem« Lernen führen soll. Ruth Cohn hat mit Konfrontationsgruppen (Schwarze und Weiße, Studenten und Fakultät), Krankenhausteams, Geschäftsgruppen, Fürsorgeteams und Schulklassen erfolgreich gearbeitet.

Die beschriebenen Verhaltensänderungen in Richtung auf Kooperation werden hauptsächlich erzielt

- über *operantes Konditionieren*: die Gruppenteilnehmer belohnen sich gegenseitig für kooperatives Verhalten; sie ignorieren selbstsüchtiges Verhalten oder bestrafen es durch Kritik.
- über *Beobachtungslernen*: die Teilnehmer lernen durch Beob-

achtung des kooperativen Verhaltens anderer Teilnehmer oder des Trainers, sich selbst kooperativ zu verhalten.

Eine weitere Erklärungsmöglichkeit für die Verhaltensänderungen im Sensitivity-Training bietet das *Lernen durch Einsicht*: der einzelne erhält über die Rückmeldung durch die übrigen Gruppenteilnehmer Einsicht in die Mechanismen seines Verhaltens; er erfährt etwa, daß seine Kontaktschwierigkeiten u. a. dadurch entstehen, daß er auf Kritik ablehnend und ausfallend reagiert und so den anderen ihr Interesse nimmt, sich mit ihm zu befassen. Er kann nun die ihm vorher nicht bewußte Verhaltenskette »kritisiert werden – ablehnen und beleidigen« aktiv zu unterbrechen suchen, indem er sich z. B. vornimmt, bei Kritik mit vermehrter Aufmerksamkeit und Selbstanalyse zu reagieren.

Das lerntheoretische Konzept läßt sich möglicherweise dahingehend ausweiten, daß es auch zur Erklärung der Entstehung von Fähigkeiten herangezogen werden kann. Fähigkeiten als Korrelationen bestimmter Leistungen ließen sich in diesem Fall nicht als naturgemäße Zusammenhänge zwischen diesen Leistungen, sondern als Verbindung von Leistungen mit gemeinsamer Lerngeschichte interpretieren. Neue Gruppierungen von Leistungen in Fähigkeiten könnten durch Änderung der Trainingsprogramme erzielt werden; würden beispielsweise in einer Schule Mathematik und Sozialverhalten besonders trainiert, so wäre bei den betreffenden Schülern eine Korrelation zwischen den Kennwerten in beiden Leistungs- bzw. Verhaltensbereichen zu erwarten.

4.5 Die lerntheoretischen Ansätze der Persönlichkeitsforschung – kritisch betrachtet

Wir haben gesehen, daß in der lerntheoretisch begründeten Persönlichkeitsforschung die angeborenen Anteile des Erlebens und Verhaltens wenig Beachtung finden. Die Begründung lautete: da wir uns vor allem für kontrollierte Verhaltensänderungen interessieren, ist es folgerichtig, unser Augenmerk besonders auf die umweltplastischen Bereiche der Persönlichkeit zu richten und das Unabänderliche, Angeborene auszuklammern.

Das Ausklammern der durch Vererbung festgelegten Varianz menschlichen Erlebens und Verhaltens

- kann zu einer Überschätzung der Wirksamkeit lerntheoretisch begründeter Trainings- und Erziehungsprogramme führen.
- kann bewirken, daß – im Sinne einer Fehlinterpretation der

sogenannten Chancengleichheit aller – alle Personen, ungeachtet ihrer spezifischen Begabungen, der gleichen Auswahl von Trainingsprogrammen ausgesetzt werden, ohne die Betroffenen schwerpunktmäßig gemäß ihren Anlagen zu fördern.

Andererseits hat die Konzentration auf die Bedingungen des Entstehens, der Aufrechterhaltung und des Wandels menschlichen Verhaltens wertvolle Einsichten gebracht, die in verschiedenen Lebensbereichen (Erziehung, Resozialisierung, Arbeitsorganisation, Sozialpolitik u. a.) mit gewissem Erfolg angewendet werden. Die Überzeugung von der »Unabänderlichkeit des Charakters« ist ins Wanken geraten.

Ein Vorwurf, der vor allem Skinner zu machen ist, besteht darin, daß er sich auf die der Fremdbeobachtung zugänglichen Variablen beschränkt und die Erlebnisvariablen, wie Gefühle, Einstellungen, Ziele, Wertvorstellungen und Erwartungen, aus seinem theoretischen und empirischen Rahmen mit der Begründung ausklammert, daß sie für die Verhaltensänderung selbst unbedeutend seien und die Zeit für ein umfassendes theoretisch und empirisch begründetes Modell der Gesamtpersönlichkeit noch nicht gekommen sei. Damit erfaßt Skinner jedoch nur eine Seite der Persönlichkeit – nämlich das manifeste Verhalten – und begibt sich der Möglichkeit,

(1) seine Klassifikationen der Verhaltensweisen von der Erlebnisseite des Individuums her abzusichern: ein Lächeln (manifestes Verhalten) kann beispielsweise sehr vieldeutig sein: es kann Zustimmung, freundliche Zuwendung, aber auch Geringschätzung bedeuten.

(2) die sehr unterschiedlichen Wirkungen von Bestrafungen, die in nur vorübergehender Verhaltensunterdrückung oder aber in dauerhafter Beseitigung bzw. erheblicher Verstärkung des bestraften Verhaltens bestehen, mit Hilfe sorgfältiger Interviews der Versuchspersonen aufzuklären.

(3) die unterschiedliche Wirkung gleicher Umweltreize auf das nachfolgende Verhalten zu klären, d. h. die zwischen Reiz und Reaktion vermittelnden Vorgänge zu erhellen und von dort aus zu einer auf gleicher Wahrnehmung, nicht auf physikalischer Ähnlichkeit beruhenden Klassifikation von Umweltreizen zu gelangen. Dies ist zwar ein schwieriger und langwieriger Weg, wird aber wahrscheinlich zu genaueren Verhaltensprognosen, insbesondere des Verbalverhaltens und der Einstellungsänderung, führen.

Eine weitere kritische Anmerkung verdient die überwiegende Beschäftigung der Lerntheoretiker mit einzelnen Verhaltensweisen, wie Aggression, Übertretung und Gehorsam gegenüber Anordnungen, Bevorzugung sofortiger bzw. späterer Belohnungen usw., ohne bisher zu einer überzeugenden Darstellung der Integration dieser Verhaltensweisen in die Gesamtpersönlichkeit gelangt zu sein. Das habit-Modell macht noch den Eindruck des Zusammenhanglosen, insbesondere weil es noch keine allgemein akzeptierten Kriterien für die Ähnlichkeit von Situationen (bei der Reizgeneralisierung) und von Reaktionen (bei der Reaktionsgeneralisierung) zu geben scheint. Wird Ähnlichkeit durch identische Elemente oder durch identische Strukturen hergestellt? Soll man Ähnlichkeit der Reizsituation physikalisch definieren und dabei riskieren, daß die äußere Ähnlichkeit psychologisch ganz unbedeutend sein kann, soll man sie im nachhinein aus der Ähnlichkeit der Reaktionen, die sie auslösen, bestimmen, oder soll man die Versuchspersonen selbst bezüglich der von ihnen wahrgenommenen Ähnlichkeit von Situationen befragen?

Ungenügend geklärt scheinen noch die Prozesse, die beim Beobachtungslernen und bei der stellvertretenden Belohnung und Bestrafung ablaufen. Der Rückzug auf physiologische Ansätze befriedigt ebensowenig wie der Begriff der Identifikation, der nur zur Beschreibung, nicht zur Erklärung benützt werden kann.

Zum Abschluß sei jedoch nicht verschwiegen, daß die Verhaltenstherapie, die zum überwiegenden Teil auf den Lerntheorien aufbaut, ganz erhebliche Erfolge bei der Veränderung und Elimination von Verhaltensstörungen (wie Tics, Stottern, Zwangsverhalten, Mangel an Selbstbewußtsein usw.) aufzuweisen hat. Ein Vorzug der lerntheoretisch fundierten Persönlichkeitsforschung liegt in der empirischen Nachprüfbarkeit der Hypothesen und der unmittelbaren Anwendungsmöglichkeit ihrer Ergebnisse.

Zusammenfassung:

Die lerntheoretisch orientierten Persönlichkeitsforscher gehen von der Annahme aus, daß Verhalten größtenteils gelernt sei und daher bei Kenntnis der zugrundeliegenden Lernprozesse systematisch modifiziert werden könne.

1) Beim klassischen Konditionieren werden die auslösenden Reize so gestaltet, daß ein neutraler Reiz durch sein mehrmaliges Zusammentreffen mit einem natürlichen oder unkonditionierten Reiz (US) selbst reaktionsauslösend, d. h. zum konditionierten Reiz (CS) wird (Lernen durch Stimulusgestaltung).

2) Beim operanten Konditionieren werden die Konsequenzen

eines Verhaltens derart gestaltet, daß das Verhalten in Zukunft häufiger bzw. weniger häufig auftritt (Lernen durch Konsequenzengestaltung).

3) Beim Beobachtungslernen oder Modellernen imitiert der Beobachter das Verhalten eines Modells; diese Art von Lernen ist besonders bei der Aneignung neuer Verhaltensweisen, aber auch bei der Auslösung bereits gelernten Verhaltens wirksam.

4) Beim Prozeß der schrittweisen Annäherung (= sukzessiven Approximation) werden durch selektive Verstärkung der Verhaltensweisen, die einem vorher definierten Zielverhalten zunehmend ähnlich sind, neue Verhaltensweisen gelernt.

Darüber hinaus gibt es noch weitere Arten des Lernens sowie Kombinationen aus den bereits genannten, die in dieser Einführung in den lerntheoretischen Ansatz der Persönlichkeitsforschung nicht vorgestellt werden konnten.

Arbeitsteil

A Mehrfachwahlfragen zur Selbstkontrolle

Kontrollieren Sie stichprobenartig Ihr Wissen, indem Sie bei den nachfolgenden Mehrfachwahlfragen M 10 – M 12 diejenige (nur eine!) der vorgegebenen Lösungsalternativen anstreichen, die Ihnen die beste zu sein scheint. Blättern Sie bei der Beantwortung bitte nicht in den Text zurück! Die richtige Lösung finden Sie im Anhang auf Seite 192.

M 10
Unter Sozialisation versteht man

a) die Anpassung des Verhaltens und Erlebens eines Menschen an die Normen, Werte und Ziele einer Gesellschaft oder Gruppe, der er angehört.
b) das Erlernen sozialen Verhaltens in der frühen Kindheit.
c) die konsequente Ausrichtung des Verhaltens aller Mitglieder einer Gruppe auf ein von der Gruppe als erstrebenswert betrachtetes Ziel.
d) eine neue Art von Gruppentraining, bei dem die Teilnehmer im Rollenspiel soziale Verhaltensweisen einüben.

M 11
Beim Lernen durch Stimulusgestaltung

a) wird die Belohnung des Zielverhaltens anfangs sehr häufig, später seltener gegeben.
b) wird die unkonditionierte oder natürliche Reaktion durch eine konditionierte Reaktion ersetzt.
c) erhält ein vormals neutraler Reiz durch wiederholtes Zusammentreffen mit einem natürlichen Reiz reaktionsauslösende Qualitäten.
d) steht die progressive Muskelentspannung im Vordergrund.

M 12

Bei der Methode der schrittweisen Annäherung

a) sucht der Versuchsleiter mit Hilfe einer Reihe aufeinander abgestimmter Fragebogen von der Versuchsperson zu erfahren, welche Verstärker sie besonders schätzt.
b) wartet der Versuchsleiter, bis die Versuchsperson das Zielverhalten zeigt und belohnt sie unmittelbar danach.
c) zeigt der Versuchsleiter der Versuchsperson einen Film, in dem ein Modell das Verhalten zeigt, das die Versuchsperson lernen soll.
d) belohnt der Versuchsleiter selektiv die Verhaltensweisen, die einem vorher definierten Zielverhalten zunehmend ähnlich sind.

B Problemfragen

Die nachfolgenden Fragen P 16 – P 21 haben keine angebbaren Richtiglösungen. Sie sollen dazu dienen, Sie unter Verwendung des Gelesenen zu selbständigem Denken anzuregen.

P 16

Wie sollte ein Vorgesetzter gemäß der Theorie des operanten Konditionierens seinen Mitarbeitern Aufgaben stellen?

P 17

In einem Betrieb wurde eine Maschine neu angeschafft, die von den Arbeitern ein Arbeitsverhalten verlangt, das sie nicht beherrschen; wie würden Sie bei der Instruktion der Arbeiter vorgehen?

P 18

Welche Methoden empfehlen Sie für das Lernen von kooperativem Führungsverhalten? Geben Sie bitte eine anschauliche Beschreibung über den Einsatz der einzelnen Methoden!

P 19

Wie könnte man begründen, daß in den meisten Lernexperimenten zur Verhaltensänderung nur die Veränderung der Häufigkeit des Verhaltens und nicht die Verstärkung der Intensität des Verhaltens registriert wird?

P 20

Welche Möglichkeiten sehen Sie, anderen dazu zu verhelfen, sich einer ungewollten Verhaltensmodifikation zu entziehen?

P 21

Inwieweit stellen die Aussagen über das Modellernen eine Erklärung des Imitationsverhaltens dar?

Kapitel 5

Ein faktorenanalytisches Modell der Persönlichkeit

Lernziele:

Die Bearbeitung dieses Kapitels soll dazu anregen und (oder) befähigen

- *den Grundgedanken der faktorenanalytischen Methode in ihrer Anwendung auf die Persönlichkeitstheorie zu verstehen*
- *den Nutzen der Anwendung mathematisch-statistischer Methoden bei der Lösung psychologischer Probleme zu sehen*
- *die psychologische Fragwürdigkeit der Voraussetzungen des faktorenanalytischen Modells zu erkennen*
- *Möglichkeiten der Anwendung der Cattell'schen Persönlichkeitstests im wirtschaftlichen Bereich kennenzulernen und Vor- und Nachteile dieser Anwendung einzuschätzen.*

Orientierungsfragen:

1. Wieweit ist die Sprache ein geeignetes Ausgangsmaterial für die Persönlichkeitsforschung, d. h. wieweit ist die Annahme gerechtfertigt, daß alle wichtigen Erlebens- und Verhaltensweisen der Menschen sich in der Sprache manifestieren und deshalb über sie erfaßbar sein müssen?
2. Wieviele Eigenschaften hat der Mensch? Ist diese Frage beantwortbar oder stellt sie sich nur als Problem der Klassifikation dar?
3. Die statistische Methode der Faktorenanalyse soll objektivere Ergebnisse erbringen als andere Methoden der Persönlichkeitsforschung. Wie kann man sich erklären, daß bei dem Versuch, »Grundfähigkeiten« zu isolieren, verschiedene Forscher zu unterschiedlichen Faktoren der Intelligenz gekommen sind?
4. Wie kann man erreichen, daß bei einem Verfahren zur Mitarbeiterbeurteilung nicht mehr und nicht weniger als die wirklich erfolgsrelevanten Merkmale oder Verhaltensweisen berücksichtigt werden?
5. Welche Vorteile könnte es haben, bei der Eignungsdiagnostik im Betrieb objektive Testverfahren im Sinne Cattells (d. h. solche, die von den getesteten Personen nicht durchschaubar sind) statt üblicher Testverfahren (z. B. Fragebogen) zu verwenden?
6. Für eine bestimmte Berufstätigkeit wird u. a. Intelligenz und Leistungsmotivation vorausgesetzt. Wie kann man bei der Auslese berücksichtigen, daß die beiden Merkmale einander bis zu einem gewissen Maß kompensieren können?

5. Ein faktorenanalytisches Modell der Persönlichkeit

5.1 Die Entwicklung der faktorenanalytischen Persönlichkeitsforschung

Eines der Ziele, die alle Persönlichkeitstheorien gemeinsam haben, ist die Formulierung eines globalen, in sich konsistenten Gesamtsystems der Persönlichkeitsbeschreibung. Aus diesem System – der Darstellung des strukturellen Zusammenhangs aller Eigenschaften oder Verhaltenselemente – soll die Erklärung jedes individuellen Verhaltens ableitbar sein.

Da menschliches Verhalten ebenso komplex ist wie unüberschaubar in seiner Vielfalt, ist es sehr unwahrscheinlich, daß es jemals gelingen könnte, ein Modell zu konstruieren, das stringente Erklärungen für alle beobachtbaren Verhaltensvariationen und -bedingungen bietet. Denn gerade jene »geschlossenen« Persönlichkeitstheorien, die komplexes Verhalten auf wenige Bedingungsvariable zurückführen, sind heute dem Vorwurf ausgesetzt, strengen (natur-)wissenschaftlichen Maßstäben nicht mehr zu genügen: so zeihen Methodenkritiker einige der Postulate aus *Freuds* Psychoanalyse der mangelnden Falsifizierbarkeit.

Unbehagen an der Empirieferne vor allem der philosophischen und an der mangelnden Exaktheit der phänomenologisch orientierten Persönlichkeitstheorien war es denn auch, was mit Hilfe der mathematischen Statistik zur Entwicklung faktorenanalytischer Modelle in der Psychologie beitrug. Daß diese Forschungsrichtung weder mit der des klassischen Behaviorismus, der rigoros Introspektion und Intuition aus dem Handwerkszeug der Psychologen strich, gleichzusetzen ist, noch die strengen Kriterien der Objektivität, die man an mathematische Methoden anzulegen gewohnt ist, erfüllt, wird noch zu diskutieren sein. Beispiel dafür ist die Verwendung eines durchaus spekulativen Eigenschaftsbegriffs bei den großen Faktorenanalytikern unserer Zeit *(Cattell, Guilford)*, übernommen aus den als »Schreibtischpsychologie« diskreditierten philosophisch-anthropologischen Konzepten. Doch davon später.

Die Entwicklung faktorenanalytischer Techniken in der Psychologie begann mit *Spearmans* Beobachtung, daß die Punktwertsummen aus verschiedenen Leistungstests teilweise hoch korre-

liert waren. *Spearman* entwickelte zu Beginn dieses Jahrhunderts ein erstes faktorenanalytisches Modell der Intelligenz, nach dem sich die Leistung in einzelnen Tests aus einer Allgemeinbegabung (general factor) und jeweils spezifischen Intelligenzfaktoren zusammensetzen soll.
3 Jahrzehnte später stellte der amerikanische Psychologe *Thurstone* eine Weiterentwicklung des sogenannten Gruppenfaktormodells vor, das der Engländer *Burt* vorgeschlagen hatte. *Thurstones* Aufsatz »Multiple factor analysis« (1931) stellt die eigentliche Grundlage der modernen psychologischen Faktorenforschung dar. Der prinzipielle Unterschied von *Thurstones* Intelligenztheorie gegenüber *Spearman* war die Annahme mehrerer gemeinsamer Faktoren der Intelligenz statt eines allgemeinen.
Guilford, der im übrigen zu den ersten gehörte, die faktorenanalytische Methoden in den Bereich der nicht-kognitiven Persönlichkeitsmerkmale einführte (zusammenfassende und theoretisch integrierte Darstellung 1959, deutsch 1964), ging in seiner Theorie der Intelligenz, die als solche nicht faktorenanalytisch fundiert ist, sondern eine phänomenologische Integration der Ergebnisse zahlreicher, teilweise faktorenanalytischer Untersuchungen darstellt, noch weit über die Zahl der von *Thurstone* beschriebenen Faktoren hinaus: er konstruierte ein System von 120 Faktoren der Intelligenz, von denen sich bislang allerdings erst ein Teil empirisch durch spezielle Testbatterien realisieren ließ.
Die methodische Weiterentwicklung der faktorenanalytischen Technik ließ schließlich ein Programm zu, wie es *R. B. Cattell* Mitte der vierziger Jahre vorlegte. Sein Ziel war und ist die repräsentative Erfassung *aller* Persönlichkeitsvariablen. Mit der Verfolgung dieses Programms wurde *Cattell* zum führenden Fachmann auf dem Gebiet der faktorenanalytischen Persönlichkeitsforschung. Wie *Cattell* und seine Mitarbeiter ihrem utopisch anmutenden Ziel, der systematischen Erfassung der gesamten Persönlichkeit, mit groß angelegten Forschungsprogrammen und über Hunderte von Veröffentlichungen näherkamen, soll als Beispiel für die faktorenanalytische Persönlichkeitspsychologie grob vereinfacht dargestellt werden. Um verständlich zu machen, was mit dem Begriff des Faktors als Bedingungseinheit des Verhaltens gemeint ist, muß jedoch zuvor die Technik der Faktorenanalyse wenigstens dem Prinzip nach kurz zu erläutern versucht werden.

5.2 *Methodologische Vorbemerkungen*

Messen heißt in der Psychologie, den Individuen bezüglich eines oder mehrerer Merkmale Zahlenwerte so zuteilen, daß die Relationen zwischen den Zahlen die Relationen zwischen den Merkmalen repräsentieren. Dadurch entsteht eine Skala. Von den verschiedenen Typen von Skalen interessiert hier die Intervallskala, bei der gleiche Merkmalsunterschiede in gleichen Zahlenabständen abgebildet werden. (Zum Beispiel handelt es sich bei der Angabe von Leistungen in einem standardisierten Intelligenztest um eine Intervallskala, nicht dagegen bei der Einordnung von Personen in Klassen der sozialen Schichtung.) Wir können einen Punktwert auf dieser Skala x_i nennen und die Zahl der Individuen n. Dann läßt sich das *arithmetische Mittel* ($\bar{x}$) formulieren als

$$\bar{x} = \frac{\sum_{i=1}^{n} x_i}{n}, \quad (i=1,2,\ldots\ldots,n)$$

also als die Summe der Meßwerte, geteilt durch ihre Anzahl.

Ein Maß für die Verteilung der Meßwerte um den arithmetischen Mittelwert liefert die Varianz s^2, die die durchschnittliche quadrierte Abweichung der Einzelwerte vom Mittelwert angibt:

$$s^2 = \frac{\sum_{i=1}^{n} (x_i-\bar{x})^2}{n}$$

bzw. deren positive Quadratwurzel, die *Standard-Abweichung* s

$$s = \sqrt{\frac{\sum_{i=1}^{n} (x_i-\bar{x})^2}{n}}$$

Mit solchen Kennwerten kann man die Stichproben von Daten beschreiben.

Schlüsse auf die Grundgesamtheit (d. h. auf die Menge aller Personen, von denen man nur einen Teil – eine Stichprobe – beschreiben will), werden hier nicht betrachtet.

Eines der Ziele der Persönlichkeitspsychologie ist nun, wie eingangs bereits erwähnt, den Zusammenhang zwischen verschiedenen Persönlichkeitsmerkmalen zu erkennen, den man auch als deren *Kovarianz* bezeichnen kann. Der mathematische Ausdruck für die Kovarianz von x und y ist

$$\mathrm{cov}\,(x,y) = \frac{\sum_{i=1}^{n} (x_i-\bar{x}) \cdot (y_i-\bar{y})}{n}$$

Der Begriff Kovarianz deutet an, daß damit die Frage nach dem gemeinsamen Varianz- oder Streuungsanteil zweier Merkmale angesprochen ist. Zwei Merkmale x und y können völlig unabhängig voneinander sein, das heißt, daß aus der Ausprägung des einen Merkmals nicht auf die Ausprägung des anderen Merkmals geschlossen werden kann; sie können aber auch perfekt kovariieren, d. h. mit Kenntnis des Punktwerts x_i kann mit Sicherheit der Punktwert y_i vorhergesagt werden.
Mathematisch läßt sich die lineare Beziehung zweier Merkmale, zur Standardisierung bezogen auf ihre Standard-Abweichungen (um Streuungsunterschiede zu eliminieren), als *Korrelationskoeffizient* r formulieren. Der Korrelationskoeffizient hängt nicht mehr, wie die Kovarianz, von den Skaleneinheiten ab, in denen gemessen wurde; er stellt also die normierte Form der Kovarianz dar:

$$r_{xy} = \frac{\sum_{i=1}^{n} (x-\bar{x}) \cdot (y-\bar{y})}{n \cdot s_x \cdot s_y}$$

Es gilt: $-1 \leq r \leq +1$

Die Vorhersage von y_i aufgrund von x_i ist um so weniger mit Fehlern belastet, je mehr sich der Korrelationskoeffizient dem Betrag von 1 nähert.
Verwenden wir als Beispiel zwei Merkmale, die häufig in Beurteilungsbogen zur Leistungseinstufung von Mitarbeitern enthalten sind. Nimmt man an, die beiden Merkmale »Gewissenhaftigkeit« (x) und »Freundlichkeit« (y) seien unabhängig voneinander und würden von den Beurteilern als unabhängig wahrgenommen (vgl. Cohen, 1969), so müßte sich bei der Analyse der Beurteilungsdaten eine Korrelation von $r_{xy} = 0{,}00$ ergeben. Einem bestimmten x-Wert kann jeder beliebige y-Wert zugeordnet sein (Abb. 1; der Mittelbereich ist stärker besetzt, da wir Normalverteilungen für die beiden Einstufungen annehmen).

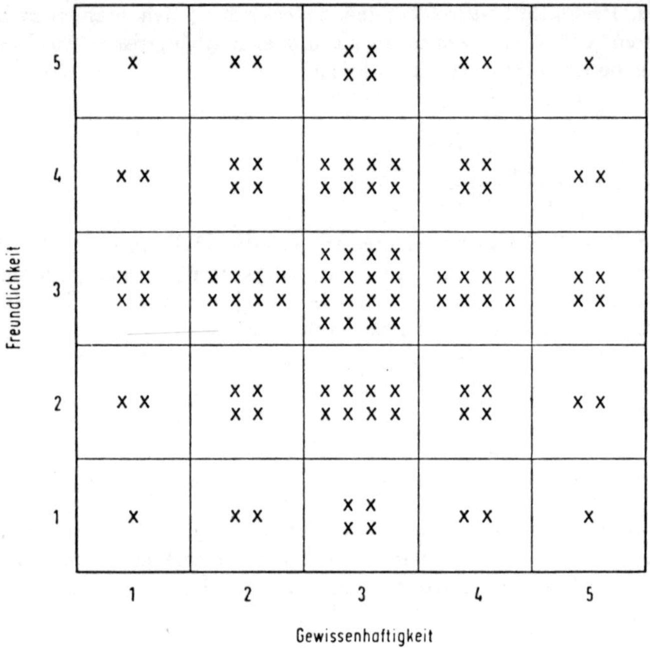

Abb. 1: $r_{xy} = 0{,}00$[1]

1 Abb. 1, 2 und 3 aus Schuler, 1972, S. 101 ff.; mit Genehmigung des Verlags Wilhelm Goldmann, München.

Eine ganz andere Darstellung im Häufigkeitsdiagramm würde sich ergeben, wenn die Beurteilungen der beiden Merkmale perfekt (positiv) korreliert, d. h. vollkommen voneinander abhängig wären. In diesem Fall wäre mit jeder Einstufung in dem einen Merkmal auch der Wert für das andere Merkmal festgelegt (Abb. 2).

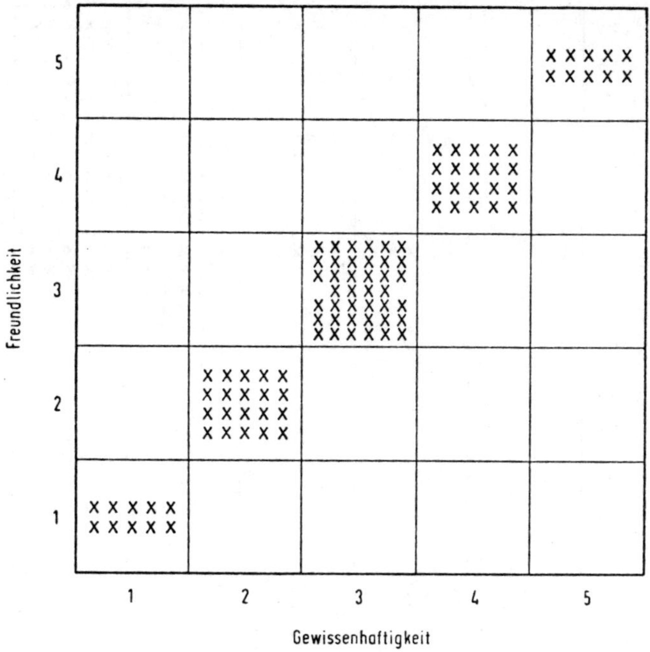

Abb. 2: $r_{xy} = 1,00$

Tatsächlich gehören die beiden Merkmale »Freundlichkeit« und »Gewissenhaftigkeit« zu den Urteilsaspekten, die von den meisten Beurteilern zwar als unabhängig erlebt, bei der Verwendung von Einstufungsskalen zur Mitarbeiterbeurteilung aber nicht völlig unabhängig skaliert werden. So zeigte sich bei der Analyse einer größeren Zahl von Beurteilungen eine Korrelation von $r_{xy} = 0,25$ zwischen diesen beiden Urteilsaspekten:

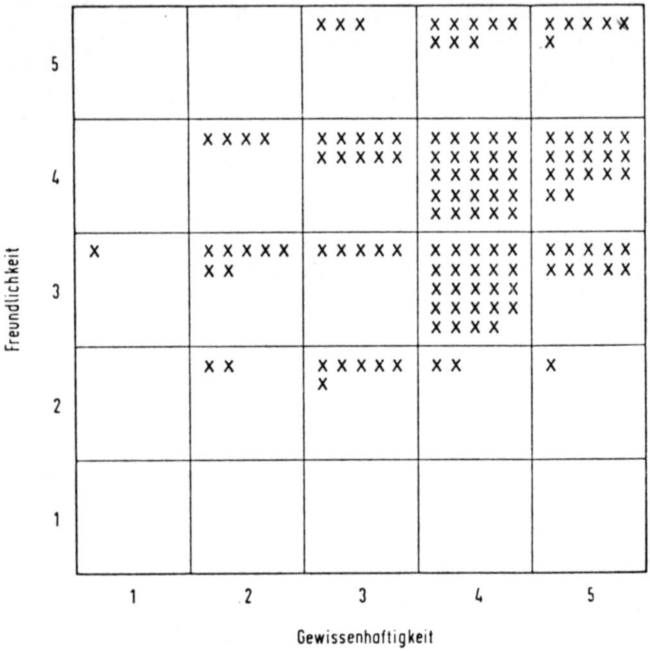

Abb. 3: $r_{xy} = 0{,}25$

Besteht eine positive Beziehung dieser Art zwischen x und y, so kann man sagen, daß sie einen Teil ihrer Varianz gemeinsam haben. Im Fall unseres Beispiels ist die Restvarianz sehr groß, bei anderen beurteilten Merkmalen (etwa »Sicherheit« und »Dominanz«) ist sie weit geringer.

Ein Grundgedanke der Faktorenanalyse ist nun folgender: Wenn wir eine positive Korrelation zwischen zwei Variablen feststellen, so muß beiden, von Zufallsergebnissen abgesehen, eine gemeinsame Bedingung zugrunde liegen. Man versucht also, aus den Koeffizienten der Korrelationen zwischen den Variablen die Bedingungen (= Faktoren) dieser Kovarianz zu isolieren. Zum Verständnis der faktorenanalytischen Persönlichkeitstheorie braucht diese Technik nicht im einzelnen erläutert zu werden. Gründliche Einführungen in die Methode der Faktorenanalyse geben Überla (1968) und (in Verbindung mit der Darstellung zahlreicher Ergebnisse faktorenanalytischer psychologischer Forschung) Pawlik (1968).

Das Prinzip der Faktorenanalyse kann durch die geometrische Veranschaulichung einer der faktorenanalytischen Methoden, der sogenannten Hauptachsenmethode, dargestellt werden (Abb. 4). Man stelle sich vor, daß zwei Tests untersucht wurden. Die beiden standardisierten Meßwerte der i-ten Person ($i = 1,2 \ldots n$) tragen wir in einen zweidimensionalen Raum ein, der durch die Koordinatenachsen x und y aufgespannt ist. Der Nullpunkt liege im Schwerpunkt der Verteilung. Die beiden Koordinaten repräsentieren die beiden Testvariablen.

Jede Person ist durch einen Punkt mit den Koordinaten (x_i, y_i) vertreten. Die Skala wurde so gewählt, daß die Varianz der Werte in jedem der beiden Tests 1 ergibt. Man sagt: die Meßwerte sind standardisiert. Die Gesamtvarianz ist definiert als die Summe aus den Varianzen der standardisierten x-Werte und der standardisierten y-Werte; in diesem Fall ist die Gesamtvarianz gleich 2, da wir zwei Tests vor uns haben, und die Varianz der Werte in jedem Test gleich 1 ist.

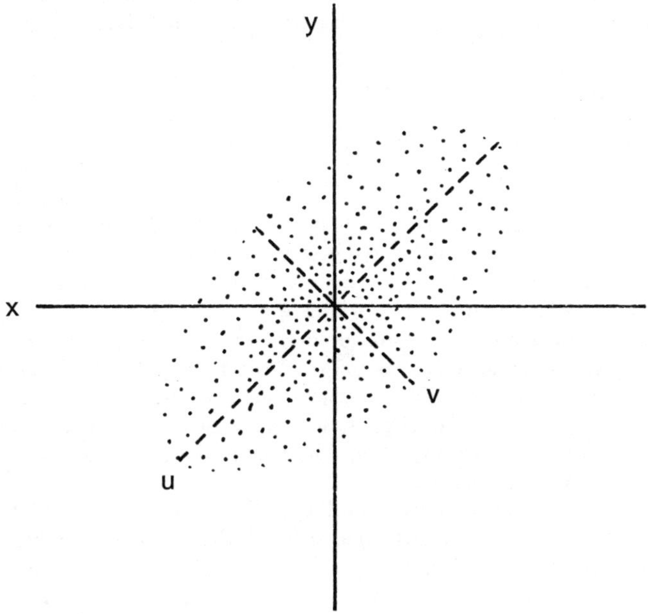

Abb. 4: Graphische Darstellung der Hauptachsenmethode

Die Lage der Punkte in der Ebene ist auch dann noch eindeutig bestimmt, wenn wir das Koordinatensystem so drehen, daß die eine Achse in der Hauptrichtung der Punktstreuung und die andere Achse senkrecht dazu zu liegen kommt. Die beiden Koordinatenachsen heißen jetzt erste und zweite Hauptachse; sie sind durch gestrichelte Linien gekennzeichnet und mit u und v benannt. Die Position jeder Person ist jetzt durch ein Koordinatenpaar (u_i, v_i) bestimmt. Projiziert man die Punkte auf die erste Hauptachse u, d. h. bestimmt man für jede Person den u_i-Wert, so ist die Varianz dieser u_i-Werte größer als die Varianz der Projektionen auf jede beliebige andere Achse, die man durch den Punkteschwarm legen könnte. Bei der Hauptachsenmethode soll der erste Faktor ein Maximum der Gesamtvarianz erfassen, der nächste Faktor ein Maximum der restlichen Varianz usw. Die Gesamtvarianz, d. h. die Summe aus der Varianz von u und der Varianz von v, bleibt unverändert bei 2; denn es ist nach dem Pythagoräischen Lehrsatz ($a^2 + b^2 = c^2$) gleichgültig, ob das Quadrat des Abstands eines beliebigen Punktes vom Nullpunkt als Summe der Quadrate der Projektionen auf die x- und y-Achse oder auf die u- und v-Achse bestimmt wird. Denn es gilt:

$$\sum (x_i-\bar{x})^2 + \sum (y_i-\bar{y})^2 = \sum (u_i-\bar{u})^2 + \sum (v_i-\bar{v})^2,$$

da $\bar{x} = \bar{y} = \bar{u} = \bar{v} = 0$ (weil die Koordinatenachsen durch den Nullpunkt gehen).

Verschieden ist aber der Anteil an der Gesamtvarianz, den die beiden Hauptachsen abdecken. Je höher die Korrelation zwischen den beiden Variablen ist, desto größer wird die nun als Vektor interpretierbare u-Achse sein, denn bei nur 2 Variablen repräsentiert u die gemeinsame Varianz der beiden Tests bzw. den Anteil der erklärten Varianz an der Gesamtvarianz. Bei einer Gesamtvarianz von 2 ist var (u) = 2 (und var (v) = 0), wenn eine perfekte Korrelation zwischen x und y vorliegt. Sind die beiden Variablen unkorreliert, also r = 0, dann hat var (u) die Größe 1 (ebenso var (v) = 1). Allgemein gilt: r = var (u) – 1 bei n = 2 Variablen.

Sowohl x und y als auch u und v stellen Variablen dar. Die Variablen x und y unterscheiden sich jedoch von den Variablen u und v in folgenden Punkten:

1. x und y haben den gleichen Anteil an der Gesamtvarianz, nämlich je $1/2$ oder 50 %; u hat einen größeren Anteil an der Gesamtvarianz als v. Der Anteil von u ist um so größer, je höher die Korrelation zwischen x und y ist.

2. x und y sind Beobachtungsvariable, u und v sind dagegen gedanklich konstruierte Variable (= Konstrukte; z. B. *Spearmans* »general factor« der intellektuellen Begabung).
3. x und y sind korreliert; die Korrelation zwischen u und v ist gleich Null, d. h. die beiden Variablen u und v sind voneinander unabhängig.

Aus Punkt 3 geht hervor, daß die Gesamtvarianz der beiden korrelierten Variablen x und y als Summe von Varianzen zweier unkorrelierter Variablen dargestellt werden kann.

Was für zwei Tests demonstriert wurde, gilt analog auch für eine größere Anzahl von Tests. Bei mehr als drei Tests ist jedoch eine anschauliche Darstellung nicht mehr möglich. Die Anzahl der Hauptachsen, die durch geeignete Rotation des Koordinatensystems entstehen, ist stets gleich der Anzahl der Tests. Die Hauptachsen sind nach der Größe des Anteils, den sie von der Gesamtvarianz erfassen, geordnet. Je höher die Testvariablen oder Untergruppen von Testvariablen untereinander korreliert sind, desto geringer ist der Varianzanteil der letzten Hauptachsen. Mit bestimmten Zusatzannahmen über die Größe der Meßfehler kann man entscheiden, wieviele Hauptachsen zur Darstellung der (jetzt als fehlerfrei gedachten) Gesamtvarianz benötigt werden. Gerade in dieser Reduktion einer großen Anzahl von Testvariablen auf eine wesentlich geringere Anzahl von Hauptachsen erweist sich diese Methode als nützliches Instrument zur vereinfachenden Datenbeschreibung und Theorienbildung und entspricht damit dem wissenschaftlichen Ökonomieprinzip: »Unter verschiedenen sonst gleichwertigen theoretischen Darstellungen eines Datenbereichs ist jene vorzuziehen, die mit der kleineren Zahl hypothetischer Variablen das Auslangen findet und einfachere Funktionen zwischen diesen und den Beobachtungswerten benutzt« (Pawlik, 1968, S. 32).

5.3 R. B. Cattell: Ein faktorenanalytisches Modell der Persönlichkeit

Faktoren sind, der Methode ihrer Gewinnung nach, zunächst nichts weiter als statistische Beschreibungsbegriffe. Man versucht, mittels der Faktorenanalyse die Vielfalt beobachteter Verhaltens- und Erlebensweisen auf einige wenige statistische »clusters« zu reduzieren. Strenggenommen bezieht sich der Begriff des Faktors also nur auf das Ergebnis der Faktorenanalyse. Cattell, dessen Persönlichkeitsmodell im folgenden beschrieben werden soll,

geht wie einige andere Autoren in der Interpretation weit über diese formale Begriffsdefinition hinaus. Er glaubt, »daß es natürliche, einheitliche Strukturen der Persönlichkeit gibt und daß es diese Wesenszüge (›traits‹) sind, ... auf die wir unser Interesse richten sollten« (Cattell, 1965, S. 55 f.). Entsprechend der Annahme von Eigenschaften in der Art »funktioneller Einheiten in der physikalischen Welt« ist es naheliegend, mit der Erforschung der Persönlichkeit an eben diesen Einheiten anzusetzen – im Unterschied etwa zu den an anderer Stelle beschriebenen lerntheoretischen Persönlichkeitskonzepten, die ohne die Annahme stabiler Wesensmerkmale auskommen.
Weiter bezeichnet Cattell Faktoren als »die Quellen des beobachteten Verhaltens«. Hier werden also die als Faktoren isolierten »traits« als irgendwie im Individuum lokalisierte, kausal wirkende Bedingungen interpretiert. Damit steht Cattells Konzept unter diesem Aspekt in der Nähe der Eigenschaftstheorien, die gewisse »Dispositionen« (Lersch) als Grundlagen des habituellen Verhaltens postulieren, »die im Wandel des Geschehens wiederkehren und das seelische Leben im Hier und Jetzt bestimmen« (Lersch, 1964, S. 60).

5.3.1 Die Ausgangsdaten

Cattells Forschungsarbeit begann an einer Sammlung von etwa 4500 Eigenschafts- und Verhaltensbegriffen, die von Allport und Odbert zusammengetragen worden war. Sein Grundgedanke war, daß für alles, was an menschlichem Verhalten und Erleben beobachtbar und von Interesse ist, sprachliche Ausdrücke zur Verfügung stehen. Die Sprache stellt also etwas wie einen »kulturellen Fundus von Verhaltenssymbolen« dar (Cattell, 1957, S. 80). Kennt man die Bedeutungsnähe der Begriffe (die z. B. bei Synonymen sehr groß ist), so kann man die Zahl von Merkmalsklassen extrahieren, die nötig ist, um die menschliche Persönlichkeit vollständig zu beschreiben.
Mit Hilfe verschiedener Techniken wurde die Anzahl der Begriffe auf 36 »surface traits« (Oberflächeneigenschaften) reduziert. Eine größere Zahl von Personen wurde bezüglich dieser surface traits eingestuft. Aus einer Faktorenanalyse der Korrelationen zwischen den surface traits ergaben sich die gesuchten »source traits« (Grundeigenschaften).
Cattells Methode besticht dadurch, daß er selbst die erhaltenen Faktoren erst dann zu akzeptieren bereit war, wenn sie sich als vom Ausgangsmaterial unabhängig erwiesen und auch bei ver-

schiedenem Ausgangsmaterial nachweisen ließen. Die Daten, auf denen Cattells Untersuchungen basieren, stammen aus 3 Bereichen:

1. L-(Life)Daten: Lebenslaufdaten. Neben der Sammlung biographischer Ereignisse werden durch Beobachter Häufigkeit und Intensität bestimmter Verhaltensweisen eingestuft.
2. Q-(Questionnaire)Daten: Mittels Selbstbeobachtung werden von den befragten Personen Selbstauskünfte über eigene Verhaltens- und Erlebensweisen in Fragebogen und Interviews gegeben.
3. T-(Test)Daten: »Miniatursituationen« werden aufgebaut, in denen die untersuchten Personen handeln sollen, wobei sie jedoch nicht wissen, welcher Verhaltensaspekt untersucht wird (daher »objektiv«).

5.3.2 Persönlichkeitsfaktoren erster Ordnung

Aus der Analyse von L- und Q-Daten fand Cattell 19 Faktoren zur Beschreibung der Persönlichkeit. 4 Faktoren wurden wegen zu geringer Anteile an der Gesamtvarianz wieder eliminiert, die 15 verbleibenden durch einen Faktor der allgemeinen Intelligenz (Faktor B) ergänzt. Cattell teilte den Faktoren Buchstaben des Alphabets zu, aus deren Rangordnung der Beitrag des jeweiligen Faktors zur Erklärung der gesamten interindividuellen Varianz hervorgehen soll. Demnach liefert also Faktor A von allen »source traits« den größten Teil zur Beschreibung, wodurch sich zwei Menschen voneinander unterscheiden, die nächstgrößte Bedeutung hat Faktor B usw. Die Benennung der Faktoren durch Buchstaben hat aber noch den zusätzlichen Grund, daß Cattell damit den vorgeprägten Bedeutungsinhalt von Begriffen aus anderen Persönlichkeitskonzepten nicht in Kauf nehmen wollte. Dennoch hat er die Faktoren auch verbal bezeichnet, wozu er teils geänderte Begriffe aus anderen Persönlichkeitstheorien verwendete, ergänzt durch mehrere Neologismen. Die Verbalisierungen bieten allerdings nur ungefähre Umschreibungen des jeweils ermittelten Faktors.
Im folgenden sind die 16 Faktoren oder source traits aufgeführt, wie sie im 16 PF (personality factor) – Questionnaire in Fragebogenform ein möglichst umfassendes Bild der Persönlichkeit vermitteln sollen (Cattell, 1957, Cattell und Eber, 1967).

Tab. 1: Cattells 16 fundamentale Persönlichkeitsfaktoren

Faktor	Verbale Bezeichnung	Beschreibung
A	Zyklothymie	leichtlebig, anpassungsfähig, warmherzig, vertrauensvoll, humorvoll
	vs.	
	Schizothymie	kühl, schweigsam, mißtrauisch, unflexibel, feindselig
B	Allgemeine Intelligenz	intelligent, nachdenklich, kultiviert, verläßlich
C	Ich-Stärke	emotional stabil, realistisch, kontrolliert, ruhig, frei von neurotischen Symptomen
	vs.	
	neurotische Emotionalität	unreif, wechselhaft, emotional, impulsiv, wenig frustrationstolerant, zeigt mehrere neurotische Symptome
E	Dominanz	selbstsicher, willensstark, aggressiv, extrapunitiv, egoistisch
	vs.	
	Unterordnung	unsicher, bescheiden, ruhig, intropunitiv, fügsam
F	Optimismus	fröhlich, soziabel, gesprächig, humorvoll, zufrieden
	vs.	
	Pessimismus	verschlossen, deprimiert, schweigsam, ängstlich, gespannt
G	Über-Ich-Stärke	gewissenhaft, verantwortungsbewußt, rücksichtsvoll, bestimmt, normorientiert
	vs.	
	unreife Abhängigkeit (eigentlich: Über-Ich-Schwäche)	unreif, wechselhaft, unbekümmert, impulsiv, sorglos
H	Parmia	aufgeschlossen, gesellig, abenteuerlustig, freundlich, forsch
	vs.	
	Threctia	zurückgezogen, scheu, verschlossen, unsicher, kalt

Faktor	Verbale Bezeichnung	Beschreibung
I	Premsia	sanftmütig, sentimental, phantasievoll, abhängig, ungeduldig
	vs. Harria	realistisch, praktisch, emotional reif, hart, unabhängig
L	Protensia	mißtrauisch, eifersüchtig, wahnhaft, einsam
	vs. Alaxia	vertrauensvoll, verständnisvoll, sozial angepaßt
M	Autia	unkonventionell, exzentrisch, nach eigenen Gesetzen lebend, einbildungsreich, unbekümmert
	vs. Praxernia	konventionell, praktisch und logisch, nüchtern, engere Interessen
N	Gewandtheit	geschickt im Umgang mit anderen, kühl, geschmacksunabhängig, scharfsinnig
	vs. Naivität	sozial ungeschickt, unpräzise, vom Wohlwollen und vom Geschmack anderer abhängig
O	Neigung zu Schuldgefühlen	sorgenvoll, einsam, sensitiv, entmutigt, zweifelnd
	vs. Selbstsicherheit	zuversichtlich, sicher, rauh, entschlußfähig
Q_1	Radikalismus	politisch-weltanschaulich: radikal (»links«)
	vs. Konservatismus	politisch-weltanschaulich: konservativ (»rechts«)
Q_2	Selbstgenügsamkeit	eher an Büchern und an Sachen orientiert als an Menschen
Q_3	Selbstkontrolle	willentlich gesteuertes, nach einem akzeptierten Selbstbild ausgerichtetes planvolles Handeln

Faktor	Verbale Bezeichnung	Beschreibung
Q_4	Konfliktspannung	neurotische Symptomatik (Stimmungsschwankungen ohne äußeren Anlaß, geringes Selbstvertrauen, plötzliche Gedächtnislücken, erregte Gespanntheit) durch unakzeptierte Triebwünsche

Mit einer überschaubaren Anzahl von »traits« entspricht das Cattellsche Konzept der Forderung Guilfords an die Faktorentheorie, daß sie die in manchen Beschreibungsversuchen unübersehbar große Anzahl von Persönlichkeitsmerkmalen auf eine handlichere Anzahl von Dimensionen reduziere. Die 16 Dimensionen oder Faktoren des 16-PF-Persönlichkeitstests sollen ausreichend sein, um ein wenn nicht vollständiges, so doch hinreichend genaues Bild von einer Person zu bekommen. Dieses Bild soll umfassend und zuverlässig genug sein, um ihr Verhalten in verschiedenen Situationen voraussagen zu können. Es handelt sich also bei den 16 Faktoren – die sich aus einer größeren Zahl als die wichtigsten und stabilsten erwiesen haben – um ein dem Anspruch nach umfassendes System zur Beschreibung von Personen und zur Prognose ihres Verhaltens. In einigen der Faktoren finden sich Beschreibungsdimensionen wieder, die auch schon in älteren Theorien oder Typologien von großer Bedeutung waren. So ist z. B. Faktor A, der nach Cattell den größten Anteil an der Beschreibung interindividueller Differenzen aufweist, in seiner inhaltlichen Bedeutung der Typen-Charakterisierung des Psychiaters Kretschmer (1921) ähnlich. Kretschmer hatte beobachtet, daß die Hauptmerkmale der von Bleuler unterschiedenen Krankheitstypen Schizophrenie und manisch-depressive Psychosen in geringeren Ausprägungen – als zyklothyme bzw. schizothyme Erlebens- und Verhaltensweisen – auch bei gesunden Menschen anzutreffen sind, in deutlicher Form besonders bei den nahen Verwandten der erkrankten Personen.

Kennzeichnend für den von Kretschmer so genannten »schizothymen Charaktertyp« ist die mangelnde Entsprechung von Gefühlserleben und Verhalten, die ihn selbst bei hoher innerer emotionaler Erregbarkeit oft starr, kühl und scheu wirken läßt. Für den zyklothymen Typ ist im Gegensatz dazu leichte Gefühlsansprechbarkeit, Geselligkeit und rascher Wechsel der Stimmungslage symptomatisch.

Darüber hinaus stellte Kretschmer einen – zwar nicht absoluten, aber doch statistisch bedeutsamen – Zusammenhang zwischen

Krankheitsform und Körperbau fest: unter seinen schizophrenen Patienten waren Leptosome, unter den manisch-depressiv Erkrankten Pykniker in der Überzahl.

Tabelle 1 führt neben den Faktorenbezeichnungen die Merkmale an, die für die verschiedenen Faktoren besonders kennzeichnend sind. »Ein Vergleich (der den Faktor A bestimmenden Merkmale) mit jenen, die im klinischen Bereich von Kretschmer beschrieben wurden, zeigt eine augenfällige Übereinstimmung« (Cattell, 1965, S. 66).

Einige Fragebogen-Items zur Erfassung von Faktor A sind in Tabelle 2 angeführt (zitiert nach der deutschen Übersetzung des 16 PF).

Tab. 2: Einige Fragebogen-Items zum Faktor A des 16 PF von Cattell (deutsche Experimentalfassung 1961/62)

1. Ich würde es vorziehen, ein Buch zu lesen über
   a) Reisen im Weltraum — b) Erziehung innerhalb der Familie
2. Bei gleichem Gehalt wäre ich lieber
   a) Hotelmanager — b) Chemiker in der Forschung
3. Beim Reisen schaue ich lieber auf die Landschaft, als daß ich mit Leuten spreche
   a) stimmt — b) stimmt nicht
4. Um ein angenehmes Hobby zu haben, möchte ich lieber angehören
   a) einem Foto-Klub — b) einer Diskussionsgemeinschaft
5. Zu Geburtstagen und besonderen Anlässen
   a) mache ich gern ein persönliches Geschenk — b) ist mir das Kaufen von Geschenken ein wenig lästig
6. Bekannten gegenüber ziehe ich es vor
   a) mich auf sachliche unpersönliche Gespräche zu beschränken — b) mich über andere Menschen und deren Meinungen zu unterhalten

Als zyklothym gelten die Antworten 1 b, 2 a, 3 b, 4 b, 5 a, 6 b; als schizothym die jeweiligen Alternativantworten.

5.3.3 Persönlichkeitsfaktoren zweiter Ordnung

Schon die Merkmalsbeschreibung der 16 Persönlichkeitsfaktoren läßt vermuten, daß sie keineswegs alle voneinander unabhängig sind. Tatsächlich bestehen zwischen den Faktoren Korrelationen von teilweise über 0,30 (nach Herrmann, 1969). Das liegt daran, daß Cattell mit der Methode der sogenannten schiefwinkligen Rotation arbeitet, die hier nicht näher erläutert zu werden

braucht. Damit soll verhindert werden, daß schon die Ausgangsdaten in zu wenige große Kategorien zusammengefaßt werden; die Methode soll also eher zu einer angemessenen Funktionsgliederung der Bedingungsgrößen führen, die hinter dem beobachteten Verhalten vermutet werden.
Die Interkorrelationen der 16 »Primärfaktoren« werden laufend erneuten Faktorenanalysen unterzogen. Daraus ergaben sich bislang 8 übergeordnete »sekundäre« Persönlichkeitsfaktoren oder »Faktoren zweiter Ordnung«, von denen die folgenden vier »für Praktiker von besonderem Interesse sein werden« (Manual for the 16 PF, 1972, S. 23):

1. Introvertiert – extravertiert
2. Ängstlich – nicht ängstlich
3. Sensibel-zaghaft – robust – entschlossen
4. Abhängig – unabhängig

Um die Ausprägung eines sekundären Persönlichkeitsfaktors bei einem Individuum zu bestimmen, werden seine Werte in den Primärfaktoren entsprechend deren Ladungen in dem betreffenden Faktor zweiter Ordnung gewichtet und, unter Ergänzung durch eine additive Konstante, summiert. Beispielsweise sieht diese Rechnung für männliche Personen beim Faktor »Extraversion« folgendermaßen aus:

$$(A \times 1) + (E \times 2) + (F \times 4) + (G \times 1) + (H \times 3) - (I \times 1) - (N \times 1) - (O \times 1) - (Q_2 \times 2) + (Q_4 \times 1) + 17$$

Cattells Ergebnisse ähneln damit – trotz verschiedener Ausgangsdaten und Techniken – denen von Eysenck, der 3 unabhängige Faktoren postuliert: Introversion-Extraversion, Neurotizismus (inhaltlich Cattells Angstfaktor verwandt) und Psychotizismus (in verschiedenen Analysen fand Cattell ebenfalls einen Faktor der psychotischen Tendenz – allerding mit geringeren Ladungen versehen –, den er »katatonische Disposition« nennt). Zu ähnlichen Faktoren hohen Allgemeinheitsgrades kam auch Guilford, so daß zumindest die beiden Dimensionen »Introversion-Extraversion« und »Neurotizismus« als gesichert gelten können.
Cattell hält es jedoch für wenig zweckmäßig, sich auf die Messung dieser Faktoren zweiter Ordnung zu beschränken, da mit höherem Allgemeinheitsgrad tatsächliche interindividuelle Verschiedenheiten verschwinden könnten. Wenn man bei zwei Individuen die gleiche Ausprägung in einem Faktor 2. Ordnung feststellt, so kann dieser Wert durch recht unterschiedliche Aus-

prägungen verschiedener Primärfaktoren zustande kommen. Die Primärfaktoren stellen also gewissermaßen einen Kompromiß dar zwischen der Verhaltensbeschreibung in spezifischen Einzelmerkmalen und der Einordnung von Personen in wenige globale Kategorien.

5.3.4 Der Einfluß anderer Persönlichkeitstheorien

Bemühung der Faktorenanalyse um Objektivität schließt nach Cattells Auffassung nicht die Orientierung auch an anderen Konzepten der Persönlichkeit aus. Beispielsweise verwendet Cattell nicht nur psychoanalytische Begriffe zur Benennung der Primärfaktoren (Ich-Stärke, Über-Ich-Stärke), er sieht durch seine Arbeit auch die psychoanalytische Angsttheorie bestätigt: »Das unmittelbar interessante Ergebnis ist hier die klare Bestätigung der psychoanalytischen Theorie, daß Angst zum einen Teil durch aufgestaute Triebspannung, Q_4 (in unserer Gesellschaft vor allem sexueller und aggressiver Natur) verursacht wird, zum anderen Teil durch Schwäche der Ich-Struktur, C-, die jeden inneren explosiven Impuls bedrohlicher erscheinen lassen muß als es bei hoher Ich-Stärke der Fall wäre« (1965, S. 118). Auffallend ist hierbei, daß Methode und Argumentation sich nicht mehr decken, daß die Interpretation der Daten weit über das hinausgeht, was die Faktorenanalyse liefern kann.
Andere Teile aus Cattells umfangreichem Persönlichkeitskonzept, das hier nur in seinem faktorenanalytisch fundierten Ausschnitt referiert wird, weisen auf den Einfluß behavioristischer Verhaltenstheorien hin (eine lerntheoretische Interpretation von Cattells Persönlichkeitssystem findet sich bei Berger & Lambert, 1968).
Faktorenanalytisch am eingehendsten untersucht sind vorläufig 3 von 6 Merkmalsgruppen, die Cattell in seinem theoretischen Konzept unterscheidet: Fähigkeitsmerkmale (ability source traits), Temperamentseigenschaften (temperament traits) und konstitutionell bedingte Triebmerkmale (ergic drives). Vorwiegend diesen Merkmalsgruppen gehören die Persönlichkeitsfaktoren des 16 PF zu. Weitere Merkmalsgruppen sind Gesinnungen (sentiments), Rollenmerkmale (role traits) und temporäre Zustände (temporary moods and other modulating states). Mit der Kenntnis aller wichtigen Faktoren dieser Merkmalsgruppen soll die Struktur der Person vollständig beschreibbar sein, man würde also zu einem generell gültigen Schema der menschlichen Persönlichkeit gelangen. Darüber hinaus soll eine sichere Vorhersage des

Verhaltens von Individuen in den verschiedenen Situationen möglich sein, wenn man die für sie charakteristische Ausprägung der wichtigen Faktoren aller sechs Merkmalsbereiche kennt.

5.3.5 Objektive Tests zur Messung der Persönlichkeit

Cattells Forschungsarbeit hat sich in den letzten Jahren immer stärker auf die Konstruktion »objektiver« Tests konzentriert. Objektiv ist ein Test für Cattell dann, wenn der getesteten Person unbekannt ist, was der Diagnostiker aus ihrem Verhalten erkennen will, und sie keine Möglichkeit hat, die Testergebnisse zu verfälschen, etwa um einen guten Eindruck zu machen.
Das erste umfangreiche Testinventar aus 81 objektiven Tests (Objective-Analytic Personality Test Batteries) veröffentlichte Cattell 1956. Die Testbatterie, deren vollständige Durchführung etwa 5 Stunden dauert, umfaßt sowohl apparative als auch Papier- und Bleistift-Tests.
Als Beispiel, das die Vielfalt objektiver Persönlichkeitstests veranschaulichen soll, werden die Testreaktionen für einen der Faktoren beschrieben, die mit dem Inventar gemessen werden können. Es handelt sich um den Faktor »Neurotizismus«, der, extrahiert aus anderem Ausgangsmaterial (Q-Daten), bereits im Rahmen des 16-PF-Questionnaire beschrieben wurde.

Beleg 9

Faktor UI (T) 23: Nervliche Belastbarkeit gegenüber neurotischer Tendenz
Die »Neurotische Tendenz« ist gekennzeichnet durch: Hohe Rigidität (= mangelnde Flexibilität) der Motorik; schlechte Leistung am Zweihandprüfer (Gerät, das gute Koordination der Bewegungsabläufe beider Hände verlangt), hohe Suggestibilität im body-sway-Test (jemandem, der mit geschlossenen Augen auf einem Bein steht, wird suggeriert, er schwanke), große Ungenauigkeit bei schnellem Addieren; schnellere Entscheidungsfähigkeit im Grundsätzlichen als in Einzelheiten; geringe Ausdauer; größere psychogalvanische Reaktion auf psychische als auf physische Stimuli; starke Überhöhung des Anspruchsniveaus im Vergleich zur Leistung; geringe psychische Beweglichkeit: schlechte unmittelbare Erinnerungsfähigkeit; hohe Suggestibilität für einen nicht existenten Schock.

Cattell, 1957, S. 252; in der Übersetzung zitiert nach Fahrenberg, 1964, S. 502.

Einen systematischen Überblick über die von Cattells »Institute of Personality and Ability Testing« (IPAT) analysierten Testvariablen zur Messung von Persönlichkeits- und (von Cattell davon abgehobenen) Motivationsfaktoren geben Cattell und Warburton (1967). Das Kompendium enthält die Beschreibung von 688 objektiven Tests sowie die Skizzierung der theoretischen Grundlagen des »von Grund auf gesunden multivariaten, faktorenanalytischen, experimentellen Ansatzes, mit dem die wahre Persönlichkeits- und Motivationsstruktur erforscht werden soll«.

5.3.6 Kritische Würdigung

Mit einem empirischen Modell hofft Cattell die Schwierigkeiten zu meistern, denen die herkömmliche Forschungspraxis gegenübersteht, die sich etwa mit dem Problem auseinanderzusetzen hat, daß es eine Vielfalt von angenommenen Merkmalen oder gedanklichen Konstrukten gibt, über deren Definition alles andere als Einigkeit herrscht und deren Messungen mit verschiedenen Instrumenten möglicherweise nicht vergleichbar sind, wie z. B. Angst oder Aggression: »Mit welch einem Turm von Babel hätten wir es in der Chemie zu tun, wenn jeder Chemiker einen eigenen Test zur Feststellung von Chlor hätte und darüber hinaus nicht einmal Einigkeit darüber bestünde, was Chlor überhaupt ist!« (Cattell, 1965, S. 55).
Mag die Hoffnung auch allzu optimistisch sein, durch ein empirisches Modell der Persönlichkeit jemals die Exaktheit naturwissenschaftlicher Forschungsmethoden zu erreichen, so kann doch der Einsatz psychometrischer Methoden die Schwächen der Spekulation teilweise vermeiden, wie sie im phänomenologischen oder im psychoanalytischen Ansatz offensichtlich sind. Andererseits darf man sich durch die Verwendung mathematisch-statistischer Methoden, wie es bei der faktorenanalytischen Persönlichkeitstheorie in besonderem Maße der Fall ist, nicht täuschen lassen: die Gleichung »empirisch-statistisch = objektiv« gegenüber »phänomenologisch-introspektiv = subjektiv« stimmt in dieser Einfachheit nicht. Das wird zum Beispiel schon daraus deutlich, daß es keine verbindliche Vorschrift für die Faktorenrotation (z. B. orthogonale oder schiefwinklige Rotation), für die Anzahl der aus einem gegebenen Datenmaterial zu extrahierenden Faktoren oder auch für die Interpretation der erhaltenen Faktoren gibt.
Die Schwächen dieser Methode liegen aber nicht erst bei der Auswertung, sondern bereits bei der Sammlung der Daten: Das Ergebnis, das die Faktorenanalyse erbringen soll, nämlich daß sich

alle Menschen durch die gleichen Faktoren beschreiben lassen, d. h. sich nur durch verschiedene Merkmals*ausprägungen*, nicht aber durch verschiedene Merkmals*zusammenhänge* unterscheiden, geht bereits als Vorannahme in die Datenerhebung ein. Die Zusammenhänge zwischen einzelnen Verhaltensmerkmalen, wie sie sich in ihrer Bündelung zu Faktoren als vermeintliche Abbildung einer allgemeinpsychologischen Realität niederschlagen, könnten nämlich auch gewissermaßen »Durchschnittszusammenhänge« sein, die dadurch zustande kommen, daß man verschiedene Gruppen von Personen zu einer Analyse zusammenfaßt, in denen unterschiedliche Merkmalszusammenhänge existieren. Würde man jede dieser in sich homogenen Gruppen für sich prüfen, so könnte man möglicherweise zu recht unterschiedlichen Faktoren kommen. Das ist einer der Gründe dafür, weshalb sich faktorenanalytisch gewonnene Ergebnisse an anderen Stichproben oft so schlecht replizieren lassen. Die mit einem solchen Wechsel von einem »Niveau der Kollektivität« auf ein anderes für die psychologische Diagnostik verbundene Schwierigkeit betont Kaminski (1959): »Trifft man beispielsweise auf die Begriffe ›Fähigkeit‹ oder ›Charaktereigenschaft‹ im Rahmen der Interpretation faktorenanalytischer Befunde, so ist sorgfältig zu prüfen, unter welchen Voraussetzungen es einen Sinn hat, eine in dieser Art bestimmte ›Fähigkeit‹ etc. als in einem konkreten Individuum oder gar in einer konkreten Handlungssituation existierend zu denken« (S. 71).
Ein anderer Vorwurf, der vor allem gegenüber Cattells Fragebogen-Daten erhoben wird, ist der, daß die erhaltenen Faktoren nicht unbedingt Faktoren des Verhaltens, also der Persönlichkeit sein müssen, sondern auch als Faktoren des Sprachverständnisses der untersuchten Personen interpretierbar sind. Tatsächlich lag Cattells Ausgangspunkt ja in einer umfangreichen Begriffssammlung, und die faktorenanalytische Reduktion dieser Begriffe muß nicht unbedingt einer exakt parallelen Reduzierbarkeit der Vielfalt menschlichen Verhaltens entsprechen. Ein Gegenargument stellen die »objektiven Tests« dar (die wirklich Verhalten und nicht Sprache messen), mit denen Cattell ähnliche Faktoren der Persönlichkeit finden konnte wie mit L- und Q-Daten. Nun muß man aber vermuten, daß die Auswahl der objektiven Tests nicht ganz zufällig erfolgte, sondern bereits gesteuert war durch Vermutungen über damit erst zu findende Merkmalszusammenhänge. Diese Vermutungen wiederum können gar nicht ganz unabhängig von den Ergebnissen sein, die mit anderem Datenmaterial zuvor bereits gefunden worden sind.

Gegen faktorenanalytisch fundierte Persönlichkeitstheorien werden noch eine Reihe weiterer Einwände erhoben, zum Beispiel daß sie einer wahrscheinlichen altersbedingten Veränderung der Faktorenstruktur nicht oder zu wenig Rechnung tragen. Wir wollen aber an dieser Stelle nicht auf weitere Argumente eingehen, sondern uns zum Abschluß noch einmal fragen, als was wir Faktoren interpretieren können. Cattell sieht sie, wie bereits erwähnt, als »Wurzeln« oder als »Quelle« des beobachteten Verhaltens, als unsichtbare Bedingungsgrößen beobachtbarer Ereignisse also, oder schlicht als Eigenschaften. Dieser Deutung stimmen andere namhafte Faktorenanalytiker zu (wie z. B. Guilford oder A. E. Edwards).

So naheliegend diese Interpretation zu sein scheint, sie ist keineswegs unumstritten. Ebenso plausibel etwa wäre die Erklärung, daß nicht die Merkmale oder Fähigkeiten über eine übergeordnete generelle Eigenschaft oder Begabung zusammenhängen, sondern daß die Verstärkungsbedingungen korreliert sind, denen Menschen ausgesetzt sind. Mit einem Beispiel von Pawlik (1972) könnte das heißen, die Schulnoten in Mathematik und Geschichte sind nicht deshalb korreliert, weil es für die beiden Leistungen eine gemeinsame Fähigkeit gibt, sondern weil die Lerngelegenheiten und Lernanreize korreliert sind. Die Interpretation von Faktoren als Zusammenhänge von Verstärkungsbedingungen wird durch die Beobachtung gestützt, daß erhaltene Faktorenstrukturen sehr stark kulturabhängig sind. So ließ sich etwa der in unserer westlichen Kultur mit am besten bestätigte Faktor »Extraversion« an jemenitischen Kindern nicht feststellen (nach Pawlik, 1972), was man damit erklären könnte, daß in dieser Kultur die Verstärker für die einzelnen Verhaltensweisen, die zum Konstrukt Extraversion »gehören«, nicht so eng zusammenhängen wie bei uns.

Die Faktorenanalyse ist eine bei sachgemäßer Anwendung nutzbringende Methode zur Klassifikation von Beobachtungsdaten – insofern kann sie bei der empirischen Ausfüllung eines theoretischen Modells gute Dienste leisten. In einer theoriesubstituierenden Rolle ist sie jedoch überfordert.

Faktoren sind ihrer Genese nach in erster Linie statistische »clusters«, und Vorsicht bei ihrer Interpretation ist nicht zuletzt deshalb angebracht, weil es der mit dieser Methode angestrebten Objektivierung der Persönlichkeitsforschung nicht förderlich sein dürfte, wenn nach allen Berechnungen Spekulationen geäußert werden, die von der Methode – die in diesem Fall weitgehend mit der Theorie zusammenfällt – nicht mehr getragen werden.

(Zur Kritik des faktorenanalytischen Persönlichkeitskonzepts vgl. auch Roth, 1969.)

5.4 Anwendung der faktorenanalytischen Persönlichkeitsforschung in der Berufseignungsdiagnostik

Eines der Anwendungsgebiete der Persönlichkeitsforschung ist die Feststellung der Eignung von Berufsanwärtern für bestimmte Tätigkeiten oder Tätigkeitsbereiche. Bis heute bleibt die Feststellung der Berufseignung sehr häufig dem intuitiven Urteil der »Praktiker« überlassen; zunehmend gewinnt jedoch eine statistisch fundierte psychologische Eignungsdiagnostik als Grundlage personeller Entscheidungen an Bedeutung.

Geht man von der Annahme aus, daß es sowohl im Sinn der Arbeitenden als auch der Wirtschaftsinstitutionen ist, optimale Zuordnungen von Personen und Arbeitsplätzen zu finden, so können geeignete diagnostische Verfahren zum Gewinn beider eingesetzt werden. Bei der Zuordnung von Personen und Arbeitsplätzen lassen sich grob drei Möglichkeiten unterscheiden:

1. Für eine Person soll die geeignetste von mehreren Tätigkeiten ausgewählt werden
2. Für eine Tätigkeit soll die geeignetste Person ausgewählt werden
3. Mehrere Personen sollen optimal mehreren Tätigkeiten zugeordnet werden

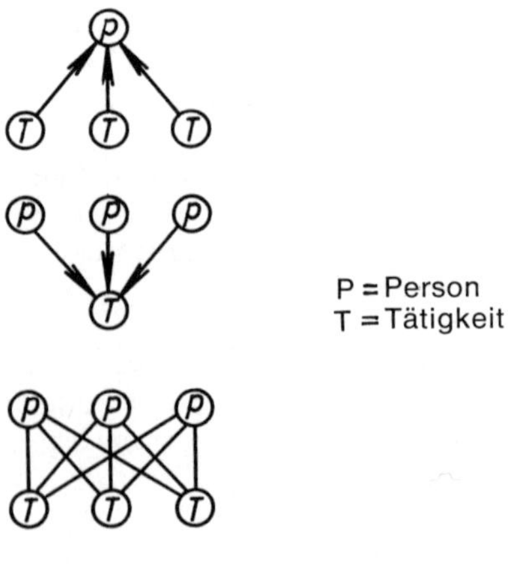

Fall 1 ist die Regel in der Berufsberatung: Für eine Person soll eine Tätigkeit gefunden werden, die ihren Fähigkeiten und Neigungen am besten entspricht. Fall 2 entspricht der Situation, die zumeist bei Einstellungen und Beförderungen vorliegt: Für eine bestimmte Tätigkeit bzw. einen Arbeitsplatz soll derjenige von mehreren Bewerbern ausgewählt werden, von dem man sich die beste Eignung für diese Position erwartet (»Eignung« soll hier und im folgenden, einem Vorschlag Jägers [1970] folgend, als Bewährungswahrscheinlichkeit definiert werden). Eine komplexe Zuordnungsaufgabe wie im Fall 3 stellt sich etwa bei der Einschränkung ganzer Produktionszweige (wie z. B. der Kohleförderung) und der Aufteilung der Arbeitskräfte auf andere Produktionsbereiche. Komplexe personelle Entscheidungen dieser Art sind häufig nur mit Hilfe der elektronischen Datenverarbeitung optimal zu gestalten.

Im weiteren soll, der klaren Darstellung wegen, vor allem von der Berufseignungsdiagnostik im engeren Sinn die Rede sein, also von der innerbetrieblichen Auslese von Berufsanwärtern für bestimmte, klar umrissene Tätigkeiten. Die Grundprinzipien der Eignungsfeststellung lassen sich mit geringen Modifikationen auch auf das Gebiet der Berufsberatung übertragen.

Der Ausleseprozeß der betrieblichen Eignungsdiagnostik beschränkt sich nicht allein auf die Eignungsprüfung der Bewerber, sondern umfaßt mehrere Schritte:

1. Sammlung von Informationen über die Anforderungen des betreffenden Arbeitsplatzes
2. Anwerbung von Berufsanwärtern
3. Sammlung von Informationen über die Anwärter
4. Eignungsdiagnostische Beurteilung
5. Personelle Entscheidung
6. Erfolgskontrolle

Psychologisch-diagnostische Methoden sind vor allem zur Erfassung der Berufsanforderungen wie zur Eignungsfeststellung von Bedeutung. Deshalb werden wir im folgenden unser Hauptaugenmerk auf diese beiden Punkte richten.

Zur Prognose der Berufseignung werden eine ganze Reihe von Verfahren eingesetzt, deren wichtigste hinlänglich bekannt sind: Vorstellungsgespräch, Schul- und Ausbildungszeugnisse, Arbeitsproben, Graphologie, Beobachtung in der Gruppendiskussion etc. Einige dieser Informationsquellen sind von unbekanntem, andere von zumindest zweifelhaftem Wert. So werden weittragende und konsequenzenreiche Entscheidungen sehr oft auf der Grundlage fragwürdiger und in ihrer Prognosetauglichkeit unüberprüfter Auswahlmethoden getroffen. Hier kann der Einsatz psychologischer Eignungstests zusätzlichen Informationsgewinn bringen, der die Treffsicherheit der Voraussage verbessert (Brandstätter, 1969).

Entsprechend dem faktorenanalytischen Konzept hält Cattell es für unumgänglich, sich sowohl bei der Beschreibung der Berufsanforderungen als auch bei der Erfassung der Persönlichkeitsmerkmale an den Grunddimensionen des Verhaltens zu orientieren. Die Feststellung der Anforderungen geschieht dabei auf den gleichen Dimensionen wie die Erfassung der Persönlichkeitsmerkmale (»dual-file system«). Man kommt dabei zu einem Profil der Anforderungen, das mit dem Profil der Berufsanwärter verglichen wird.

Um die Berufsanforderungen zu bestimmen, unterzieht Cattell eine größere Zahl bereits in dem betreffenden Beruf tätiger Personen einem umfangreichen Persönlichkeitstest (dem bereits beschriebenen 16 PF). Das Durchschnittsprofil gilt als Maßstab dafür, welche Merkmalskonstellation jemand zeigen sollte, um in diesen Beruf zu passen. Um bei der Berufsberatung feststellen zu können, für welchen Beruf jemand die beste Eignung besitzt, wird sein Persönlichkeitsprofil mit den Anforderungsprofilen aus verschiedenen Berufsgruppen verglichen. Für Verkäufer (Vertreter) entstand beispielsweise folgendes Anforderungsprofil (zusätzlich zu den 16 Dimensionen des 16 PF wurden noch einige spezielle Fähigkeitsmerkmale erfaßt, die in der Darstellung nicht berücksichtigt sind):

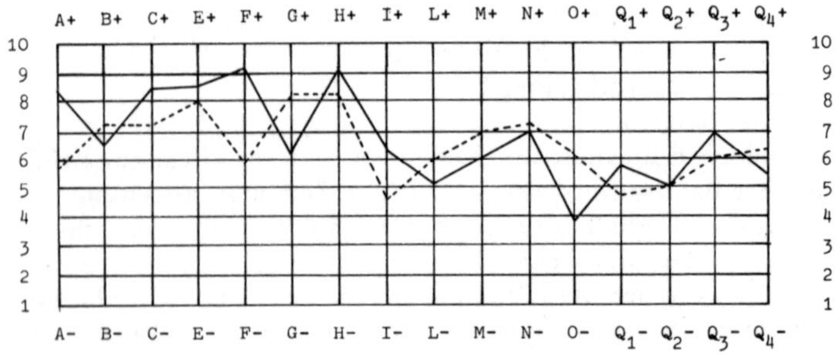

Abb. 5: Durchschnittsprofil von Verkäufern (durchzogene Linie; nach Cattell, 1965, S. 347), mit dem das mögliche Profil eines Berufssuchenden verglichen wird (unterbrochene Linie).

Die Eignung des Probanden wird für *den* Beruf als am größten angenommen, mit dessen Anforderungsprofil sein Persönlichkeitsprofil die höchste Ähnlichkeit hat. Bei der Bestimmung der Ähnlichkeit werden die Distanzen in den einzelnen Merkmalen berücksichtigt, wobei die Merkmale auch noch gewichtet werden können. In diesem Fall ist die Tätigkeit für den Probanden um so besser geeignet, je geringer die gewichtete Punktsumme der Distanzen zwischen den beiden Profilen ist.
War hier die Fragestellung: Für welchen Beruf eignet sich diese Person am besten, so lautet sie in der betrieblichen Eignungsdiagnostik in der Regel: Welcher der Bewerber ist für einen bestimmten Arbeitsplatz am besten geeignet. Dazu verwendet man nun nicht das Durchschnittsprofil der Personen an dem betreffenden Arbeitsplatz, sondern das Profil besonders bewährter, erfolgreicher Vertreter dieses Berufs.
Ein gewichtiges und für die meisten Tätigkeiten noch unzureichend gelöstes Problem ist die Festlegung der Kriterien, an denen Berufserfolg gemessen werden soll. Bei exakt quantifizierbaren Leistungsergebnissen läßt sich der Erfolg noch relativ einfach bestimmen (z. B. als produzierte Menge pro Zeiteinheit, Fehlerquote, Verkaufszahlen etc.). Sehr schwierig ist dagegen die Erfolgsmessung bei komplexeren und weniger gut kontrollierbaren Tätigkeiten (z. B. Planen und Organisieren, Führungsaufgaben). Aber selbst wo eine zählbare Produktionsmenge vorliegt, läßt sich nicht immer eindeutig sagen, ob der eine Arbeiter nicht besseres Werkzeug oder einen besseren Vorgesetzten hatte als der andere, oder ob der eine Verkäufer aufgrund des miesen Absatzgebietes geringere Verkaufszahlen vorweist als seine Kollegen (vgl. Anastasi, 1964). Als ein möglicher Weg, dem Kriterienproblem zu begegnen, deutet sich die Verwendung methodisch verbesserter Verfahren zur Mitarbeiterbeurteilung an (vgl. Brandstätter, 1970 a).
Weitere schwierige Fragen bei der Bestimmung der Berufsanforderungen sind die der Arbeitsplatzgruppierungen, wenn man nicht für jeden einzelnen Arbeitsplatz ein eigenes Anforderungsprofil aufstellen will, sowie die Stabilität bzw. Instabilität der Berufe und damit der Berufsanforderungen. In jedem Fall erfordert ein solches System eine laufende Überprüfung und gegebenenfalls Revision der aufgestellten Profile.
Verglichen mit der Bestimmung der Berufsanforderungen, ist die Gewinnung der Daten bei den Berufsanwärtern relativ einfach, wenn auch mit mehrstündigem Aufwand verbunden (Cattell, 1965). Für Cattell bedeutet es eine grobe Vernachlässigung wich-

tiger erfolgsrelevanter Prädiktoren, wenn bei der Eignungsdiagnostik, wie häufig üblich, nur Fähigkeitstests (z. B. Intelligenztests) verwendet werden. Er verweist dabei auf die Bedeutung gerade der »Antriebsfaktoren« sowie der (zumindest teilweise) konstitutionell bedingten Merkmale wie Zyklothymie. Die Berufsanwärter werden deshalb der gesamten 16-PF-Testbatterie unterzogen, wobei Cattell die Ökonomie faktorisierter Test betont: Während man bei der Zusammenstellung einzelner Tests Gefahr läuft, die eine Dimension zu übersehen und dafür die andere dreifach abzudecken, soll sein System gewährleisten, daß alle wichtigen Dimensionen – aber auch nicht mehr als diese – erfaßt werden.

Was für die Berufsanforderungen gilt, das gilt mindestens im gleichen Maß für die Merkmale der getesteten Personen: Nicht alle Merkmale sind über längere Zeit stabil. Beispielsweise weiß man, daß im allgemeinen nach der Adoleszenz die Ausprägung im Merkmal »Surgency« (etwa: Optimismus, Leichtfertigkeit) abnimmt, die »Ich-Stärke« dagegen zunimmt. Es lassen sich aber nicht für alle Merkmale alterstypische Verlaufskurven finden, und selbst dann wäre den interindividuell unterschiedlichen Entwicklungen noch nicht Rechnung getragen.

Zur Feststellung der Eignung eines Berufsanwärters für eine bestimmte Tätigkeit wird schließlich das Profil des Anwärters mit dem Anforderungsprofil für die betreffende Tätigkeit verglichen. Ist die Ähnlichkeit (gemessen als Profilkorrelation bzw. als Distanzmaß; vgl. dazu Janke, 1964) zwischen Merkmals- und Anforderungsprofil groß, so wird der Bewerber als geeignet bezeichnet, weichen die Profile stark voneinander ab, so wird man entsprechend geringere Bewährungswahrscheinlichkeit erwarten (Abb. 6).

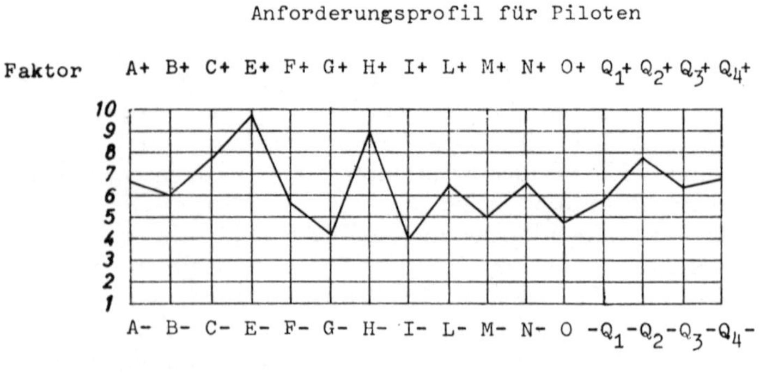

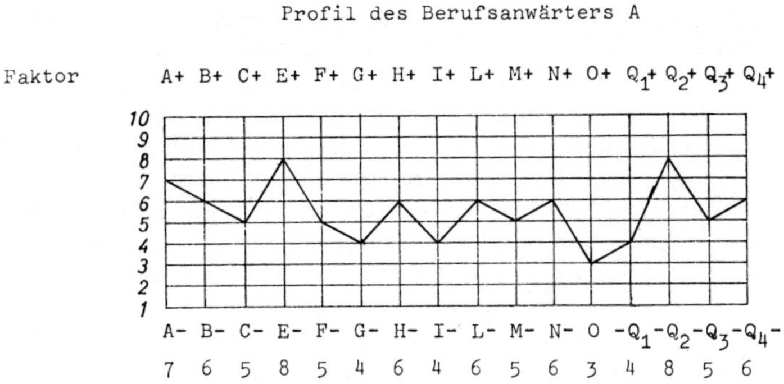

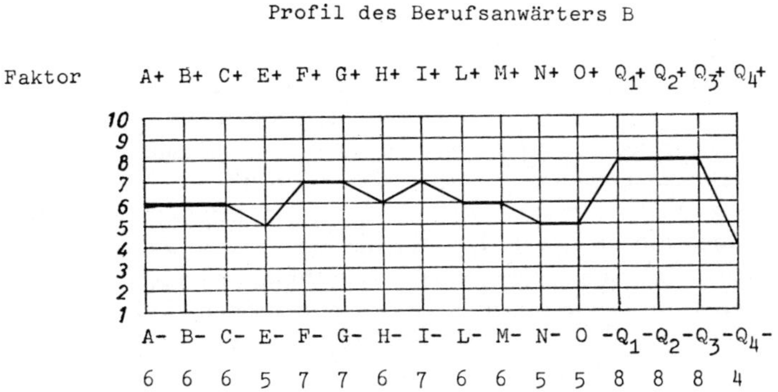

Abb. 6: Vergleich von Anforderungs- und Merkmalsprofilen (Cattell, 1957, S. 774 f.).

Der Vergleich der Anforderungs- und Anwärterprofile ergibt für Berufsanwärter A einen Ähnlichkeitskoeffizienten von r = 0,67, für B r = 0,21. A ist also für diese Tätigkeit besser geeignet als B.
Das Vergleichsverfahren kann dadurch verfeinert werden, daß die Abweichungen zwischen Anforderung und Ausprägung in den einzelnen Merkmalen entsprechend ihrer Bedeutung für die betreffende Tätigkeit unterschiedlich gewichtet werden.
Eine grundlegende Annahme bei dem Profilvergleich ist die, daß die Profile erfolgreicher und weniger erfolgreicher Berufsvertreter tatsächlich verschieden sind. Eine genauere Vorgehensweise bestünde darin, daß auch die Distanzen zwischen Anwärterprofilen und »Mißerfolgsprofil« gemessen werden, denn zwei Anwärterprofile, die gleich hoch mit dem Erfolgsprofil korreliert sind, können unterschiedlich mit dem Mißerfolgsprofil korreliert sein.

Eine weitere Annahme, über die grundsätzlich schon bei der kritischen Würdigung der faktorenanalytischen Persönlichkeitstheorie gesprochen wurde, ist die, daß alle Personen eine Leistung auf die gleiche Weise zustande bringen. Deshalb müßte man eigentlich die Gruppe der erfolgreichen Berufsvertreter auf Homogenität prüfen. Es könnte nämlich sein, daß beispielsweise verschiedene Typen von Verkäufern (der eine nachdrücklich, hart, aggressiv, der andere umgänglich, gewandt, flexibel) gleichermaßen Erfolg in ihrem Beruf haben. Genauer geht Crites (1969) auf die Problematik der Profilmethode ein.
Eine Frage, der bei der Messung der Berufseignung mit Hilfe anderer Methoden nur selten die gebührende Aufmerksamkeit zuteil wird, ist die beim Profilvergleich vorausgesetzte Annahme der Kompensierbarkeit einzelner Merkmale durch andere. Ein bekanntes Beispiel dafür ist die gegenseitige Kompensationsmöglichkeit zwischen Intelligenz und Fleiß bei vielen – etwa schulischen – Lernvorgängen. Aber auch bei vielen beruflichen Leistungen kann jemand erfolgreich sein, obwohl er in einem wichtigen Merkmal unter dem kritischen Wert liegt, wenn dafür ein anderes wichtiges Merkmal bei ihm sehr gut ausgeprägt ist. Im folgenden Schema veranschaulicht die linke Darstellung eine Auswahlentscheidung, bei der eine gegenseitige Kompensierbarkeit zweier Merkmale angenommen wird, im rechten Modell dagegen fordert man von den Bewerbern in beiden Tests hohe Merkmalsausprägungen:

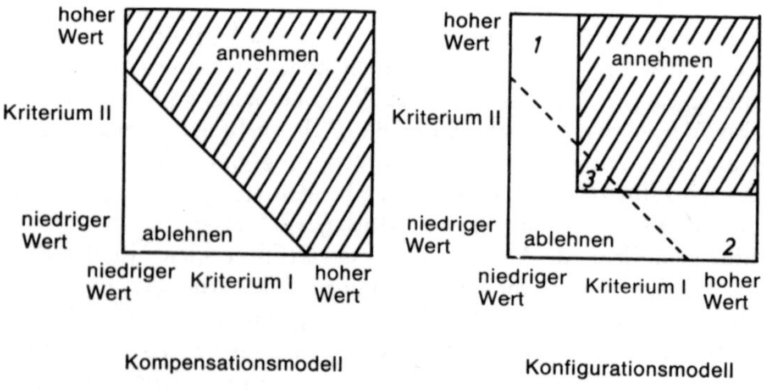

Abb. 7: Zwei verschiedene Modelle für Auswahlentscheidungen (nach Cronbach, 1961, S. 343).

Für die meisten Personen fällt die Entscheidung nach beiden Strategien gleich aus. Lediglich die Bewerber in den Feldern 1, 2 und 3 werden unterschiedlich behandelt: bei der »Konfigurations«-Strategie werden die Bewerber, die im einen Test hohe, im anderen dagegen niedrige Werte erreichen (Felder 1 und 2) abgewiesen, die Bewerber in Feld 3 dagegen werden im Unterschied zur »Kompensations«-Methode akzeptiert.
Die Validität, d. h. die Gültigkeit oder Prognosetauglichkeit psychologischer Verfahren zur Abschätzung der Berufseignung ist Gegenstand sehr vieler Untersuchungen, und sie muß es sein, denn wenn man eine Überlegenheit der Testverfahren gegenüber anderen Methoden postuliert, so muß diese auch überprüft sein, und man sollte angeben können, in welchem Maße sich personelle Entscheidungen damit verbessern lassen (vgl. Brandstätter, 1970 b).
Die meisten Validitätskoeffizienten, die für einzelne psychologische Testverfahren genannt werden, liegen zwischen r = 0,20 und r = 0,60 (wobei ein Koeffizient von 0,60 bedeutet, daß 36 % der Varianz des Berufserfolgs durch die Testleistung erklärbar sind). Diese Validitätskoeffizienten muten nicht allzu hoch an, weshalb die Brauchbarkeit der psychologischen Eignungsdiagnostik insgesamt häufig angezweifelt wird. Die Frage, die man sich bei der Verwendung von Testverfahren stellen muß, lautet jedoch nicht: Kann man mit diesen Verfahren den Berufserfolg fehlerfrei vorhersagen?, sondern: Kann man damit den Berufserfolg mit größerer Sicherheit vorhersagen als mit anderen Methoden? Und der Vergleich mit anderen Daten (z. B. Vorstellungsgespräch, Zeugnisse etc.) spricht durchaus für die Verwendung psychologischer Eignungstests als Grundlage personeller Auswahlentscheidungen, denn bei herkömmlichen Ausleseverfahren muß man sich zumeist mit Validitätskoeffizienten zwischen r = 0,0 und r = 0,25 begnügen (Cronbach, 1961). Bedenkt man zusätzlich, daß die Kriterien, an denen der Berufserfolg gemessen wird, ihrerseits zum Teil sehr unbefriedigend sind, so wird man nicht weiter erstaunt sein, daß selbst bei sorgfältiger Testkonstruktion nur mittelhohe Validitätskoeffizienten zu erwarten sind. Um die prognostische Validität zu erhöhen, können einzelne Verfahren (auch nicht-psychologische) mit jeweils nur geringer Gültigkeit auf dem Wege der sogenannten multiplen Korrelation (vgl. Jäger, 1970) zu einem brauchbaren Instrument der Bewährungsprognose zusammengestellt werden. (Zum Beispiel erbrachten vier Validierungsstudien der Deutschen Gesellschaft für Personalwesen crossvalidierte [d. h. an neuen Stich-

proben überprüfte] multiple Korrelationskoeffizienten von annähernd 0,60.)

Eine Methodenstudie von Brandstätter (1970 b) zeigte, daß für die Klassifikation von Bewerbern Auswahlregeln, die vom Prinzip der größten bedingten Wahrscheinlichkeit von Merkmalskonfigurationen ausgehen, linearen, regressionsanalytisch bestimmten Regeln überlegen sind.

Ein anderer Bereich wirtschaftlich relevanten Verhaltens, in dem Methoden und Erfahrungen der Persönlichkeitsforschung, wenn auch vorläufig erst ansatzweise, Anwendung finden, ist das Gebiet der Konsumenten- und Absatzforschung. Bergler (1972) gibt ein Beispiel dafür, wie mit Hilfe faktorenanalytischer Klassifikation von Fragebogendaten eine Typologie der Konsumenten dargestellt werden kann, um für bestimmte Produkte Teilmärkte gezielter ansprechen zu können. Stärker am Gemeinwohl orientierte Einsatzmöglichkeiten faktorenanalytischer Klassifikation werden vorläufig, soweit erkennbar, noch kaum genutzt. Denkbar wäre ihre Anwendung etwa bei der Planung und Gestaltung von Wohnprojekten, bei organisierter Freizeit- und Urlaubsplanung oder im Bildungswesen. Auch eine Typologie der Menschen nach ihrem Konsum- und Sparverhalten, wie sie in Ansätzen von Schmölders (1966) vorgelegt wurde, könnte vom Einsatz faktorenanalytischer Techniken der Datenverwertung profitieren.

Zusammenfassung:

Ausgangspunkt der faktorenanalytischen Persönlichkeitsforschung ist die Beobachtung, daß verschiedene Verhaltensweisen korreliert sind. Weiterhin zeigt bereits die Beobachtung, daß nicht alle Verhaltensweisen gleich häufig zusammen auftreten – es lassen sich gewisse Häufungen in den Beziehungen feststellen. Die Faktorenanalyse ist eine Methode, solche Häufungen der Beziehungen zwischen verschiedenen Verhaltensweisen zu ermitteln, d. h. die Vielfalt der beobachteten Daten auf eine geringere Zahl sogenannter statistischer clusters zu reduzieren.

Strenggenommen geht die Bedeutung des Faktorbegriffs nicht über die Bezeichnung eines derart gewonnenen Zusammenhangs hinaus. Er wird jedoch von einigen Persönlichkeitsforschern, namentlich von Cattell, als hinter den Phänomenen stehende Ursache interpretiert.

Die faktorenanalytische Persönlichkeitsforschung hat sich zum Ziel gesetzt, über die Verwendung kontrollierbarer Methoden und die Bildung präziser Begriffe zu gleichzeitig einfachen wie umfassenden Modellen der Persönlichkeit zu gelangen. Nach Cattell müssen die gewonnenen Meßdaten dem subjektiven Dafürhalten des einzelnen Wissenschaftlers durch mathematische Analyse entzogen werden. Der Objektivitätsanspruch der Faktorenanalytiker erfährt jedoch dadurch Einschränkungen, daß die Ergebnisse von der Eigenart der untersuchten Stichprobe sowie von der im einzelnen Fall verwendeten Methode abhängig sein sollen.

Cattell gelangte über die Reduktion einer Vielzahl von Begriffen, die Eigenschaften und Verhalten bezeichnen, schließlich zu 16 »Primärfaktoren« oder »Grunddimensionen« der Persönlichkeit, mit denen Mengen von Individuen hinreichend beschreibbar sein sollen. Eine weitere Faktorenanalyse dieser Primärfaktoren ergab eine geringere Zahl von »Faktoren zweiter Ordnung«, die – trotz verschiedenen Ausgangsmaterials – durch die Arbeit anderer Persönlichkeitsforscher bestätigt wurden.

Neuerdings liegt der Schwerpunkt der Arbeit in Cattells »Institute for Personality and Ability Testing« auf der Konstruktion sogenannter objektiver Persönlichkeitstests. Dabei werden Verhaltensstichproben aller Art, verbunden mit der Messung physiologischer Daten, zu Tests zusammengestellt, deren Ergebnisse von den getesteten Personen nicht willentlich beeinflußbar sein sollen.

Die Erwartung, mit der Verwendung faktorenanalytischer Methoden in der Persönlichkeitsforschung sei der Spielraum für die Spekulation bei der Sammlung und Systematisierung von Beobachtungen über menschliches Verhalten entscheidend verringert, scheint verfrüht. So wird gegen das von Cattell konzipierte Persönlichkeitsmodell eingewandt, daß psychologisch fragwürdige Annahmen (etwa daß sich Menschen nur durch Merkmalsausprägungen unterschieden, nicht aber durch Merkmalszusammenhänge) bereits in die Datensammlung eingehen; aber auch die anschließende Datenverarbeitung und -interpretation ist keineswegs von der Objektivität, die Faktorenanalytiker ihrer Methode gern zusprechen. Ob Faktoren tatsächlich das sind, als was sie von Cattell interpretiert werden, nämlich Eigenschaften, die verursachend hinter dem beobachteten Verhalten stehen, muß fraglich bleiben. Eine Alternativinterpretation beispielsweise von »Fähigkeitsfaktoren« wäre die als Zusammenhänge von Lerngelegenheiten und Lernanreizen.

Einer der Anwendungsbereiche der faktorenanalytischen Persönlichkeitsforschung sind personelle Auswahlentscheidungen, spe-

ziell die psychologische Eignungsdiagnostik. Bei Cattells faktorenanalytischer Methode werden die Berufsanforderungen und die Merkmalsausprägungen bei den Berufsanwärtern auf den gleichen Grunddimensionen beschrieben. Ein Vergleich der Anforderungs- und Anwärterprofile soll eine optimale Zuordnung von Personen und Arbeitsplätzen ermöglichen.

Arbeitsteil

A Mehrfachwahlfragen zur Selbstkontrolle

Kontrollieren Sie stichprobenartig Ihr Wissen, indem Sie bei den nachfolgenden Mehrfachwahlfragen M 13 – M 15 diejenige (nur eine!) der vorgegebenen Lösungsalternativen anstreichen, die Ihnen die beste zu sein scheint. Blättern Sie bei der Beantwortung bitte nicht in den Text zurück! Die richtige Lösung finden Sie im Anhang auf Seite 192.

M 13
Welchen Zweck erfüllt die Faktorenanalyse in der Psychologie?
a) Sie dient zur Maximierung der gemeinsamen Varianz mehrerer Merkmale.
b) Sie dient zur graphischen Veranschaulichung der Zusammenhänge zwischen verschiedenen Meßwerten.
c) Sie dient zur Reduktion beobachteter Daten auf eine geringere Anzahl von Dimensionen.
d) Sie hat gegenüber anderen Methoden den Vorteil, daß sie ein vom Ausgangsmaterial unabhängiges Analyseverfahren ist.

M 14
Was hätte man zu beachten, wenn man die Allgemeingültigkeit der Persönlichkeitstheorie von Cattell durch Untersuchungen in anderen Kulturen überprüfen wollte?
a) Man müßte darauf achten, mit möglichst homogenen Stichproben zu arbeiten.
b) Man müßte die von Cattell durchgeführte Sprachanalyse in dem anderen Kulturkreis von Anfang an wiederholen.
c) Man müßte, um klare Ergebnisse erwarten zu können, zuvor die tiefenpsychologischen und behavioristischen Einflüsse auf Cattells Theorie zu eliminieren suchen.
d) Man müßte die Fragebogentests möglichst sinngetreu übersetzen und bei der Analyse der mit den Fragebogen ermittelten Daten die gleichen faktorenanalytischen Methoden anwenden.

M 15
Die Anwendung von Cattells faktorenanalytischem Konzept in der Berufseignungsdiagnostik beruht auf folgenden Prinzipien:

a) Eigenschaften können einander zum großen Teil kompensieren. Deshalb werden bei den einzelnen Persönlichkeitsmerkmalen keine Mindestanforderungen an die Bewerber gestellt, sondern man verlangt nur, daß mindestens das eine von jeweils 2 Merkmalen hoch ausgeprägt ist.
b) Die Berufsanwärter werden einem Test unterzogen, der alle Grunddimensionen der Persönlichkeit umfaßt. Das Testprofil der Anwärter wird mit einem Anforderungsprofil verglichen, das aus der Anwendung der gleichen Tests auf erfolgreiche Positionsinhaber gewonnen wurde.
c) Das Hauptgewicht der Eignungsuntersuchung liegt auf den kognitiven Persönlichkeitsfaktoren. Es werden deshalb vor allem Intelligenz- und andere Fähigkeitstests verwendet. Als am besten geeignet gilt der Bewerber, dessen Leistungsprofil dem Anforderungsprofil für die betreffende Tätigkeit am ähnlichsten ist.
d) Man erfaßt möglichst alle Persönlichkeitsfaktoren, wobei die einzelnen Dimensionen verschieden gewichtet werden können. Die Merkmalsausprägungen der Berufsanwärter werden anschließend mit objektiv bestimmbaren Leistungsanforderungen (z. B. Arbeitsmenge pro Zeiteinheit) verglichen.

B Problemfragen

Die nachfolgenden Fragen P 22 – P 27 haben keine angebbaren Richtiglösungen. Sie sollen dazu dienen, Sie unter Verwendung des Gelesenen zu selbständigem Denken anzuregen.

P 22
Faktorenanalytiker wie Cattell betonen gewöhnlich die Unterschiede ihrer Methode gegenüber der phänomenologischen Persönlichkeitsbeschreibung. Versuchen Sie, demgegenüber einige Gemeinsamkeiten hervorzuheben!

P 23
In der Intelligenzforschung ergaben verschiedene Untersuchungen an Stichproben relativ homogener Personengruppen, daß bei höherer Intelligenz nicht einfach eine höhere Ausprägung der gleichen Faktoren vorliegt, sondern daß mehr und andere Faktoren entstanden als bei geringerer Intelligenz (z. B. Lienert, 1960). Welche allgemeine Kritik an der Methode der Faktorenanalyse könnte man daraus ableiten?

P 24
Bei Hofstätter (Gruppendynamik, 1957, S. 63–70) finden Sie ein Beispiel für Sprachanalyse mittels der Methode des Polaritätenprofils. Ziehen Sie Hofstätters Ergebnisse zur Beantwortung der Frage nach der Übertragbarkeit des 16 PF vom Amerikanischen ins Deutsche heran! (Denken Sie dabei auch daran, was Cattell als Ausgangsmaterial benutzte.)

P 25
Nehmen Sie kritisch zu der Eigenart der objektiven Testverfahren Stellung, für die untersuchten Personen undurchschaubar zu sein!

P 26
Ist die faktorenanalytische Klassifikation der Verhaltensmerkmale Erklärung oder Beschreibung?

P 27
Cattells Team empfindet sich als wissenschaftliche Avantgarde auf dem Gebiet der Persönlichkeitsforschung. Stellen Sie diesem Anspruch die Kritik Thomaes gegenüber, wonach die Orientierung an der Sprache als Ausgangspunkt der Analyse zu einer Fixierung an den Normen und Werten des betreffenden Kulturkreises führen kann. (Thomae, H., Das Individuum und seine Welt, Göttingen, 1968, S. 24 bis 27.)

Richtiglösungen der Mehrfachwahlfragen:

Sie haben die 15 Mehrfachwahlfragen M 1 bis M 15 bestmöglich beantwortet, wenn Sie die folgenden Alternativen gewählt haben:

M 1 = c	M 9 = a
M 2 = a	M 10 = a
M 3 = b	M 11 = c
M 4 = c	M 12 = d
M 5 = b	M 13 = c
M 6 = c	M 14 = b
M 7 = a	M 15 = b
M 8 = c	

Wenn Sie jeweils nur geraten hätten, wäre zu erwarten, daß Sie zufällig 4–5 »Treffer« erzielt haben. Ihr Lernerfolg war bei

0– 3 Punkten:	mangelhaft
4– 6 Punkten:	ausreichend
7– 9 Punkten:	befriedigend
10–12 Punkten:	gut
13–15 Punkten:	sehr gut

Bitte überlegen Sie sich, warum die angegebenen Lösungen, falls sie von denen abweichen, die Sie gewählt haben, als die besseren gelten!

Glossar

Abwehrmechanismen
unbewußt und automatisch ablaufende psychische Prozesse, bei denen äußeren und vor allem inneren (Trieb-)Reizen der weitere Zugang zum Bewußtsein verwehrt wird. Die abgewehrten Inhalte konstituieren das dynamisch Unbewußte

anale Stufe
frühkindliche Entwicklungsstufe der Libido, die auf die orale Stufe folgt und in der das Kleinkind an seiner Darmschleimhaut und am Anus Lust empfindet (beim Ausstoßen und Zurückhalten der Exkremente). (Analer Partialtrieb)

Angst
affektive Reaktion des Ich auf bedrohliche äußere oder innere (vor allem Trieb-)Reize; häufig Anlaß zum Einsatz von Abwehrmechanismen

Behaviorismus
psychologische Forschungsrichtung, in der unter Ausschluß von Erlebnisvariablen das einem Beobachter sichtbare Verhalten (= manifeste Verhalten) von Individuen untersucht wird

Beobachtungslernen, Modellernen
die Vp lernt ein Verhalten, indem sie dieses Verhalten an einer Modellperson beobachtet, also ohne selbst aktiv zu werden

Bestrafung
1. nach Skinner: Bestrafung ist eine Konsequenz eines Verhaltens, die die Wahrscheinlichkeit für das Wiederauftreten dieses Verhaltens reduziert
2. Formulierung mit subjektiven Variablen: Bestrafung ist eine unangenehme, spannungserhöhende Konsequenz eines Verhaltens

Charakterologie
Lehre von der individuellen Eigenart der Menschen

Contingenz
folgt auf eine Reaktion unmittelbar und regelmäßig eine bestimmte angenehme oder unangenehme Konsequenz, so spricht man davon, daß zwischen Reaktion und Konsequenz eine Contingenz i. S. eines engen Zusammenhangs besteht

Disposition
Bereitschaft und Neigung eines Menschen zu bestimmten Erlebnis- bzw. Verhaltensweisen

Eignungsdiagnostik
Verwendung psychologischer Verfahren zur Bestimmung des Ausmaßes, in dem eine Person bestimmten Anforderungen entsprechen kann

endothymer Grund
eine aus griechischen Worten (endon = innen und thymos = Gemüt) neu geprägte Bezeichnung für die Gesamtheit der Strebungen, Stimmungen und Gefühlsregungen, von denen im Unterschied zu den vom Ich gesteuerten Denk- und Willensakten ein Mensch ergriffen und »getragen« wird

Extinktion = Löschung
1. beim klassischen Konditionieren: ein CS (konditionierter Stimulus) verliert seine auslösende Wirkung, wenn er häufig ohne den US (unkonditionierten Stimulus) dargeboten wird
2. beim operanten Konditionieren: ein bisher gezeigtes Verhalten tritt zukünftig immer seltener bzw. gar nicht mehr auf, da die Verstärkung, die es vorher aufrechterhalten hat, wegfällt

Faktor
statistischer Beschreibungsbegriff zur Kennzeichnung der mit der Methode der Faktorenanalyse gewonnenen Zusammenhänge

Faktorenanalyse
statistische Methode zur Reduktion beobachteter Daten auf eine den korrelativen Beziehungen zwischen den Daten entsprechende geringere Anzahl von Dimensionen

Fehlleistungen
unbeabsichtigte Verhaltensweisen einer Person, in denen zwei einander widersprechende Verhaltenstendenzen – von denen eine abgewehrt wird – zu einer Kompromißbildung gelangen; F. sind Beispiele für die Wirksamkeit des dynamisch Unbewußten (Versprechen, Verhören, Verlegen, usw.)

Frustration
die als Enttäuschung erlebte Behinderung einer Strebung

habit
eine durch Lernprozesse erworbene Gewohnheit, auf eine bestimmte Klasse von Reizen mit einem bestimmten Verhaltensmuster zu reagieren

habit-Hierarchie
Bezeichnung für eine art- oder individuumspezifische Rangordnung von Verhaltensweisen angesichts bestimmter Reizsituationen; sie wird aus der Häufigkeit des Auftretens einzelner Verhaltensweisen erschlossen, ist also nicht direkt beobachtbar

Hauptachsenmethode
Verfahren der Koordinatenrotation bei der Faktorenanalyse zur Erfassung eines maximalen Varianzanteils mit einer möglichst geringen Zahl orthogonaler Dimensionen

Ich
eine der Instanzen im Strukturmodell des Psychischen; als »aufgabenlösende Instanz« vornehmlich für die Vermittlung zwischen den Forderungen des Es, des Über-Ich und der äußeren Realität zuständig

Ich-Ideal
siehe Über-Ich

Identifikation
mehr oder weniger weitgehende unwillkürliche Angleichung einer Person an eine andere bezüglich bestimmter Erlebnis- und Verhaltensweisen;
die I. kann auch als Abwehrmechanismus verwendet werden

Introspektion
das aufmerksame Verfolgen der eigenen seelischen Vorgänge, die Spiegelung (Reflektion) des Erlebens im Erleben

Isolierung
ein Abwehrmechanismus, der dazu führt, daß vorher zusammenhängende Affekte, Vorstellungen und Erinnerungen getrennt werden

Item
aus dem Englischen übernommene Bezeichnung für Einzelaufgaben in Testverfahren oder Fragebogen

Kastrationsangst
Angst vor Beschneidungen und Beeinträchtigungen des eigenen Körpers durch andere; im weiteren Sinn auch Angst vor Beschränkungen des eigenen Freiheitsraumes

klassisches Konditionieren
Veränderung eines Verhaltens durch Stimulusgestaltung

Konditionieren = Bedingungen setzen für Verhaltensänderungen
1. klassisches Konditionieren: über Stimulusgestaltung: ein neutraler Reiz (= nS, z. B. Licht) wird durch Koppelung mit einem unkonditionierten Stimulus (= US, z. B. Schock) selbst zum auslösenden Reiz (CS) für die Reaktion (R, z. B. Schmerz, Angst), die der US auslöst
2. operantes Konditionieren: über Konsequenzengestaltung: auf eine Reaktion R erfolgt eine Konsequenz (zeitlich, nicht kausal), die dazu führt, daß diese Reaktion in Zukunft häufiger bzw. seltener auftritt

konditionierte Reaktion
eine durch einen konditionierten Stimulus ausgelöste Reaktion

konditionierter Stimulus
ein vormals neutraler Reiz, der durch wiederholtes Zusammentreffen mit einem natürlichen Reiz (US) durch Assoziationsbildung die Auslösefunktion dieses Reizes erhalten hat

Konsequenzengestaltung
die unmittelbar auf eine Reaktion folgenden Reize werden planmäßig eingesetzt

Konstrukt
nicht unmittelbar beobachtbare, sondern aus Beobachtungen und Erleben erschlossene Qualität (wie z. B. Zyklothymie oder Ängstlichkeit), die zur Erklärung von Beobachtungen und zur Prognose künftigen Verhaltens verwendet wird

Kontiguität
räumlich-zeitliches Zusammentreffen

Korrelationskoeffizient
Maß für den statistischen Zusammenhang zweier Merkmale, schwankend zwischen 0 und ± 1

Latenzzeit
Periode zwischen dem Abklingen der frühkindlichen Sexualität (mit ca. 5 oder 6 Jahren) und dem Beginn der Pubertät

Libido
von Freud postulierte Energie, die die Grundlage der Umwandlungen des Sexualtriebes im Hinblick auf sein Triebziel (z. B. Brust), seine Befriedigungsform (z. B. Saugen) und die körperliche Quelle der sexuellen Erregungen (z. B. Mund) darstellt

Lustprinzip
steht hinter seelischen Abläufen, die auf unmittelbare, direkte und vollständige Triebbefriedigung ausgerichtet sind;
Nähe zum Primärprozeß

operantes Konditionieren
Veränderung eines Verhaltens durch Konsequenzengestaltung

orale Stufe
frühkindliche Entwicklungsstufe der Libido, in der der Säugling, hauptsächlich an seinem Mund, durch Saugen und Lutschen (bei der Nahrungsaufnahme) Lust empfindet (oraler Partialtrieb)

Persönlichkeitstest, objektiver
i. S. Cattells Meßverfahren, dessen Zweck den getesteten Personen nicht durchschaubar und dessen Ergebnisse von ihnen nicht beeinflußbar sein sollen (im Unterschied etwa zu Persönlichkeitsfragebogen)

Phänomenologie
in der psychologischen Bedeutung des Wortes (die philosophische bleibt hier unberücksichtigt): die von theoretischen Annahmen und methodischen Einschränkungen möglichst freigehaltene Beschreibung der Phänomene, d. h. alles dessen, was im Bewußtsein erscheint (= was erlebt wird); dazu gehört z. B. der Wahrnehmungsinhalt, etwa eine ganz bestimmte Farbe, ebenso wie die Wahrnehmung (als Vorgang), sofern diese zum Inhalt der Selbstbeobachtung (= Erlebnisbeobachtung) wird

phallische Stufe
frühkindliche Entwicklungsstufe der Libido, die auf die orale und anale Stufe folgt und in der die Aufmerksamkeit auf das männliche Genitalorgan konzentriert ist

philosophische Anthropologie
sucht die Frage nach dem Wesen des Menschen und seiner Stellung in der Welt zu beantworten

Primärprozeß
eine der beiden Funktionsweisen des Psychischen, bei der frei bewegliche Energie verbraucht wird, mit dem Ziel unmittelbarer Triebbefriedigung

Projektion
ein Abwehrmechanismus, bei dem die eigenen verpönten Triebimpulse (z. B. Geiz) nicht mehr als die eigenen erlebt, sondern Personen oder Objekten der Außenwelt unterstellt werden

Psychoanalyse
eine auf Sigmund Freud (1856–1939) zurückgehende Theorie der Entstehung und Therapie von Neurosen und Psychosen, die darüber hinaus den Anspruch erhebt, eine Theorie der Persönlichkeit bereitzustellen

Rationalisierung
ein Abwehrmechanismus, bei dem ein Individuum die eigentlichen peinlichen Motive seiner Stimmungen, Gefühle, Vorstellungen und Handlungen durch sozial anerkannte Motive ersetzt

Reaktion
Verhalten des Organismus nach einem Reiz:
1. respondentes Verhalten (der auslösende Reiz ist bekannt)
2. spontanes, operantes (Skinner) Verhalten (der auslösende Reiz ist nicht bekannt)

Reaktionsbildung
ein Abwehrmechanismus, bei dem ein unlustbetonter oder verpönter Triebimpuls (z. B. Haß) durch den entgegengesetzten Triebimpuls (z. B. Liebe) ersetzt wird

Realangst
einfühlbare und angemessene Angst vor tatsächlich vorhandenen Gefahren

Realitätsprinzip
ist die Richtschnur solcher seelischer Abläufe, die unter Beachtung der äußeren Realität und mit Hilfe von gesteuerten Umwegen und Aufschüben zu einer optimalen Triebbefriedigung führen;
Nähe zum Sekundärprozeß

Regression
als Abwehrmechanismus verwendbares Zurückschreiten zu früheren Triebobjekten und Befriedigungsformen

Regression im Dienste des Ich
vom Ich kontrolliertes, vorübergehendes Ausschalten der Realitätskontrolle in Verbindung mit einem Zurückschreiten zu früheren Stufen der Ich-Entwicklung und der Libido-Entwicklung mit dem Ziel der schöpferischen Bewältigung einer Problemsituation

Reliabilität
Grad der Übereinstimmung der Meßergebnisse bei Meßwiederholung

Sekundärprozeß
eine der beiden Funktionsweisen des Psychischen, bei der gebundene Energie verbraucht wird, unter Einschluß von gesteuerten Umweghandlungen und Befriedigungsaufschüben

Sozialisation
der Prozeß, in dem ein Mensch in seiner sozialen Umwelt lernt, vorwiegend solche Verhaltensweisen zu zeigen, sowie die Einstellungen, Werte, Bedürfnisse usw. zu übernehmen, die den in dieser sozialen Umwelt anerkannten Wertvorstellungen und Normen entsprechen

Standardabweichung
positive Quadratwurzel der Varianz (häufig verwendetes statistisches Streuungsmaß)

Stimulusbedingungen
1. Einwirkungen der Umgebung auf den Organismus, die ein Verhalten des Organismus auslösen (äußere Stimulusbedingungen)
2. Vorgänge innerhalb des Organismus, die auf Rezeptoren innerhalb des Organismus einwirken und Verhalten auslösen (innere Stimulusbedingungen)

Stimulusgestaltung
die eine Reaktion auslösenden Reiz(Stimulus-)Bedingungen werden planmäßig eingesetzt

Sublimierung
ein psychischer Prozeß, bei dem ein Individuum auf unmittelbare und direkte Triebbefriedigung verzichtet und die dadurch frei gewordenen Energien für sozial und kulturell erwünschte Tätigkeiten bereitstehen (mit Kot spielen → Modellieren); auch als Abwehrmechanismus verwendbar

sukzessive Approximation
Methode der schrittweisen Annäherung: man verstärkt schrittweise aus einem Verhaltenskomplex nur diejenigen Reaktionen, die dem Zielverhalten am ähnlichsten sind, so daß schließlich das Zielverhalten erreicht wird (z. B. Lautbildung)

Test, psychologischer
standardisiertes Verfahren zur Auslösung von Reaktionen, aus denen mit einer gewissen Wahrscheinlichkeit auf das in anderen Situationen zu erwartende Verhalten geschlossen werden kann

trait
bei Cattell faktorenanalytisch erschlossene Dimension, die als hinter dem beobachteten Verhalten stehende Eigenschaft interpretiert wird (s. a. Konstrukt)

Triebe
von Freud postulierte, gerichtete seelische Kräfte, die im Es ihren Ursprung haben. Freud nimmt zwei Grundtriebe an: den Sexualtrieb und den Aggressionstrieb

Über-Ich
eine der Instanzen im Strukturmodell des Psychischen: bestehend aus
Über-Ich im engeren Sinn: Gewissen
Ich-Ideal: verinnerlichter Maßstab für die Selbstbewertung

Unbewußte, das dynamisch
wird aus verdrängten Inhalten – vor allem Triebwünschen und mit ihnen zusammenhängenden Affekten, Erinnerungen und Vorstellungen – gebildet, die die Tendenz haben, sich trotz der Verdrängung, vom Ich unkontrolliert, wieder ins Bewußtsein zu schieben

Ungeschehenmachen
ein Abwehrmechanismus, bei dem ein Individuum eine verpönte Vorstellung oder Handlung dadurch »auslöscht«, daß es eine Vorstellung oder Handlung entgegengesetzter Bedeutung vollzieht; Nähe zum magischen Denken

Validität
Gültigkeit oder Prognosetauglichkeit eines Tests (prognostische V.); die Höhe des Validitätskoeffizienten gibt an, in welchem Ausmaß der Test das mißt, was er messen soll

Varianz
durchschnittliche quadratische Abweichung der Meßwerte vom arithmetischen Mittelwert als statistischer Kennwert für die Größe der Streuung einer Meßreihe

Verdrängung
ein wichtiger Abwehrmechanismus, der dazu führt, daß angsterregende oder verpönte äußere und innere (Trieb-)Reize aus dem Bewußten in das Unbewußte abgedrängt werden

Verschiebung
ein Abwehrmechanismus, der bewirkt, daß ein Affekt oder ein Triebimpuls von der zugehörigen Vorstellung (dem zugehörigen Triebobjekt, der zugehörigen Befriedigungsart) auf eine andere Vorstellung geleitet wird, die von der Abwehr nicht betroffen ist

Verstärker
1. nach Skinner: ein Verstärker ist eine auf eine Reaktion folgende Konsequenz (nicht i. S. von kausal, sondern zeitlich), die die Wahrscheinlichkeit für das Wiederauftreten dieses Verhaltens erhöht
2. Formulierung mit subjektiven Variablen: ein Verstärker ist eine trieb- oder spannungsreduzierende Konsequenz eines Verhaltens;
Beispiele für primäre (nicht gelernte) Verstärker: Nahrung, Getränk, Schlaf, Sexualität;
Beispiele für sekundäre (über Kontiguität mit einem primären Verstärker gelernte) Verstärker: verbales Lob, Geld, Aktien

Albert, H.: Wertfreiheit als methodisches Prinzip. In: Topitsch, E. (Hrsg.): Logik der Sozialwissenschaften. Köln/Berlin 1965
Allport, G. W.: Persönlichkeit. Meisenheim 1959 (1. Aufl. Personality. New York 1937)
Anastasi, A.: Fields of applied psychology. London 1964
Anastasi, A. & Foley, J. P. Jr.: Differential psychology. (rev. ed.) New York 1949
Azrin, N. H. & Lindsley, O. R.: The reinforcement of cooperation between children. In: J. of abnormal and social psychology, 1956, 52, 100–102
Bandura, A.: Behavior modification. London 1970
Bandura, A. & Mischel, W.: Modification of self-imposed delay of reward through exposure to life and symbolic models. In: J. of personality and social psychology, 1965, 2, 698–705
Bandura, A. & Walters, R. H.: Social learning and personality development. London/New York 1970
Berger, S. M. & Lambert, W. W.: Stimulus-response theory in contemporary social psychology. In: Lindzey, G. & Aronson, E. (Eds.): The handbook of social psychology. Vol. I. Reading 1968, 81–178
Bergius, R.: Behavioristische Konzeptionen zur Persönlichkeitstheorie. In: Lersch, Ph. & Thomae, H. (Hrsg.): Persönlichkeitsforschung und Persönlichkeitstheorie. Bd. 4 des Handbuchs der Psychologie. Göttingen 1960
– Psychologie des Lernens. Stuttgart 1971
Bergler, R.: Konsumententypologie. In: Bergler, R. (Hg.): Marktpsychologie. Bern 1972
Bernfeld, S., Reich, W., Jurinetz, W., Sapir, J. & Stoljarov, A.: Psychoanalyse und Marxismus. Frankfurt a. M. 1970
Berth, R.: Marktforschung zwischen Zahl und Psyche. Stuttgart 1959
– Wähler- und Verbraucherbeeinflussung. Stuttgart 1963
Blöschl, L.: Belohnung und Bestrafung im Lernexperiment. Weinheim 1970
Bracken, H. & David, H. P.: Perspektiven der Persönlichkeitstheorie. Bern 1959
Brandstätter, H.: Zum Problem des Nutzens psychologischer Eignungsuntersuchungen. Diagnostica 1969, 15, 117–124
– Die Beurteilung von Mitarbeitern. In: Mayer, A. & Herwig, B. (Hrsg.): Handbuch der Psychologie, Bd. 9 Betriebspsychologie. Göttingen 1970 (a)
– Leistungsprognose und Erfolgskontrolle. Bern 1970 (b)
Brenner, Ch.: Grundzüge der Psychoanalyse. Frankfurt a. M. 1967
Brückner, P., Leithäuser, Th. & Kriesel, W.: Psychoanalyse. Frankfurt a. M. 1969
Bunge, M.: The scientific research I. Berlin 1967
Cattell, R. B.: Handbook of the objective-analytic personality test batteries. Champaign, Ill. 1956
– Personality and motivation: structure and measurement. New York 1957

– The scientific analysis of personality. Penguin Books, A 712, 1965
– Handbook of multivariate experimental psychology. Chicago 1966
Cattell, R. B. & Eber, H. W.: Handbook of the sixteen personality factor questionnaire, IPAT, Champaign, Ill. 1967
Cattell, R. B. & Warburton, F. W.: Objective Personality and motivation tests. Urbana 1967
Child, J. L.: Socialization. In: Lindzey, G. & Aronson, E. (Eds.): The handbook of social psychology. Cambridge, Mass. 1954, 655–692
Clausen, J. A. (Ed.): Socialization and society. Boston 1968
Cohen, R.: Systematische Tendenzen bei Persönlichkeitsbeurteilungen. Bern 1969
Cohn, R. C.: Das Thema als Mittelpunkt interaktioneller Methoden. In: Z. f. Gruppenpsychotherapie und Gruppendynamik 1970, 3, 251–259
Crites, J. O.: Vocational psychology. New York 1969
Cronbach, L. J.: Essentials of psychological testing. New York 1961
Dorsch, F.: Psychologisches Wörterbuch. Hamburg/Bern 1970[8]
Edwards, A.: The measurement of personality traits by scales and inventories. New York 1970
Elhard, S.: Tiefenpsychologie. Eine Einführung. Stuttgart 1971
Erikson, E.: Kindheit und Gesellschaft. Stuttgart 1965
Fahrenberg, J.: Objektive Tests zur Messung der Persönlichkeit. In: Heiss, R.: Handbuch der Psychologie. Bd. 4 Psychologische Diagnostik. Göttingen 1964
Florin, I. & Tunner, W.: Behandlung kindlicher Verhaltensstörungen. München 1970
Freud, A.: Das Ich und die Abwehrmechanismen. München o. J.
Freud, S.: Der Witz und seine Beziehung zum Unbewußten (1905). GW VI. Frankfurt a. M. 1948
– Vorlesungen zur Einführung in die Psychoanalyse (1917). GW XI. Frankfurt a. M. 1948
– Das Unbehagen in der Kultur (1930). GW XIV. Frankfurt a. M. 1948
– Zur Psychopathologie des Alltagslebens (1904). GW IV. Frankfurt a. M. 1955
– Formulierungen über zwei Prinzipien des psychischen Geschehens (1911). GW VIII. Frankfurt a. M. 1955
– Jenseits des Lustprinzips (1920). GW XIII. Frankfurt a. M. 1955
– Das Ich und das Es (1923). GW XIII. Frankfurt a. M. 1955
– Hemmung, Symptom und Angst (1926). GW XIV. Frankfurt a. M. 1955
– Neue Folge der Vorlesungen zur Einführung in die Psychoanalyse (1933). GW XV. Frankfurt a. M. 1961
– Die Traumdeutung (1900). GW II/III. Frankfurt a. M. 1963
Görres, A.: Methode und Erfahrungen der Psychoanalyse. München 1965
Gottwald, P.: Kybernetische Analyse von Lernprozessen. München 1971
Guilford, J. P.: Persönlichkeit. Weinheim 1964
Habermas, J.: Zur Logik der Sozialwissenschaften. Frankfurt a. M. 1970
Hartmann, H.: Zur psychoanalytischen Theorie des Ichs. Stuttgart o. J. (ca. 1964)
– Ich-Psychologie und Anpassungsproblem. Stuttgart 1970 (1939[1])

– Ich-Psychologie. Stuttgart 1972
– Die Grundlagen der Psychoanalyse. Stuttgart 1972 (1927[1])
Hartmann, H., Kris, E. & Loewenstein, R. M.: Comments on the formation of psychic structure. In: The psychoanalytic study of the child. Vol. II. International Universities Press 1946, 11–38
Herrmann, Th.: Lehrbuch der empirischen Persönlichkeitsforschung. Göttingen 1969
Hiebsch, H.: Sozialpsychologische Grundlagen der Persönlichkeitsformung. Berlin 1969
Hiebsch, H. und Vorweg, M.: Einführung in die marxistische Sozialpsychologie. Berlin 1969
Hofstätter, P. R.: Gruppendynamik. Hamburg 1972 (1957[1])
– Tiefenpsychologische Persönlichkeitstheorien. In: Lersch, Ph. & Thomae, H. (Hrsg.): Persönlichkeitsforschung und Persönlichkeitstheorie. Göttingen 1960
Jacobson, E.: Progressive relaxation. Chicago 1965
Jäger, A. O.: Personalauslese. In: Mayer, A. & Herwig, B. (Hrsg.): Handbuch der Psychologie. Band 9 Betriebspsychologie. Göttingen 1970
Janke, W. Klassifikation. In: Heiss, R., Groffmann, K. J., Michel, L. (Hrsg.): Handbuch der Psychologie. Band 6 Psychologische Diagnostik. Göttingen 1964
Kaminski, G.: Das Bild vom Anderen. Berlin 1959
Kaminski, G.: Verhaltenstheorie und Verhaltensmodifikation. Stuttgart 1970
Katona, G.: Die Macht des Verbrauchers. Düsseldorf 1962
(Originalausgabe: The powerful consumer. New York 1960)
– Der Massenkonsum. Wien 1965
(Originalausgabe: The mass consumption society. New York 1964)
Klages, L.: Grundlegung der Wissenschaft vom Ausdruck. Bonn 1950[7]
Kretschmer, E.: Körperbau und Charakter. Berlin 1967 (1921[1])
Lampl-De Groot, J.: Ich-Ideal und Über-Ich. In: Psyche 1963, 6, 321 f.
Laplanche, J. & Pontalis, J. B.: Das Vokabular der Psychoanalyse. Frankfurt a. M. 1972
Lersch, Ph.: Gesicht und Seele. München 1932
– Aufbau der Person. München 1970[11] (1951[5])
(1. Aufl. 1938 unter dem Titel: Der Aufbau des Charakters)
Lersch, Ph. & Thomae, H. (Hrsg.): Persönlichkeitsforschung und Persönlichkeitstheorie. Handbuch d. Psychologie. Bd. 4. Göttingen 1960[2]
Lienert, G. A.: Die Faktorenstruktur der Intelligenz als Funktion des Intelligenzniveaus. Kongreßbericht d. Dt. Ges. f. Psychol. Göttingen 1960, 138–140
Loch, W.: Die Krankheitslehre der Psychoanalyse. Stuttgart 1967
Longstreth, L. E.: A cognitive interpretation of secondary reinforcement. In: Nebraska Symposion on Motivation. 1971, S. 33–80
Mandel, A., Mandel, K. H., Stadter, E. & Zimmer, D.: Einübung in Partnerschaft durch Kommunikationstherapie und Verhaltenstherapie. München 1971
Marlowe, D. & Gergen, K. J.: Personality and social interaction. In: Lindzey, G. & Aronson, E. (Eds.): The handbook of social psychology. Vol. III. London 1969[2]
Martin, M.: The scientific status of psychoanalytic clinical evidence. In: Inquiry I. Vol. VII. 1964

Mayer, A.: Die soziale Rationalisierung des Industriebetriebs. München 1951
McClelland, D.: Die Leistungsgesellschaft. Stuttgart 1966 (Originalausgabe: The achieving society. New Jersey 1961)
Metzger, W.: Psychologie. Darmstadt 1963 [3] (1954 [2])
Millenson, J. R.: Principles of learning. New York 1969
Mischel, W.: Personality and assessment. New York 1968
Mitscherlich, A.: Auf dem Weg zur vaterlosen Gesellschaft. München 1963
Mowrer, O. H.: Learning theory and behavior. New York 1960
Pawlik, K.: Dimensionen des Verhaltens. Bern/Stuttgart 1968
– Zur Frage der psychologischen Interpretation von Persönlichkeitsfaktoren. Vortrag beim 28. Kongreß d. Dt. Ges. f. Psychol. Saarbrücken 1972
Pawlow, J. P.: Conditioned reflexes. London 1927
Pongratz, L.: Problemgeschichte der Psychologie. Bern 1967
Popper, K. R.: The demarcation between science and metaphysics. In: Popper, K. R.: Conjectures and refutations. London 1963
Rapaport, D.: Die Struktur der psychoanalytischen Theorie. Stuttgart 1970 [2] (1945 [1])
Rohr, Ch. (Hrsg.): Verhaltensänderung. München 1972
Rohracher, H.: Einführung in die Psychologie. Wien 1963 [12]
Rosenstiel, L. v., Molt, W. & Rüttinger, B.: Organisationspsychologie. Stuttgart 1972
Roth, E.: Persönlichkeitspsychologie. Stuttgart 1969
Rothacker, E.: Die Schichten der Persönlichkeit. Bonn 1948 [4] (1941 [1])
Sarason, J. G.: Personality: an objective approach. New York 1966
Schein, E. H.: Organizational Psychology. New Jersey 1965
Schmölders, G.: Psychologie des Geldes. Hamburg 1966
Schuler, H.: Das Bild vom Mitarbeiter. München 1972
Secord, P. F. & Backman, C. W.: Social Psychology. New York 1964
Skinner, B. F.: Science and human behavior. New York 1953
Stegmüller, W.: Hauptströmungen der Gegenwartsphilosophie. Stuttgart 1965 [3]
– Probleme und Resultate der Wissenschaftstheorie und Analytischen Philosophie, Band I. Berlin 1969 (Studienausgabe)
Stotland, E. & Patchen, M.: Identification and changes in prejudice and in authoritarianism. In: J. of abnormal and social psychology, 1961, 62, 265–274
Tausch, R. & Tausch, A. M.: Erziehungspsychologie. Göttingen 1970
Thomae, H.: Das Individuum und seine Welt. Göttingen 1968
Thurstone, L. L.: Multiple factor analysis. In: Psychological Review. 1931, 38, 406–427
Überla, K.: Faktorenanalyse. Berlin 1968
Vetter, A.: Natur und Person. Stuttgart 1949
– Wirklichkeit des Menschlichen. Freiburg 1960
– Personale Anthropologie. Freiburg 1966
Waelder, R.: Die Grundlagen der Psychoanalyse. Frankfurt a. M. 1969
Wollheim, R.: Sigmund Freud, München 1972
Wolpe, J.: The systematic desensitization treatment of neuroses. In: J. of nervous and mental disease, 1961, 132, 189–203
Wyss, D.: Die tiefenpsychologischen Schulen von den Anfängen bis zur Gegenwart. Göttingen 1970

Autorenregister

Autoren mit kursiv gedruckter Seitenzahl finden Sie auf der entsprechenden Seite in den Literaturhinweisen.

Stichwortregister

Stichworte mit kursiv gedruckter Seitenzahl finden Sie auf der entsprechenden Seite im Glossar.